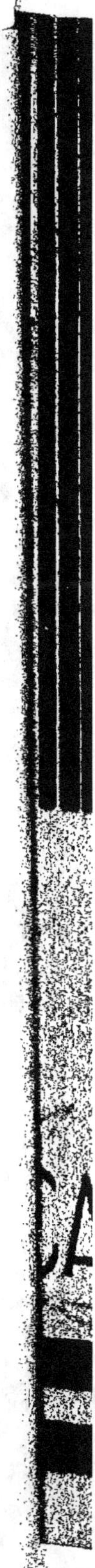

41me EXPOSITION
SOCIETE DES ARTISTES INDEPENDANTS

CATALOGUE 1930

LEFRANC PARIS
15. RUE de la VILLE L'ÉVÊQUE
NOUVEAUTÉS
1775-1930
COULEURS OPAQUES
& TRANSPARENTES
POUR TISSUS
Lavables, souples, mates
Teintures pour le
BATIK
Pastels " La Tour "
GOUACHES
pour la
décoration artistique
COULEURS EXTRA-FINES
pour la peinture à l'huile, l'aquarelle et le pastel
Voulez-vous être au courant des nouveautés ? Demandez-nous
Le MEMENTO LEFRANC, il vous renseignera gratuitement.
COULEURS & VERNIS

SOCIÉTÉ

des

"ARTISTES INDÉPENDANTS"

Reconnus d'Utilité Publique
(Fondée en 1884)

"NI JURY NI RÉCOMPENSES"

CATALOGUE

DE LA

41e EXPOSITION

AU

GRAND PALAIS DES CHAMPS-ÉLYSÉES

(Avenue Alexandre-III)

du 17 Janvier au 2 Mars inclus

Désignation et Prix des ouvrages exposés

1930

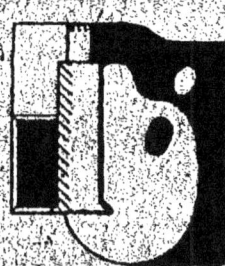

SOCIÉTÉ

des

"ARTISTES INDÉPENDANTS"

Reconnue d'Utilité Publique
(Fondée en 1884)

"NI JURY NI RÉCOMPENSES"

CATALOGUE
DE LA
41e EXPOSITION

1930

CABINET
DU
PRÉFET
—
INTÉRIEUR N° 122

RÉPUBLIQUE FRANÇAISE
LIBERTÉ — ÉGALITÉ — FRATERNITÉ

Préfecture du département de la Seine

LE PRÉSIDENT DE LA RÉPUBLIQUE FRANÇAISE,

Sur le rapport du Ministre de l'Intérieur,

Vu la demande présentée par l'Association dite *Société des Artis[tes] Indépendants*, dont le siège est à Paris, en vue d'obtenir la reconnai[s]sance comme établissement d'utilité publique;

L'extrait du procès-verbal de l'Assemblée générale en date d[u] 31 mars 1920;

Le *Journal Officiel* du 5 décembre 1903 contenant la déclaration prescri[te] par l'article 5 de la loi du 1er juillet 1901;

Les comptes et budgets ainsi que l'état de l'actif et du passif d[e] l'Association;

Les statuts proposés et les autres pièces de l'affaire;

La délibération du Conseil municipal de Paris en date du 20 no[vembre] vembre 1922;

L'avis du Préfet de la Seine du 7 décembre 1922;

L'avis du Ministre de l'Instruction publique et des Beaux-Arts [en] date du 24 juillet 1922;

La loi du 1er juillet 1901 et le décret du 16 août 1901;

Le Conseil d'État entendu,

DÉCRÈTE :

ARTICLE PREMIER. — L'Association dite *Société des Artistes Ind[é]pendants*, dont le siège est à Paris, est reconnue comme établissem[ent] d'utilité publique.

Sont approuvés les statuts de l'Association tels qu'ils sont annex[és] au présent décret.

ART. 2. — Le Ministre de l'Intérieur est chargé de l'exécution du prése[nt] décret qui sera inséré au *Bulletin des Lois*.

Fait à Rambouillet, le 30 mars 1923.

Signé : A. MILLERAND.

Par le Président de la République :

Le Ministre de l'Intérieur :

Signé : MAUNOURY.

Pour ampliation :

Le Chef du Bureau du Cabinet,

Signé : ARDOUIN.

Pour copie conforme :

Pour le Secrétaire général,

le Conseiller de Préfecture délégué.

Signé : ILLISIBLE.

1884

La Société des
" Artistes Indépendants "
basée sur le principe de la suppression
des Jurys d'admission, a pour but de permettre
aux Artistes de présenter librement
leurs œuvres au jugement
du Public

1930

COMITÉ

BUREAU

Président :

Paul SIGNAC, 14, rue de l'Abbaye (6e).

Vice-Présidents :

Maximilien LUCE, 16, rue de Seine (6e).

André LÉVEILLÉ, 35, rue Le Marois (16e).

Trésorier :

Georges SCHREIBER, 3, rue Jules-César (12e).

Secrétaires rapporteurs :

Carlos REYMOND, 7, rue Daru (8e).

Raymond RENEFER, 63, rue Lemercier (17e).

MEMBRES

ANTRAL (Robert-Louis), 14, rue Thiboumery (15e).
BARREY (Mlle Jeanne-Marie), 40, rue de Paris, à Bagnolet (Seine).
BARRIÈRE (Georges), 62, rue Rébeval (19e).
CHAUVEL (Georges), 54, rue Lhomond (5e).
GUYOT (Georges-Lucien), 13, place Emile-Goudeau (18e).
JANSSAUD (Mathurin), 15, impasse du Mont-Tonnerre (15e).
JOËTS (Jules), 7, rue des Gardes (18e).
KLEIN-OR (Victor), 6, rue Cernuschi (17e).
LEFORT (Jean-Louis), 21 *bis*, avenue de La Motte-Picquet (7e).
LEPREUX (Albert) 11, rue Gavarni (16e).
ROUSTAN (Emile), 24, rue Mayet (6e).
TAVERNIER (Julien), 6, rue Jouvenet, (16e).
TURIN (André), 3, rue des Pyramides (1er).
URBAIN (Alexandre), 28, quai de Béthune (4e).

ADMINISTRATION :

Secrétaire général :

Charles JOUNET de VILLERS, 77, rue Dareau (14e).

Secrétaire :

Émile VIGIER, 210, rue du Faubourg-Saint-Denis (10e).

Comptable :

Julien LAGOUTTE, 40, rue de Paris (Asnières).

Conseil juridique :

Officiers ministériels :
Me Gustave FICHOT, avoué de 1re instance, 25, rue Gay-Lussac (5e).
Me Henri MAILLARD, huissier, près le Tribunal civil de la Seine, 20, place d'Italie (13e).
Me Jacques VINCENT, notaire, 43, rue de Clichy (9e).

Me Georges BATY, ancien huissier, avocat, 9, rue Chasseloup-Laubat (15e).
Me Louis GALLIÉ, avocat à la Cour d'appel, 2, rue Turgot (9e).
M. le docteur PAUL-MANCEAU, avocat, chef de cabinet du Président de la Chambre des Députés, 12, rue de Bellechasse (7e).

SIÈGE SOCIAL :

18, Rue Mazarine, PARIS (VIe)

Permanence le Mardi et le Samedi de 2 h. 1/2 à 6 heures, sauf pendant l'Exposition et les mois de juillet, août et septembre.
Pendant l'Exposition, adresser toute la correspondance au Grand Palais.
A toute demande de renseignements, prière de joindre un timbre pour la réponse.

MEMBRES D'HONNEUR

... Bérard (Léon), Député des Basses-Pyrénées, ancien Ministre de l'Instruction Publique et des Beaux-Arts.

...nier (Louis), Architecte D. G., Inspecteur général des services techniques d'architecture et d'esthétique de la Préfecture de la Seine.

...bel (Antoine).

...aioux (Adolphe), Conseiller municipal, ancien Président des Conseils municipal et général.

...udier (Paul), Député, ancien Président du Conseil municipal.

...uet (Honoré).

...rriot (Edouard), Député, ancien Président du Conseil, ancien Ministre de l'Instruction Publique et des Beaux-Arts, Maire de Lyon.

...baud (Mathurin), membre du Comité, ancien Commissaire général des Expositions de la Société.

...oureux (Lucien), Député de l'Allier, ancien Ministre de l'Instruction Publique et des Beaux-Arts.

...on (Paul), membre de l'Institut, Directeur général des Beaux-Arts.

...lerio (André), homme de lettres, ancien délégué à la Presse de la Société.

...cereau (Alexandre), homme de Lettres.

... (E.-J.), Conseiller municipal.

...rraut (Albert), Ministre de l'Intérieur.

...inet (Louis), Trésorier honoraire; Me Fortier (Gustave), Avocat honoraire.

MEMBRES FONDATEURS DÉCÉDÉS

... Angrand (Charles), décédé le 1er avril 1926.

...ois-Pillet, décédé le 17 août 1890.

...oix (Henri), ancien Trésorier de la Fondation, décédé en novembre 1929.

...oin (Arsène), Secrétaire honoraire de la Société, décédé le ... Mars 1923.

...ilton (Edmond), Président honoraire de la Société, décédé le 27 août 1910.

MEMBRES D'HONNEUR DÉCÉDÉS

... Chabert, Delhomme, Mithouard, Quentin-Bauchard et Turot, Conseillers municipaux.

...-Cochin, de l'Académie française, ancien Ministre.

...rigny, ancien Vice-Président de la Société, Directeur de l'Institut ...arisien.

...our, Député, Fuller, Sociétaire fondateur (1884).

...roy (Gustave), Président de l'Académie Goncourt, Administrateur de la Manufacture Nationale des Gobelins.

...a-Droz, ancien Président de la Confédération Helvétique, Chef du Département des Affaires Etrangères, Conseiller fédéral suisse.

...ger-Marx, Inspecteur des Beaux-Arts.

...rère (Olivier), Conseiller d'Etat honoraire, ancien Secrétaire général de la Présidence de la République.

...bat, Député de Paris, ancien Ministre.

Le "Curriculum Vitæ"

de la

Société des Artistes Indépendants

			Expos[ants]
1re	1884 (10 décembre)	Pavillon de la Ville de Paris, aux Champs-Élysées.	10
2e	1886 (21 août-21 sept.)	Rue des Tuileries, Bâtiment B, près du Pavillon de Flore	9
3e	1887 (26 mars-3 mai)	Pavillon de la Ville de Paris, aux Champs-Élysées.	10
4e	1888 (22 mars-3 mai)	Pavillon de la Ville de Paris, aux Champs-Élysées.	14
5e	1889 (3 sept.-4 oct.)	Salle de la Société d'Horticulture, 84, rue de Grenelle-St-Germain	12
6e (1)	1890 (20 mars-27 avril)	Pavillon de la Ville de Paris, aux Champs-Élysées.	17
7e	1891 (20 mars-27 avril)	Pavillon de la Ville de Paris, aux Champs-Élysées.	22
8e	1892 (19 mars-27 avril)	Pavillon de la Ville de Paris, aux Champs-Élysées.	26
9e	1893 (18 mars-27 avril)	Pavillon de la Ville de Paris, aux Champs-Élysées.	31
10e	1894 (7 avril-27 mai)	Palais des Arts libéraux, au Champ de Mars .	22
11e	1895 (9 avril-26 mai)	— —	28
12e	1896 (1er avril-31 mai)	— —	19
13e	1897 (3 avril-31 mai)	— —	22
14e	1898 (19 avril-12 juin)	Palais de Glace, aux Champs-Élysées. . . .	19
15e	1899 (21 oct.-26 nov.)	Garde-Meuble du Colisée, 5, rue du Colisée, aux Champs-Élysées	8
16e	1900 (5 au 25 déc.)	Garde-Meuble du Colisée, 5, rue du Colisée, aux Champs-Élysées	6
17e	1901 (20 avril-21 mai)	Grande Serre de l'Alma, au Cours la Reine.	16
18e	1902 (29 mars-5 mai)	— —	27
19e (2)	1903 (20 mars-25 avril)	— —	39
20e	1904 (21 fév.-24 mars)	— —	6
21e	1905 (24 mars-30 avril)	Grandes Serres de l'Alma et des Invalides, au Cours la Reine	60

(1) La Société Nationale des Beaux-Arts a été fondée en 1890.
(2) La Société du Salon d'Automne a été fondée en 1903.

			Exposants
22e	1906 (20 mars-30 avril)	Grandes Serres de l'Alma et des Invalides, au Cours la Reine.	842
23e	1907 (20 mars-30 avril)	Grandes Serres de l'Alma et des Invalides, au Cours la Reine.	1039
24e	1908 (20 mars-2 mai)	Grandes Serres de l'Alma et des Invalides, au Cours la Reine.	1320
25e	1909 (25 mars-2 mai)	Grande Serre de l'Orangerie, au Jardin des Tuileries	837
26e	1910 (18 mars-1er mai)	Baraquements du Cours la Reine, au Pont des Invalides	1182
27e	1911 (21 avril-13 juin)	Baraquements du Quai d'Orsay, au Pont de l'Alma.	1388
28e	1912 (20 mars-16 mai)	Baraquements du Quai d'Orsay, au Pont de l'Alma.	1264
29e	1913 (19 mars-18 mai)	Baraquements du Quai d'Orsay, au Pont de l'Alma.	1045
30e	1914 (1er mars-30 avril)	Baraquements du Champ-de-Mars, av. de La-Bourdonnais, près l'École Militaire. .	1320
		Il n'y eut pas d'Exposition au Cours de la guerre	
31e	1920 (28 janv.-28 fév.)	Grand Palais des Champs-Elysées, avenue Victor-Emmanuel III.	1144
32e	1921 (23 janv.-28 fév.)	Grand Palais des Champs-Élysées, avenue Victor-Emmanuel III.	1017
33e	1922 (28 janv.-28 fév.)	Grand Palais des Champs-Élysées, avenue Victor-Emmanuel III.	1330
34e	1923 (10 fév.-10 mars)	Grand Palais des Champs-Elysées, avenue Victor-Emmanuel III.	1660
35e	1924 (9 fév.-12 mars)	Grand Palais des Champs-Élysées, avenue Victor-Emmanuel III.	1700
36e	1925 (21 mars-3 mai)	Palais de Bois, 93, avenue de la Grande-Armée, Porte Maillot.	1891
	1926	TRENTE ANS D'ART INDÉPENDANT (1884-1914). Exposition rétrospective, 20 fév.-21 mars, Grand Palais des Champs-Elysées avenue Alexandre-III	567
37e	1926 (20 mars-2 mai)	Palais de Bois, 93, avenue de la Grande-Armée, Porte Maillot.	2000
38e	1927 (21 janv.-27 fév.)	Grand Palais des Champs-Elysées, avenue Alexandre III.	2183
39e	1928 (20 janv.-29 fév.)	Grand Palais des Champs-Elysées, avenue Alexandre-III	2400
40e	1929 (18 janv.-28 fév.)	Grand Palais des Champs-Elysées. avenue Alexandre-III.	2381
41e	1930 (17 janv.-2 mars)	Grand Palais des Champs-Elysées, avenue Alexandre-III	2175

41e EXPOSITION ANNUELLE

17 Janvier - 2 Mars 1930

ORGANISATION

Commissaires de l'Exposition

MM. André LÉVEILLÉ et Alexandre URBAIN.

Secrétaire général, délégué à la Presse :

M. Charles IGOUNET de VILLERS.

Secrétaire, délégué au Service de Vente :

M. Émile VIGIER.

COMMISSION DE PLACEMENT

(40 Membres)

1o Les 20 membres du Comité (de droit) ;

2o 20 membres élus par l'Assemblée générale du 14 novembre 1929 :

MM. PAULEMILE-PISSARRO.
LEJEUNE (Henri).
FERNAND-TROCHAIN.
D'AMBROSIO, sculpteur.
PORTAL (Émile).
PIERRE-BERTRAND.
BALANDE (Gaston).
DU MARBORE.
RENÉ-JUSTE.
COURCHÉ.

MM. DELATOUSCHE (Germain).
MARTOUGEN (S[illegible]).
NEILLOT (Louis).
Mlle DUJARDIN-BEAUMETZ.
MM. CHARTIER (Paul-Louis).
BERJONNEAU (Jehan).
LAVERGNE (Alfred).
HANAU (Jean).
ANDREY-PREVOST.
MILLOT (Eugène).

Président de la Commission de Placement :

M. Henri LEJEUNE.

Secrétaires :

MM. PAULEMILE-PISSARRO et Jehan BERJONNEAU.

A

DE
BELLES
COULEURS
COULEURS F. LINEL
TOILES A. BINANT
SUR DE
BONNES
TOILES

DÉSIGNATION
DES
OUVRAGES EXPOSÉS

Notice sur le classement des ouvrages

Le millésime qui suit le nom de chaque exposant indique la date de sa première participation aux expositions de la Société.

Voir pages 375 et suivantes la liste complète des exposants classés par ancienneté.

Le placement des ouvrages étant fait selon cet ordre chronologique, les exposants de la même année se trouvent dans la même salle ou le même groupe de salles.

ABADIE-LANDEL (Pierre) — 1920 — né à Paris. — 17, rue Campagne-Première, 14ᵉ.

1 La parade de lutte. — 3.000 fr.
2 Claudine. — Appartient à M. Landel.

ABOU (Albert) — 1930 — né à Marseille. — 41, rue de Seine, 6ᵉ.

3 Le Fort Saint-Jean, Marseille (marine). — 2.000 fr.
4 Fruits (nu). — 4.800 fr.

ABRAMOVITSCH (Simon) — 1930 — né au Havre. — 30, rue de Saint-Quentin, Le Havre (Seine-Inférieure).

5 Entrée du port du Havre. — 1.000 fr.
6 Le Bassin du Roi, Le Havre. — 1.000 fr.

ABRANSKI (Cécile) — 1926 — Esthonienne. — 7, rue Lebouis, 14ᵉ.

7 Buste négresse (terre cuite) (sculpture). — 3.000 fr.
8 Figure (plâtre) (sculpture). — 1.000 fr.

ACHILLE-FOULD (Mme Georges) — 1928 — née à Asnières. — 20, boulevard de Courcelles, 17e.

9 Peinture.
10 Peinture.

ACKEIN (Mme Marcelle) — 1910 — née à Alger. — 31, rue Jeanne, 15e.

11 La fenêtre jaune. — 3.000 fr.
12 Musique et mosaïque. — 4.000 fr.

ADAMSON-ERIC — 1928 — né à Tartu (Esthonie) — Esthonien. — 172, rue de Vanves, 14e.

13 Portrait de l'artiste. — 5.000 fr.
14 Nature morte. — 4.000 fr.

ADES (Joe-V.) — 1927 — né au Caire — Egyptien. — 112, boulevard Malesherbes, 8e.

15 Joie. — 16.000 fr.
16 Peinture. — Appartient à l'auteur.

ADORYAN (Hélène) — 1930 — née à Budapest. — 16, rue Jacques-Callot, 6e.

17 Mathurin. — 1.000 fr.
18 Le petit louchon. — 800 fr.

ADOUR (Pauline) — 1905 — née à Paris. — 10, rue Le Verrier, 6e.

19 Peinture. — 2.000 fr.
20 Peinture. — 2.000 fr.

AGELASTO-BARBIER (Mme Gertrude) — 1928 — née à Paris. — 67, rue Dareau, 14e.

21 Portrait. — 1.800 fr.
22 Nature morte. — 1.800 fr.

AGUET (William) — 1920 — né à Paris — Suisse. — 52, rue de Courcelles, 8e.

23 Paysage. — 1.500 fr.
24 Paysage. — 1.500 fr.

AILLET (Edgard) — 1912 — né à Eauze (Gers). — 2, passage de Dantzig, 15e.

25 Chemin de halage, environs de Chézy-sur-Marne. — 1.200 fr.
26 Portrait de M. P. A... — 5.000 fr.

AIRAULT (François) — 1926 — né à Chambon-sur-Vouèze (Creuse). — 9, rue Gambetta, Versailles (S.-et-O.).

27 Foch. — 800 fr.
28 Clemenceau. — 800 fr.

ALATERRE (Louis) — 1923 — né à Châteaudun (E.-et-L.). — 9, rue Falguière, 15e.

29 Dans le parc. — 3.500 fr.
30 Paysage. — 1.500 fr.

ALBE (Maurice) — 1925 — né à Sarlat. — Rue de la République, Sarlat (Dordogne).

31 Paysage du Périgord. — 1.500 fr.
32 Paysage du Périgord. — 1.200 fr.

ALBERT (Adolphe) — 1886 — né à Paris. — « Le Tilleul », Les Andelys (Eure).

33 La neige au Petit Andely. — 1.500 fr.
34 Le pont suspendu. — 1.200 fr.

ALBERT (Maurice-Léon) — 1920 — né à Paris. — 7, avenue Aubenne, Colombes (Seine).

35 La Graisne à Mondoubleau. — 1.200 fr.
36 La Levée à Mondoubleau. — 650 fr.

ALBERTINI (Bernard) — 1928 — né à Lucciana (Corse). — 40, rue Notre-Dame-de-Nazareth, 3e.

37 Portrait. — Appartient à Mme Bougard.

ALBERT-MATHIEU (Joseph) — 1928 — né à Albi. — 22, rue de Navarin, 9e.

38 Le Pont-Neuf, soir d'été. — 1.300 fr.
39 Province, soleil de printemps. — 900 fr.

ALDER (Emile) — 1908 — né à Zurich (Suisse) — Suisse. — 35, boulevard Rochechouart, 9e.

40 Peinture.
41 Peinture.

ALDIGHIERI (Dominique) — 1920 — né à Vérone — Italien. — 21, rue Henri-Monnier, 9e.

42 Vase décoré à sgraffiti. — 2.500 fr.
43 Peinture à fresque. — 2.000 fr.

ALEGRE (Jean-Marie) — 1929 — né à Marseille. — 153, rue Saint-Charles, 15e.

44 L'aïeule. — Appartient à l'auteur.
45 L'église d'Auteuil. — 600 fr.

ALEXANDRE (Edme) — 1921 — né à Nevers. — 19, rue Thiers, Colombes.

46 Paysage. — 1.500 fr.
47 Fleurs. — 200 fr.

ALEXANDROVITCH (Alexandre-I.) — 1904. — 26, rue André-Chénier, Bois-Colombes (Seine).

48 L'appel du mur. — 12.000 fr.
49 Les bords du Rhin. — 2.000 fr.

ALKAN-LEVY (Fernand) — 1906 — né à Amiens. — 36 *bis*, rue Lamarck, 18e.

50 Le Paillon à Nice. — 2.000 fr.
51 Boulevard des Capucines. — 1.500 fr.

ALMECH-GAGELIN (Ian) — 1909 — né à Paris. — 71, rue Saussure, 17e.

52 Flore (nu). — 15.000 fr.
53 Intérieur. — 4.000 fr.

ALY (Augusta) — 1930 — née à Paris. — 90, avenue Gambetta, 20e.

54 Une vitrine contenant des terres cuites :

L'épave. — Appartient à l'auteur ; Rêve. — 380 fr. ; Lassitude. — 490 fr. ; Désir. — 380 francs ; Jeunesse. — 2,000 fr. ; Sirène. — 280 francs ; La Femme. — 3,000 fr. ; Chagrin (ébauche). — Appartient à l'auteur ; Cariatide aux roses. — 600 fr.

55 Buste de Mme Vve Lanchy (sculpture) (sur selle). Appartient à l'auteur.

ALY (Gustave) — 1906 — né à Arras. — 30, rue Daviel, 13e.

56 Etang de la Queuldre, Morvan. — 1,200 fr.
57 Etang Honoré, Morvan. — 1,500 fr.

ALYANAK (Hrand) — 1913 — né à Constantinople — Arménien. — 7, rue de Constance, 18e.

58 Moulin de Dennemont. — 1,200 fr.
59 Le voilier. — 1,200 fr.

AMARGIER (Léon) — 1929 — né à Paris. — 140, rue Saint-Maur, 11e.

60 Effet de neige. — 650 fr.
61 Vautour. — 300 fr.

AMATCHI (Carmen) — 1928 — née à Hendaye. — 60, rue de Miromesnil, 8e.

62 Vieux logis. — 1,000 fr.
63 L'heure du chapelet. — 1,000 fr.

AMBROSINI (Vincent) — 1922 — né à Constantine (Algérie). — 19, rue de Chartres, Neuilly-sur-Seine.

64 Les calanches de Piana (Corse) au clair de lune. — 3,000 fr.
65 Côtes de Corse au clair de lune. — 1,500 fr.

AMBROSIO (Louis d') — 1927 — né en Italie. — 4, rue Maurice-Mayer, 13e.

66 Jeune fille à sa toilette (sculpture) (bronze cire perdue). — 5.500 fr.
67 Tête de femme (étude) (sculpture) (bronze cire perdue). — 3.600 fr.

AMELIN (Paul) — 1894 — né à Paris. — 11, impasse Ronsin, 15e.

68 Provence. — 2.000 fr.
69 Provence. — 1.000 fr.

ANCILLON (Louis) — 1926 — né à Oran (Algérie). — 4, rue Dulac, 15e.

70 Jour de fête. — 2.500 fr.
71 Peinture. — 1.400 fr.

ANDLER (Marie-Louise) — 1926 — née à Paris. — 137, Grande-Rue, Bourg-la-Reine (Seine).

72 Roses. — 1.200 fr.
73 Lilas. — 1.200 fr.

ANDLER (Paul) — 1928 — né à Strasbourg. — 137, Grande-Rue, Bourg-la-Reine (Seine).

74 Pêches et raisins. — 800 fr.
75 Grenades. — 800 fr.

ANDRE (Gaston) — 1911 — né à Angers. — 15, rue Cauchois, 18e.

76 Panneau décoratif. — 2.500 fr.
77 Etude. — 1.200 fr.

ANDRE-MORISSET — 1914 — né à Saint-Sauveur (Yonne). — « Les Hautes Cours », au Vau Breton, près Chinon (I.-et-L.).

78 Crépuscule rose. — 3.500 fr.
79 Reflets du soir. — 4.000 fr.

ANDREY-PREVOST — 1922 — né à Paris. — 4, avenue Sœur-Rosalie, 13e.

80 Les hauts fourneaux. — 4.000 fr.
81 Vieux Paris. — 2.500 fr.

ANDRIEUX (Alfred) — 1914 — né à Paris. — 42, rue Scheffer, 16e.

82 Nature morte, butor, plein air. — 2.500 fr.
82 Nature morte, butor, intérieur. — 2.500 fr.

ANGE (Paul) — 1923 — né à Leninegrad — Russe. — 11, rue Etienne-Marcel, La Varenne-Saint-Hilaire (Seine).

84 Bon gueuleton. — 1.500 fr.
85 Moi. — Appartient à l'auteur.

ANGER (Jacques) — 1925 — né à Paris. — 33, rue Vineuse, 16e.

86 Paysage de Normandie. — 1.000 fr.

ANTHONE (Armand) — 1908 — né à Paris. — 4, avenue Victor-Hugo, Saint-Maur-des-Fossés (Seine).

87 Rue des Tournelles, Vieux Saint-Maur (Seine). — 1.200 fr.
88 Coin de jardin. — 1.200 fr.

ANTRAL (Louis-Robert) — 1920 — né à Châlons-sur-Marne. — 14, rue Thiboumery, 15e.

89 Peinture. — 5.000 fr.
90 Peinture. — 3.500 fr.

AOYAMA (Yoshio) — 1928 — né à Tokio (Japon). — Japonais. — 7, rue Belloni, 15e.

91 Portrait d'artiste. — 7.500 fr.
92 Composition. — 7.500 fr.

APPIA (Béatrice) — 1925 — née à Eaux-Vives. — 7, rue Paul-de-Kock, 19e.

93 Paysage. — 1.000 fr.
94 Figures. — 1.000 fr.

ARCACHE (Marcelle) — 1920 — née à Alexandrie (Egypte) — Egyptienne. — 50, rue Blomet, 15e.

95 Jardin d'Egypte. — 1.000 fr.
96 Le kimono rouge. — 1.000 fr.

ARCHAMBAUD (Jane) — 1929 — née à Niort. — 10, rue de la Comédie, Niort (Deux-Sèvres).

97 Portrait (pastel). — Appartient à l'auteur.

ARLANDIS (René) — 1930 — né à Alger. — 77, rue de Charonne, 11ᵉ.

98 Maisons à Brie-Comte-Robert. — 600 fr.
99 Tour et église de Montlhéry (aquarelle). — 300 fr.

ARMAND (Anna-Marie) — 1923 — née au Tréport. — 6, rue de la Gaieté, Le Perreux (Seine).

100 Peinture. — 1.400 fr.
101 Paysage. — 1.200 fr.

ARMAND-VIVET (Jean) — 1924 — né à Paris. — 48, rue de Vaugirard, 6ᵉ.

102 Paysage. — 1.000 fr.
103 Jour de fête. — 2.000 fr.

ARMENGAUD (Eugène) — 1913 — né à Paris. — 22, rue Greuze, 16ᵉ.

104 Roches à Belle-Ile-en-Mer. — 600 fr.
105 Phœbé (panneau décoratif). — 1.250 fr.

ARNAL (Georges) — 1930 — né à Brioude (Haute-Loire). — 84, boulevard Rochechouart, 18ᵉ.

106 La sablière, forêt de pins à St-Trojan. — 1.500 fr.
107 Tête de vieillard. — 1.400 fr.

ARNAUD (Moïse) — 1920 — né à Valence (Drôme). — 11, rue d'Ulm, 5ᵉ.

108 La route, Montfermeil (S.-et-O.). — 6.000 fr.
109 Paysage, Le Pin (Seine-et-Marne). — 8.000 fr.

AROZARENA (Tor de) — 1923 — né à Cognac. — 31, rue Campagne-Première, 14ᵉ.

110 Nocturne, bois de Douarnenez.
111 Portrait.

ARREGUI (R.) — 1910 — né en pays basque. — 91, rue du Parc-Cité-des-jardins, Le Plessis-Robinson (Seine).

112 Un philosophe. — 5.000 fr.
113 Philosophe au livre jaune. — 5.000 fr.

ASSIRE (Gustave) — 1911. — 37, rue Lamarck, 18°.

114 Nu. — 1.000 fr.
115 Quartier du Chapeau-Rouge, Toulon. — 1.000 fr.

ASTÉ (Jean-Louis) — 1920 — né à l'Isle-en-Jourdain (Gers). — 12, boulevard Ledru-Rollin, Montpellier (Hérault).

116 Peinture.
117 Peinture.

ASTIÉ (Hector) — 1905 — né à Paris. — 70, rue Henri-Litolff, Colombes (Seine).

118 Femme au bijou (sculpture) (bois taille directe). — 3.500 fr.
119 Femme assise (sculpture) (pierre taille directe). — 3.500 fr.

AUBRUN (Roger) — 1929 — né à Issoudun. — 49, rue de la République, Issoudun (Indre).

120 Une place à Issoudun. — 600 fr.
121 Soir d'automne. — 350 fr.

AUDOUL (France) — 1928 — née à Lyon. — 14, rue de Cadix, 15°, et 4, rue d'Héliopolis, 17°.

122 Nature morte. — 950 fr.
123 Portrait de Mme Gisèle B... — Appartient à M. B...

AUFORT (Jean) — 1930 — né à Bordeaux. — 38, rue Thénard, Sens (Yonne).

124 Les docks, Bordeaux. — 800 fr.
125 Nature morte. — 3.000 fr.

AURÉGAN-COULOMBS (Pauline) — 1925 — née à Paris. — 4, rue Fourcroy, 17ᵉ.

126 Portrait d'enfant.
127 Marine. — 1.000 fr.

AUREILLAN (Mᵐᵉ Maryse) — 1930 — née à Séverac-le-Château (Aveyron). — 11, rue de Maubeuge, 9ᵉ.

128 La Cédelle, Crozant. — 600 fr.
129 Route de Crozant (Creuse). — 500 fr.

AUZAUNEAU (Suzanne) — 1929 — née à Paris. — 70, avenue des Champs-Elysées, 8ᵉ.

130 Flacon cristal gravé et dépoli, bouchon ébonite.
131 Flacon cristal gravé et dépoli, bouchon argent et ébonite.

AUZERAIS (Francisque) — 1930 — né à Paris. — 29 *ter*, rue Pouchet, 17ᵉ.

132 Eglise Notre-Dame. — 1.200 fr.
133 Nu. — 1.500 fr.

AVETRANI (Domenico) — 1926 — né à Paris. — 15, rue Collette, 17ᵉ.

134 Portrait.
135 Paysage. — 1.000 fr.

AVISON (Armand-P.) — 1925 — né à Bordeaux. — 14, rue de la Mouzaïa, 19ᵉ.

136 Saint-Jean-de-Luz. — 1.400 fr.
137 Fleurs. — 900 fr.

AVIT (Rémy) — 1927 — né à Montguyon (Charente-Inférieure). — La Rochelle-Tasdon (Charente-Inférieure).

138 Nu. — 1.500 fr.
139 Composition. — 1.500 fr.

AZÉNOR (Mˡˡᵉ Hélène) — 1930 — née à Paris. — 19, rue de Penthièvre, 8ᵉ.

140 Impression de dancing. — 800 fr.
141 Surimpression. — 750 fr.

B

BABELAY (Louis) — 1925 — né à Genève — Suisse. — 14, rue Pernety, 14ᵉ.

142 Sangliers sous bois, effet de neige. — 950 fr.
143 Jeux de chats. — 950 fr.

BABIJ (Ivan) — 1926 — né à Cherson — Ukrainien. — 15, rue Delambre, 14ᵉ.

144 Portrait de Mᵐᵉ Iwa Raffay Claussen.
145 Portrait de Em. Bernard. — 10,000 fr.

BABIN (Elisabeth) — 1927 — née à Nantes. — 18, rue Ernest-Renan, Arpajon (S.-et-O.).

146 Nu. — 3.000 fr.
147 Paysage. — 2.000 fr.

BACH (Marcel) — 1907 — né à Bordeaux. — 7, rue Alain-Chartier, 15ᵉ.

148 Paysage. — 4.500 fr.
149 Paysage. — 4.200 fr.

BACH (Pierre) — 1929 — né à Toul. — Poste restante, 32, boulevard du Palais, 6ᵉ.

150 Piana (Corse). — 700 fr.
151 Monticelli (Corse). — 700 fr.

BACON (Mˡˡᵉ Manon) — 1930 — née à Bellegarde-en-Forez. — 17, rue d'Odessa, 14ᵉ.

152 Le village de pêcheurs. — 300 fr.
153 Zizi. — 300 fr.

BAILLET (Charles) — 1912 — né à Paris. — 25, rue du Parc-Montsouris, 14ᵉ.

154 Montargis, le canal. — 1.600 fr.
155 Pont de Saint-Père (Yonne). — 1.600 fr.

BAILLOT-JOURDAN (Cécile) — 1920 — née à Troyes. — 13, rue du Cloître-Saint-Etienne, Troyes (Aube).

156 Une vitrine grès décorés grand feu, pièces uniques.
156 bis Une vitrine bijoux argent fondu, pièces uniques.

BAKER (Adge) — 1926 — né à Cirencester — Britannique. — 147, rue Broca, 13e.

157 Nature morte. — 3.000 fr.
158 Les deux sœurs. — 3.000 fr. (sans cadre).

BAKER (Sherman) — 1929 — né à Norfolk (U.S.A) — Américain — 13, square de Port-Royal, 13e.

159 Peinture.
160 Peinture.

BALANDE (Gaston) — 1921 — né à Saujon (Charente-Inférieure) — 65, boulevard Arago, 13e.

161 Peinture.
162 Peinture.

BALDASSARI (Oreste) — 1923 — né à Marseille. — 227, rue Marcadet, 18e.

163 Nemours (Seine-et-Marne), le pont et l'église. — 350 fr.
164 Une vue d'Annemasse (Haute-Savoie). — 500 fr.

BALLET (André) — 1909 — né à Paris. — 11, rue du Maréchal-Gallieni, Versailles. Tél. 132.

165 Marine. — 1.200 fr.
166 Marine. — 1.200 fr.

BALLET (Roger) — 1930 — né à Aix-en-Provence. — 10, rue Beautreillis, 4e.

167 Descente de croix. — Appartient à Mme Palansi.
168 Le grand duel. — Appartient à l'auteur.

BALLOT-BEAUPRÉ (Alfred) — 1930 — né à Paris. — 3, rue Joubert, 9e.

169 Effet de brume. — 850 fr.
170 Vieille chapelle en Bretagne. — 1.350 fr.

BALMIGÈRE (Paul-Marcel) — 1920 — né à Perpignan. — 22, rue Tourlaque, 18e.

171 Le bain de soleil. — 2.000 fr.
172 Marché provençal. — 900 fr.

BALSSA (Jules) — 1922 — né à Valderiès (Tarn). — 109, rue Saint-Charles, 15ᵉ.

173 Chrysanthèmes. — 2.000 fr.
174 Canezac (Tarn), maison paternelle d'Honoré de Balzac.

BANDERAS (Hector) — 1930 — né à Santiago — Chilien. — 19, rue Daguerre, 14ᵉ.

175 Ma chambre. — 1.500 fr.

BANDO (Toshio) — 1923 — né à Tokushima — Japonais. — 19, rue de la Fontaine, Pierrefitte (Seine), et Galerie Chéron, 56, rue La Boëtie, Paris.

176 Jour de fête. — 30.000 fr.

BANES (Mme Suzanne) — 1927 — née à Paris. — 67, rue Charles-Laffitte, Neuilly-sur-Seine.

177 Potiche avec fleurs (aquarelle). — 600 fr.
178 Anémones (aquarelle). — 300 fr.

BARAT (Georges) — 1929 — né à Bruxelles — Belge. — 25, villa Bellevue, 19ᵉ.

179 Les Tourmentés. — 2.000 fr.
180 Le moulin d'Avrillé (M.-et-L.). — 400 fr.

BARBA (Marie) — 1908 — née à Marseille. — 86, rue Cardinet, 17ᵉ.

181 Peinture.
182 Peinture.

BARBEDIENNE (Bernard) — 1927 — né à Paris le 5 septembre 1909; décédé le 12 octobre 1929 à Gargan. — S'adresser à M. Barbedienne, 61, boulevard Édouard-Vaillant, Gargan (S.-et-O.).

EXPOSITION POSTHUME

183 Oiseaux (bronze). — 350 fr.
184 Chat (céramique). — 125 fr.
185 Cure d'air (aquarelle). — Pas à vendre.
186 Caricatures (aquarelle). — Pas à vendre.
187 Métier à tisser les perles. — Pas à vendre.
188 Paysage (peinture). — Pas à vendre.

BARBEY (Jeanne-Marie) — 1911 — née à Paris. — 40, rue de Paris, Bagnolet (Seine).

189 Avant la course. — 2.000 fr.
190 Le lavoir. — 800 fr.

BARBIER (Ernest) — 1920 — né à Nottonville (E.-et-L.). — 174, rue de Fontenay, Vincennes (Seine).

191 La Marne à La Varenne. — 1.800 fr.
192 Soirée sur la Seine à Champagne (Seine). — 1.800 fr.

BARDON (Marc) — 1922 — né à Paris. — 41, rue des Montibœufs, 20ᵉ.

193 Moulin de la Folie (Creuse). — 5.000 fr.
194 Etude. — 4.000 fr.

BARETTE (Marcel) — 1930 — né à Ecouis (Eure). — 31, rue de Seine, 6ᵉ.

195 Nature morte. — 2.000 fr.
196 Le manoir de Malvoisine (Normandie). — 2.000 francs.

BARJOU (Henri) — 1920 — né à Lesneven (Finistère) — 5, rue Victorien-Sardou, 16ᵉ.

197 Paysage. — 450 fr.
198 Paysage. — 450 fr.

BARKER-HAVERFIELD (Hugues) — 1930 — né à Bath (Angleterre) — Britannique. — « Le Petit Manoir », Varengeville-sur-Mer (Seine-Inférieure).

199 Paysage en Vendée. — 1.500 fr.
200 Nature morte. — 500 fr.

BARLE (Maurice) — 1928 — né à Paris. — 56, rue Rochechouart, 9ᵉ.

201 La maison au cyprès, paysage provençal. — 2.000 francs.
202 Eglise de Martigues, fin du jour. — 2.000 fr.

BARLOW-BREWSTER (Mme Achsah) — 1923 — née à New-York — Américaine. — Torre dei Quatro Venti, Naples (Italie).

203 Peinture.
204 Peinture.

BARON (Marcel) — 1902 — né à Paris. — 60, rue des Tournelles, 3e.

205 Le chêne. — 3.000 fr.
206 Le hêtre. — 2.000 fr.

BAROTTE (Léon) — 1920 — né à Rosières-aux-Salines (M.-et-M.). — 12, square Desnouettes, 15e.

207 Automne. — 2.000 fr.
208 Coin fleuri. — 2.000 fr.

BAROWSKI (Sacha) — 1926 — né à Paris. — 13, rue de la Ville-l'Évêque, 8e.

209 Étude de danseuse (pointe sèche). — 250 fr.
210 Étude (pointe sèche). — 150 fr.

BARRAUD (François) — 1929 — né à Chaux-de-Fonds — Suisse. — Collège des Entre-deux-Monts, par Le Locle, canton de Neuchâtel (Suisse).

211 Œillets de poète (nature morte). — 2.500 fr.
212 Les immortelles (nature morte). — 3.000 fr.

BARRIER (Jacques) — 1930 — né à Paris. — 11, rue Guy-de-la-Brosse, 5e.

213 Le Pont-Neuf. — 2.500 fr.
214 Cimetière à Saint-Laurent. — 1.500 fr.

BARRIÈRE (Georges) — 1907 — né à Chablis (Yonne). — 62, rue Rébeval, 19e.

215 Paysage flamand (Bergues). — 800 fr.
216 Saint-Paul de Vence (aquarelle). — 700 fr.

BARTHALOT (Mlle Dodonne) — 1929 — née à Paris. — 35, avenue de Wagram, 17e.

217 Peinture.
218 Peinture.

BARTHOLONI (Blanche) — 1927 — née à Sécheron. — 44, rue du Bac, 7ᵉ.

219 Sauterelle. — 80 fr.
220 Colimaçon. — 80 fr.

BARTOT (Henry-Louis) — 1930 — né à Bordeaux. — 6, rue de Tocqueville, 17ᵉ.

221 Etude. — 600 fr.
222 Etude. — 600 fr.

BASCH (André) — 1928 — né à Budapest — Hongrois. — 2, rue Auguste-Vitu, 15ᵉ.

223 Port du Conquet. — 4.000 fr.
224 Saint-Mathieu. — 3.500 fr.

BASCH (Edith) — 1928 — née à Budapest — Hongroise. — 9, rue de la Grande-Chaumière, 6ᵉ.

225 Peinture. — Appartient à Mˡˡᵉ J. B...
226 Peinture (nature morte). — 2.000 fr.

BASKIND (Suzanne) — 1929 — née à Colmar (Haut-Rhin). — 18, rue du Temple, 4ᵉ.

227 Peinture. — 5.000 fr.
228 Paysage. — 3.000 fr.

BATAULT (Hélène) — 1922. — 235, rue du Faubourg-Saint-Honoré, 8ᵉ.

229 Jour de fête. — 6.000 fr.
230 Jeune russe. — 1.000 fr.

BAUDE (Louis) — 1927 — né au Luc-en-Provence (Var). — Montigny-sur-Loing (S.-et-M.).

231 Vitrine céramique :

1. Vasque verte, animaux. — 200 fr.; 2. Vase jaune, anémones. — 180 fr.; 3. Vasque rouge, paysage. — 160 fr.; Vasque rouge et verte. — 150 fr.; 5. Vase bleu, animaux. — 140 fr.; 6. Vase noir et vert. — 120 fr.; 7. Timbale noire et blanche. — 100 fr.; 8. Coupe bleue, fruits. — 80 fr.

BAUDE-COUILLAUD (G.) — 1921 — né à Bordeaux. — 8, rue Isabey, 16e.

232 Banyuls, le port. — 3.000 fr.
233 Pin parasol. — 400 fr.

BAUDET (Jules) — 1930 — né à Epinay-Champlâtreux (S.-et-O.). — « Les Graviers », 55, avenue du Bois-de-Verrières, Antony (Seine).

234 Parabole résultante, teintée d'humour, pharamineuse, synoptique, chromatique et irradiante à ambition métaphysique imaginée par symbolique âne rouge qui songe avoir trouvé le pont aux ânes. — 50.000 fr.
235 Hôtel de la Forêt. — Appartient à l'auteur.

BAUDOIN (Jean-Franck) — 1925 — né à Saint-Martin-de-Ré (Charente-Inférieure). — 42, rue du Montparnasse, 14e.

236 Eglise d'Ars (Ile de Ré). — 3.000 fr.
237 Paysage. — 3.000 fr.

BAUDON (Louis) — 1903 — né à Paris. — 46, rue de la Saussière, Boulogne-sur-Seine.

238 Nu. — 4.000 fr.
239 Portrait.

BAUDRU-BRAU (Victor) — 1930 — né à Saint-Girons (Ariège). — 50, rue des Chapeliers, Foix (Ariège).

240 Les Gerbiers. — 380 fr.
241 Vieille rue en Ariège. — 380 fr.

BAYSER (Hedwige de) — 1929 — née à Lille. — 3 *bis*, avenue de Montespan, 16e.

242 Mon portrait. — 500 fr.
243 Esquisse. — 300 fr.

BEASLAY (Olga) — 1928 — née à Kicheneff. — 40, rue Damrémont, 18e.

244 Nu. — Appartient à l'auteur.
245 Portrait de M. V... — Appartient à l'auteur.

BEAU (Henri) — 1897 — né à Montréal. — 114, r. de Vaugirard, 6e.

246 Intérieur d'atelier. — 2.000 fr.
247 Plein air. — 2.000 fr.

BEAU (Paul) — 1929 — né à Saint-Aignan-sur-Cher. — 70, avenue des Champs-Élysées, 8e.

248 Un flacon décoré cristal taillé, bouchon argent.
249 Un flacon décoré cristal taillé, bouchon argent.

BEAUMONT (Jean) — 1924 — né à Elbeuf. — 214, rue du Château-des-Rentiers, 13e.

250 Emaux de Limoges :

1. Le cœur prisonnier. — 470 fr.; 2. Chérubin. — 275 fr.; 3. La Reine de la Nuit. — 890 francs; 4. La Danse. — 2.400 fr.; 5. Bestiaire. — 1.190 fr.; 6. Les Profils. — 720 fr.; 7. Ecartelé. — 575 fr.

BEAUMONT (Paul-Louis) — 1929 — né à Paris. — 23, rue d'Argenteuil, 1er.

251 Nus. — 4.000 fr.
252 Nature morte. — 2.500 fr.

BEAUPUY (Louis-Jean) — 1923 — né à Elbeuf (Seine-Inférieure). — 19, quai Saint-Michel, 5e.

253 Galatée.
254 Etude.

BECKER (Charles) — 1930 — né à Bâle (Suisse) — Suisse. — 1, rue Kempf, Strasbourg-Robertsau (Bas-Rhin).

255 Forêt de Hohwald (Vosges). — 2.800 fr.
256 Forêt de Hohwald (Vosges). — 2.500 fr.

BECKER (Georges) — 1907 — né à Tours (I.-et-L.). — 142, rue de Clignancourt, 18e.

257 Le pré (Liffol-le-Petit). — 800 fr.
258 Le lac. — 800 fr.

BEER (Dick) — 1925 — né à Londres — Suédois. — 18, rue Thibaud, 14e.

259 Nu. — 3.000 fr.

BELAY (Pierre de) — 1923 — né à Quimper. — 7, rue Belloni, 15e.

260 Les brûleurs de goëmons. — 4.000 fr.
261 Scène bretonne. — 3.000 fr.

BELLAN (Gilbert) — 1907 — né à Paris. — 7 *bis*, place des Vosges, 4e.

262 Paysage.
263 Marine.

BELLANGER (René) — 1927 — né à Angicourt (Oise). — Boulevard Pasteur, Dreux (Eure-et-Loir).

264 La femme aux chèvres. — 5.000 fr.
265 Paysage. — 1.500 fr.

BELLE (Marcel) — 1908 — né à Paris. — 31, avenue d'Eylau, 16e.

266 Etude, paysage. — 500 fr.
267 Etude, paysage. — 2.500 fr.

BELLIET (Benjamin) — 1922 — né à Villers-en-Arthies (S.-et-O.). — 10, rue Chénier, 2e.

268 Fruits. — 100 fr.
269 L'Océan à Hendaye. — 100 fr.

BELLINI (Gilbert) — 1929 — né à Montevideo. — Uruguayen. — 19, avenue Aristide-Duru, Vanves (Seine).

270 La ronde. — 25.000 fr.
271 Composition. — 10.000 fr.

BELLOC (Raymond) — 1930 — né à Marmande. — Boulevard Gambetta, Marmande (Lot-et-Garonne).

272 Portrait de jeune fille. — 2.000 fr.
273 Paysage. — 2.000 fr.

BELLON (Maurice) — 1928 — né à Paris. — 70, rue des Entrepreneurs, 15e.

274 Marine. — 1.500 fr.
275 Marine. — 1.500 fr.

BELOFF (Angeline) — 1912 — née à Leningrad. — 6, r. Desaix, 15ᵉ.

276 Cadre avec 12 lithographies pour illustration de « Construire un feu », de Jack London. — 1.200 fr.
277 Paysage (aquarelle). — 600 fr.

BENATOV (Leonardo-Bounattian) — 1924 — né en Russie — Russe. — 115, rue Notre-Dame-des-Champs, 6ᵉ, et Galerie Barere, 30, rue de Seine, 6ᵉ.

278 Nature morte.
279 Musicien.

BENNETEAU (Félix) — 1920 — né à Paris. — 5, rue de Bagneux, 14ᵉ.

280 Tête de Christ (étude) (sculpture, pierre).
281 Ensemble décoratif.

BENOIT (Georges) — 1927 — né à Paris. — 10, rue Labat, 18ᵉ.

282 Centaure (bronze) (pièce unique). — 1.500 fr.

BENOIT-BARNET (Louis) — 1922 — né à Saint-Claude (Jura). — 45, rue Lhomond, 5ᵉ.

283 Paysage. — 2.000 fr.
284 Paysage. — 2.000 fr.

BENONI-AURAN (Benoît) — 1901 — né à Monteux (Vaucluse). — 12, rue du Moulin-de-Beurre, 14ᵉ.

284 *bis* La table du collectionneur. — 2.000 fr.
284 *ter* Vue de Monteux. — 700 fr.

BÉRARD (Mme Pauline) — 1930 — née à Saint-Valéry-en-Caux. — 13, rue Cassette, 6ᵉ.

285 Portrait. — Appartient à M. P...
286 Paysage. — 1.500 fr.

BERENY (Emmanuel-Didier) — 1928 — né à Francfort-sur-le-Main — Tchécoslovaque. — 75, boulevard du Montparnasse, 6ᵉ.

287 Nu. — 20.000 fr.
288 Nature morte et fleurs. — 9.000 fr.

BERGÈRE (Georges) — 1930 — né à Paris. — 214, rue Saint-Denis, 2e.

289 Une trouvaille. — 3.000 fr.
290 Fantaisie sur Notre-Dame. — 3.000 fr.

BERGEVIN (Yvonne de) — 1920 — née à Neuilly-sur-Seine. — 24, avenue du 11-Novembre, Bellevue (S.-et-O.).

291 Portrait de Mme S... — Appartient à l'auteur.
292 Nature morte. — 500 fr.

BERGON (François) — 1913 — né à Narbonne (Aude). — 11, rue Simon-Dereure, 18e.

293 Jeune fille au bouquet. — 1.500 fr.
294 Fleurs. — 1.200 fr.

BERJOLE (Pierre) — 1923 — né à Saumur (M.-et-L.). — 18, rue Philippe-Hecht, 19e.

295 Vacances. — 3.000 fr.
296 Le scaphandrier. — 1.500 fr.

BERJONNEAU (Jehan) — 1920 — né à Montmorillon (Vienne). — 38, avenue de La Motte-Picquet, 7e.

297 Portrait de Louis Mirande.
298 Paysage. — 2.400 fr.

BERLY (René) — 1928 — né à Saint-Denis. — Sentier de la Course-aux-Lièvres, près du Cygne d'Enghien, Epinay (Seine).

299 Tigre avec femme. — 8.000 fr.
300 Paysage. — 1.200 fr.

BERNABEU (Michel) — 1928 — né à Barcelone — Espagnol. — 21, rue de l'Estrapade, 5e.

301 Monastère de Poblet, province de Tarragona (Espagne), intérieur (aquarelle). — 2.000 fr.
302 Monastère de Poblet, province de Tarragona (Espagne), cloîtres (aquarelle). — 2.000 fr.

BERNARD (Jules-Aristide) — 1928 — né à Paris. — 7, rue Mandar, 2e.

303 Anse de Kurnic (Finistère). — 800 fr.
304 Novembre, Mareil-Marly. — 1.000 fr.

BERNARD (Louis-Michel) — 1912 — né à Marseille. — Le Plan-Le Castellet (Var).

305 Paysage de Provence. — 3.000 fr.
306 Le soir en Provence. — 2.500 fr.

BERNARD-BOTTET. — 1926 — né à Maffliers. — 28, rue de Liége, 8e.

307 La fête du patronage. — 500 fr.
308 Les fiancés picards. — 500 fr.

BERNARD-LEMAIRE (Louis) — 1901 — né à Paris. — 6, rue des Ursulines, 5e.

309 Gervaise. — 30.000 fr.
310 Paysage. — 15.000 fr.

BERNAY (Anne-Marie) — 1927 — née à Lyon. — 61, place Guichard, Lyon, 3e.

311 Santa Maria Novella, à Florence (peinture). — 900 fr.
312 Etudes lyonnaises (dessins). — 1.000 fr.

BERNE-BELLECOUR (Jean) — 1926 — né à Saint-Germain-en-Laye (S.-et-O.). — 96, avenue des Ternes, 17e.

313 Printemps. — 3.000 fr.
314 Hiver. — 2.800 fr.

BERNIÈRES-HENRAUX (Mme Marie) — 1910 — née à Tien-Tsin. — 25, rue Jasmin, 16e.

315 Sculpture.
316 Sculpture.

BERNOLIN (René) — 1929 — né à Mâcon. — 46, rue d'Autun, Chalon-sur-Saône (S.-et-L.).

317 Peinture.
318 Peinture.

BERNSTEIN (Salomon) — 1911 — né à Ouzda (Russie) — Palestinien. — 16, rue Cujas, 5e.

319 La mosquée d'Omar, à Jérusalem. — 3.500 fr.
320 Près du Mont des Oliviers et du village Siloé, à Jérusalem. — 4.000 fr.

BÉRONNEAU (André) — 1922 — né à Bordeaux. — 4, rue du Faubourg-du-Temple, 11e.

321 Saint-Tropez, vieille tour. — 4.500 fr.
322 Barques de pêche. — 2.500 fr.

BERQUIER (Eugène) — 1926 — né à Paris. — 27, rue des Belles-Feuilles, 16e.

323 Un coin du Grand-Morin à Crécy. — 1.300 fr.
324 La Seine à Grenelle. — 1.000 fr.

BERQUIER-MARINIER (Marcelle-Yvonne) — 1924 — née à Paris. — 27, rue des Belles-Feuilles, 16e.

325 Portrait de Mlle Paulette Marinier, de l'Odéon.
326 Étude de nu. — 1.200 fr.

BERTALAN (Albert) — 1925 — né à Jàszberény — Hongrois. — 9, rue du Rivage, Étaples (Pas-de-Calais).

327 Les saltimbanques. — 8.000 fr.
328 Nature morte. — 6.000 fr.

BERTHE (Louis-Maurice) — 1905 — né à Paris. — 237, rue du Faubourg-Saint-Martin, 10e.

329 Paysage. — 3.500 fr.
330 Étude. — 2.500 fr.

BERTHELIN (Robert) — 1920 — né à Paris. — 5, boulevard du Château, Élisabethville (S.-et-O.).

331 Paysage. — 400 fr.
332 Paysage. — 400 fr.

BERTRAND (Claire) — 1922 — née à Sèvres. — 8, rue de Tournon, 6e.

333 Peinture.
334 Peinture.

BERTRAND (Elysée-Alfred-Constant) — 1914 — né à Nancy. — 13, rue Paul-Albert, 18e.

335 Kerbeurnes (Bretagne). — 500 fr.
336 Lavoir près du Pouldu. — 500 fr.

BERTRAND (Jacques-Paul) — 1926 — né à Paris. — 31, rue de Lubeck, 16e.

337 Dans l'atelier. — 8.000 fr.
338 La jeune fille à l'anémone. — 4.000 fr.

BERTRAND (Pierre), dit *Pierre-Bertrand* — 1907 — né à Lorient (Morbihan). — 50, rue des Batignolles, 17e.

339 Le bouquet matinal. — 4.500 fr.
340 La fenêtre sur le port. — 4.000 fr.

BESNARD-FORTIN (Jeanne) — 1929 — née à Dolus (I.-et-L.). — 12, rue de l'Amiral-Roussin, 15e.

341 Le Foron à Taninges. — 2.000 fr.
342 Nature morte. — 1.500 fr.

BESNIARD (Pierre) — 1929 — né à Choisy-le-Roi. — 82, avenue de la République, Choisy-le-Roi (Seine).

343 Nature morte. — 2.000 fr.
344 Paysage. — 1.000 fr.

BESNIER (Marcel) — 1928 — né à Paris. — 26, rue de Chabrol, 10e.

345 Paysage (Autouillet, S.-et-O.). — 700 fr.
346 Paysage (Marcq, S.-et-O.). — 400 fr.

BESNUS (Georges) — 1892 — né à Paris. — « Ker-Ka-ré », route départementale, Vaucresson (S.-et-O.).

347 Le jardin à Recloses. — 600 fr.
348 Bords du Loing à Montigny. — 400 fr.

BESSARD (Eugène) — 1925 — né à Lyon. — 230, rue du Faubourg-Saint-Denis, 10e.

349 Panier de prunes. — Appartient à M. F. Bernard.
350 Asperges. — 2.000 fr.

BESSE (Raymond) — 1923 — né à Niort (Deux-Sèvres). — 18, rue Ernest-Renan, Saint-Ouen (Seine).

351 Vieux murs (Rouen). — 2.000 fr.
352 Vieux murs (La citée de Carcassonne). — 2.000 francs.

BESSERVE (René) — 1920 — né à Montbéliard (Doubs). — 79, boulevard Beaumarchais, 3°.

353 Nymphe au puits.
354 Peinture.

BESSET (René) — 1927 — né à Lyon. — 1, rue Vauquelin, 5°.

355 Composition. — 5.000 fr.
356 Peinture. — 2.000 fr.

BESTARD (Jacques) — 1929 — né à Assomption — Paraguayen. — 13, rue Dupin, 6°.

357 Paysage. — 600 fr.
358 Paysage dans l'île Saint-Louis. — 600 fr.

BETHOUT (Mlle Renée-Robert) — 1930 — née à Paris. — 48, rue de Clichy, 9°.

359 La porte de la Justice, à Grenade. — Appartient à l'auteur.
360 El Bodijo. — Appartient à l'auteur.

BEUNKE (Gabriel) — 1903 — né à Paris. — 137, rue du Faubourg-Saint-Denis, 10°.

361 Canal du Loing. — 1.400 fr.
362 Les bords du Tarn. — 2.400 fr.

BEZARDIN (Lucien) — 1922 — né à Lagny (S.-et-M.). — 15, rue de Plélo, 15°.

363 Peinture. — 5.000 fr.
364 Peinture. — 1.000 fr.

BIAUDET (Fernand) — 1927 — né à Charly-sur-Marne (Aisne). — 23, rue du Tunnel, 19°.

365 Nature morte (peinture au couteau sur bois). — 200 fr.
366 Les moulins de Pantin (couteau). — 350 fr.

BIBAL (Ignace-François) — 1921 — né à Saint-Jean-de-Luz. — 33, rue du Dragon, 6°.

367 Chez les pêcheurs. — 6.000 fr.
368 Maisons basques. — 1.800 fr.

BIDAINE (André) — 1930 — né à Paris. — 32, rue du Marché, Puteaux (Seine).

369 La pointe Saint-Quentin. — 600 fr.
370 Marée en août. — 600 fr.

BIENVENU (Raymond) — 1926 — né à Châteauneuf-sur-Charente. — 15, avenue des Vaucelles, Chatou (S.-et-O.).

371 La Seine à Croissy, temps gris. — 1.200 fr.
372 Après-midi d'automne à Chatou. — 1.200 fr.

BIGER (Daniel) — 1926 — né à Beauvais (Oise). — 107, rue Blomet, 15e.

373 Le coteau du Bilou, Villiers-le-Bacle (S.-et-O.). — 1.500 fr.
374 Golfe de la Boulu. — 1.700 fr.

BIGNON (René) — 1925 — né à Versailles (S.-et-O.). — 87, rue Caulaincourt, 18e.

375 Vallée de Chevreuse, Saint-Lambert (peinture). — 6.000 fr.
376 Nu (sculpture) (plâtre). — Prix selon matière définitive.

BILHAUT (Georges) — 1924 — né à Abbeville. — 28, avenue du Bois, Abbeville (Somme).

377 Les coteaux de Liercourt. — 2.400 fr.
378 Une rue de village en Picardie. — 2.000 fr.

BILLARD (Jean) — 1928 — né à Saint-Rémy-sur-Avre (E.-et-L.). — 12, avenue de la Liberté, Bécon-les-Bruyères (Seine).

379 Portrait de mon père. — 6.500 fr.
380 Nature morte. — 2.500 fr.

BILLETTE (Raymond) — 1907 — né à Paris. — 61, quai de la Tournelle, 5e.

381 Peinture. — 1.000 fr.
382 Peinture. — 1.000 fr.

BINENBAUM (Mlle Marica) — 1929 — Ottomane. — Rue Pacaterie, Orsay (S.-et-O.).

383 Portrait de Mlle X... — 1.000 fr.
384 Peinture. — 1.500 fr.

BING (Mme Olga) — 1912 — née à Paris. — 33, rue Washington, 8e.

385 Les laveuses. — 1.500 fr.
386 Le Printemps. — 1.000 fr.

BIOSCA-VILA (Joaquim) — 1925 — né à Barcelone — Espagnol. — 310, rue Diputacio, Barcelone.

387 Paysage, Samalus. — 8.000 fr.
388 Jeune fille en bleu. — 8.000 fr.

BISHOP (Maurice) — 1921. — 55, rue des Abbesses, 18e.

389 Jour de fête.
390 Composition.

BISSON (Lucienne) — 1925 — née à Paris. — 60, rue Caulaincourt, 18e. Tél. : Marcadet 49-73.

391 Chrysanthèmes. — 2.000 fr.
392 Dahlias. — 1.800 fr.

BITCHKOVA-KOLTZOFF (Alexandrine) — 1929 — née à Moscou — Russe. — 4, angle rue Georges-Sorel et Paul-Bert, Boulogne-sur-Seine.

393 Jour de fête (gouache). — 2.000 fr.
394 Bouquet (gouache). — 800 fr.

BIZET (Andrée) — 1911 — née à Poitiers (Vienne). — 6 *bis*, rue Bachaumont, 2e.

395 Fleurs. — 1.000 fr.
396 Coralie. — 2.500 fr.

BIZOT (René) — 1925 — né à Cravant (Yonne). — 2, rue de Vienne, 8e.

397 Maison à Carrières. — 1.800 fr.
398 La maison du brocanteur, banlieue. — 1.500 fr.

BJARNASON (Ingibjorg) — 1929 — née à Reykjavik — Islandaise. — 5, rue Kléber, Vanves (Seine).

399 Nature morte. — 500 fr.
400 Paysage. — 500 fr.

BLACHE (Auguste) — 1927 — né à Aubenas (Ardèche). — 4, rue Denis-Poisson, 17e.

401 Une vitrine d'objets d'art décoratif.
402 Une vitrine d'objets d'art décoratif.

BLAESI (Auguste) — 1930 — né à Stans — Suisse. — 7 *ter*, impasse du Maine, 15e.

403 Jeune fille à genoux (sculpture) (plâtre). — 15.000 fr.

BLANC (François-Charles) — 1922 — né à Limoges. — 2, villa des Camélias, 14e.

404 Jour de fête. — 10.000 fr.
405 Peinture. — 5.000 fr.

BLANC-GATTI (Charles) — 1928 — né à Lausanne — Suisse. — 6, rue Rochambeau, 9e.

406 L'orchestre. — 30.000 fr.

BLANCHE (Emmanuel) — 1922 — né à Paris. — 108, avenue de la République, 11e.

407 Barques de pêche à Audierne (aquarelle). — 700 fr.
408 Port de Douarnenez (aquarelle). — 700 fr.

BLANZAT (Louis) — 1922 — né à Paris. — 42, rue Saint-Bernard, 11e.

409 Vallée de l'Allier. — 2.500 fr.
410 Fête au village. — 1.300 fr.

BLATTNER (Géza) — 1926 — né à Debreczen (Hongrie) — Hongrois. — 12, rue Tisserand, 15e.

411 Les bûcherons (peinture). — 1.000 fr.
412 Joueurs de marionnettes (gravure). — 600 fr.

BLAYAC (A.-Pierre) — 1930 — né à Béziers (Hérault). — 3, villa Brune, 14e.

413 Nu. — 6.000 fr.
414 Paysage. — 1.800 fr.

BLEYFUS (Lucien) — 1930 — né à Thorigny (S.-et-M.). — 12, rue de Coulmiers, Nogent-sur-Marne.

415 Peinture.
416 Peinture.

BLOCH (Marcel) — 1909 — né à Paris. — 4, rue du Faubourg-du-Temple, 11e. Tél. : Roquette 56-22.

417 Les boulevards en 1830 (pastel). — 4.000 fr.
418 Fête à Séville (pastel). — 3.000 fr.

BLONDEAU (Mme Marthe) — 1929 — née à Saint-Maur. — 27, avenue de l'Echo, Parc-Saint-Maur (Seine).

419 Anémones et fruits (peinture). — 1.500 fr.
420 Pivoines (pastel). — 500 fr.

BLUZAT (Octave) — 1930 — né à Neuville-sur-Brinon. — 15, rue Montéra, 12e.

421 Paysage limousin. — 1.200 fr.
422 Le cyprès chauve. — 1.200 fr.

BO (Kazuo) — 1930 — né à Hiroshima — Japonais. — 14, cité Falguière, atelier n° 20, 15e.

423 Paysage.
424 Etude de nu.

BOCHET (Henri) — 1920 — né à Mézières (Ardennes). — 188, rue des Aubépines, Colombes (Seine).

425 Chalet savoyard, Vallorcine. — 3.000 fr.
426 Haute-Savoie, l'Aiguille du Midi. — 3.000 fr.

BODON (Henri) — 1924 — né à Bellême (Orne). — 14, rue Camille-Desmoulins, 11e.

427 Port de La Rochelle. — 2.000 fr.
428 Nu. — 3.500 fr.

BŒUF (Daniel) — 1929 — né à Gond-Pontouvre (Charente). — 15, rue de Bellefond, 9e.

429 Le pic de Marcelly et la vallée de Cluses. — 800 fr.
430 Derniers rayons sur le Dru (Haute-Savoie). — 800 fr.

BOGDANOFF (Pierre) — 1929 — né à Koursk (Russie) — Russe. — 10, rue du Général-Brunet, 19e.

431 Vision matinale des Calanques de Piana (Corse). — 4.000 fr.
432 Rocher de la Chimère, Piana (Corse). — 4.000 fr.

BOGERIANOFF (Alexandre) — 1907 — né à Saint-Pétersbourg. — 39, rue Pierre-Nicole, 5e.

433 Eau-forte originale. — Collection de la duchesse d'Uzès douairière.
434 Aquarelle originale. — 3.000 fr.

BOGOMIR-DALMA — 1925 — né à Plevlya (Serbie) — Yougoslave. — 2, rue de Montpensier, 1er.

435 Devant la vie (buste) (sculpture). — 5.000 fr.; en bronze : 7.000 fr.
436 Villefranche-sur-Mer par un beau jour d'automne (peinture). — 4.000 fr.

BOIZARD (Mme Marthe) — 1930 — née à Vironchaux (Somme). — 11, boulevard Saint-Germain, 5e.

437 Soleil couchant. — 350 fr.
438 Bords de la Somme. — 400 fr.

BONAGUIDI (Auguste) — 1925 — né à Monsummano — Italien. — 23, rue Pauquet, 16e.

439 Marché couvert. — 800 fr.
440 Nature morte. — 600 fr.

BONANOMI (Cesare) — 1913 — né à Plaisance. — Italien. — Rue du Château-Fort, Le Guichet (S.-et-O.).

441 Peinture.
442 Peinture.

BONDONNEAU (Eugénie) — 1928 — née à Tours. — 33, rue Charlot, 3e.

443 A dream Jenny workwoman (Un rêve de Jenny l'ouvrière) (pastel). — 500 fr.

BONHOTAL (Henri) — 1928 — né à Sedan (Ardennes). — 15, rue Hégésippe-Moreau, villa des Arts, 18e.

444 Tartanes à Saint-Tropez. — 1.500 fr.
445 Le pont de Sospel (A.-M.) — 1.000 fr.

BONNAMY (Louis) — 1902 — né à Meunet-Planches (Indre). — 5, rue d'Alençon, 15e.

446 La cascade. — 500 fr.
447 Componction. — 500 fr.

BONNET (Georges) — 1928 — né à Paris. — 5, rue Sivel, 14e.

448 Paysage breton. — 1.900 fr.
449 Le village de Breux, près d'Arpajon. — Appartient à M. et Mme H. Dufau.

BONNET (Jean) — 1924 — né à Niort (Deux-Sèvres). — 38, rue de l'Arbalète, 5e.

450 Pêcheurs. — 2.000 fr.
451 Fleurs. — 800 fr.

BONVALET (Gustave) — 1930 — né à Montmoreau (Charente). — 23, avenue Jean-Jaurès, Suresnes (Seine).

452 Baie de Saint-Palais. — 2.000 fr.
453 Sous-bois, automne. — 2.000 fr.

BORDEAUX (Pierre) — 1927 — né à Paris. — 72, rue d'Alésia, 14e.

454 Crépuscule en Corrèze (aquarelle). — 1.500 fr.
455 Tombeau de Marie Joly (Calvados) (aquarelle). — 1.300 fr.

BORREMANS (Frans) — 1930 — né à Hal (prov. Brabant) — Belge. — 6 et 8, rue de Terre-Neuve, 20e.

456 Aveugle, soir d'hiver. — 5.500 fr.
457 Automne, Bois de Vincennes. — 4.000 fr.

BOSCHER (Ferdinand) — 1930 — né à Paris. — 151 *bis*, rue de Grenelle (6, cité Négrier), 7ᵉ.

458 Les Tulipes. — 3.600 fr.
459 Hortensias. — 4.000 fr.

BOSSCKE (Lodew) — 1930 — né à Schaerbeck — Belge — 8, rue Friant, 14ᵉ.

460 La naissance de Vénus. — 2.000 fr.
461 La femme adultère. — 2.000 fr.

BOTREL (Marcellin) — 1926 — né à Loudéac. — 18, r. de Seine, 6ᵉ.

462 Ile de Bréhat. — 2.000 fr.
463 Paysage breton. — 700 fr.

BOTTON (Jean de) — 1920. — 35, boulevard Haussmann, 9ᵉ.

464 La fête à bord.
465 Nu.

BOUCHERLE (Pierre) — 1926 — né à Tunis. — 23, rue d'Espagne, Tunis (Tunisie).

466 Figure. — 6.000 fr.
467 L'église de la Goulette. — 3.500 fr.

BOUCHERY (Robert) — 1924 — né à Lille. — 31, rue Vasco-de-Gama, 15ᵉ.

468 La Cure à Saint-Pères-sous-Vézelay (Yonne). — 1.500 fr.
469 Anémones. — 1.000 fr.

BOUCHEZ (Maurice) — 1921 — né à Paris. — 55, boulevard Voltaire, 11ᵉ.

470 Paysage au moulin. — 2.500 fr.
471 Matinée en Eure-et-Loir. — 4.500 fr.

BOUDET (Georges) — 1926 — né à Vichères (E.-et-L.). — 6, villa des Orties, Bois-Colombes.

472 Paysage. — 600 fr.
473 Paysage. — 500 fr.

BOUDUQUET (Oscar) — 1923 — né à Paris. — 31, quai Bourbon, 4e.

474 Coïncidence. — 1.900 fr.

BOUGEROL (Emile) — 1928 — né à Pionsat (Puy-de-Dôme). — « La Sioule », Arpajon (S.-et-O.).

475 Bords de l'Orge. — 500 fr.
476 Peinture. — 400 fr.

BOUILLARD (André) — 1930 — né à Paris. — 10, rue Pierre-Curie, Maisons-Laffitte (S.-et-O.).

477 Sortie de Forêt. — 1.800 fr.
478 Les bouleaux. — 1.000 fr.

BOULAD (Michel) — 1924 — né à Alexandrie (Egypte). — 233, rue du Faubourg-Saint-Honoré, 8e.

479 Paysage. — 4.000 fr.
480 Paysage. — 4.000 fr.

BOULAGE (Henri) — 1920 — né à Draveil. — 3, rue du Crochet, Deuil (S.-et-O.).

481 Moulin d'Orgemont (peinture). — 1.000 fr.
482 Ensemble de bois gravés. — 30 fr. chaque.

BOULANGER (Cam') — 1910 — née à Paris. — 48, rue des Marais, 10e.

483 Qui s'y frotte s'y pique (chat). — 350 fr.
484 Le poil au sec (Rac, mon chien). — 350 fr.

BOULET (Mlle Camille) — 1925 — née à Bois-Colombes. — 52, rue Ribéra, 16e.

485 Pastorale. — 2.000 fr.
486 L'escarpolette. — 2.000 fr.

BOULIER (Lucien) — 1911 — né à Verdun (Meuse). — 24, avenue des Platanes, Clamart (Seine).

487 Baigneuses. — 10.000 fr.
488 Danseuse. — 5.000 fr.

4

BOUQUET-MIHIÈRE (Roger) — 1929 — né à Coulombiers (Vienne). — 10, place Richebé, Lille.

489 Saint-Servan (Ille-et-Vilaine). — 3.000 fr.
490 Bretagne. — 3.000 fr.

BOURDIER (Raoul) — 1904 — né à Ingrandes-sur-Loire (M.-et-L.). — 27, avenue d'Alsace-Lorraine, Brive (Corrèze).

491 Entrée du village du Viallard près Aubazine (Corrèze). — 2.400 fr.
492 Saint-Jorioz, le lac et la Tournette, Annecy (Haute-Savoie). — 1.725.

BOUREILLE (Pascal) — 1927 — né à Paris. — 11 *bis*, villa d'Alésia, 14e.

493 Un butor. — 1.800 fr.
494 Jeune Thébaine (céramique ou bronze).

BOURG (Jules-Emile) — 1911 — né à Metz (Moselle). — 22, rue Hoche, Juvisy-sur-Orge (S.-et-O.).

495 Les Mousseaux à Draveil (S.-et-O.). — 500 fr.
496 Bords de la Seine à Juvisy. — 300 fr.

BOURGADE (Augusta de) — 1926 — née à Caudéran (Gironde). — 144, avenue Emile-Zola, 15e.

497 Tour de la Cigogne à Ribeauvillé (Alsace). — 1.800 fr.
498 Les vignes de Ribeauvillé (Alsace). — 1.800 fr.

BOURGAT (Jules) — 1926 — né à Perpignan. — 47, avenue de La Motte-Picquet, 15e.

499 Route de village. — 1.500 fr.
500 Cafetière aux fleurs. — 1.300 fr.

BOURGEOISET (Marguerite) — 1928 — née à Nuits-Saint-Georges. — 50, rue Vercingétorix, 14e.

501 Vautour. — 1.000 fr.
502 Groupe de hiboux. — 1.200 fr.

BOURGET (Joseph) — 1929 — né à Aix-sur-Vienne. — 128, rue de Crimée, 19e.

503 Paysage, environs de Rodez. — 700 fr.

BOURGUIGNON (Honoré) — 1930 — né à Toulon (Var). — Rue Saint-Jean, Signes (Var).

504 Portrait de femme. —Appartient à l'auteur.
505 Nature morte, fruits. — 550 fr.

BOURIELLO (Blanche) — 1921 — née à Gap (Hautes-Alpes). — Villa des Arts, 15, rue Hégésippe-Moreau, 18e.

506 Arc-en-ciel musical. — 8.550 fr.
507 Aurore. — 7.850 fr.

BOURLY (Henri) — 1911 — né à Paris. — 9, rue Duperré, 9e.

508 Rue Mallet-Stevens. — 1.600 fr.
509 Peinture. — 2.700 fr.

BOURMALATZ (Jeanne) — 1925 — née à Périgueux. — 8, rue Sédillot, 7e.

510 Un coin de village. — 800 fr.
511 L'alcôve. — 300 fr.

BOURNET (Josette) — 1929 — née à Vichy. — 123, boulevard Saint-Michel, 5e.

512 Nu.
513 Portrait.

BOURRIEU (Jean-Paul) — 1929 — né au Bouscat (Gironde). — 40, rue Saint-Jérôme, Le Bouscat (Gironde).

514 2e nocturne (l'épave). — 10.000 fr.
515 Etude. — 1.200 fr.

BOURSIER-MOUGENOT (André) — 1930 — né à Nancy. — 29, avenue Boffrand, Nancy (M.-et-M.).

516 Bonifacio. — 2.500 fr.
517 Portrait. — Pas à vendre.

BOUTAREL (Simone) — 1923 — née à Paris. — 4, rue de Savoie, 6e.

518 Une vitrine de petites sculptures :
Oiseaux. — 400 fr.; Poulet. — 400 fr.; Perruche. — 400 fr.; Plaquette (bronze). — 550 fr.; Oiseaux (bronze). — 500 fr.

BOUTIGNY (Xavier) — 1928 — né à Rouen. — Rue de Bas, Grand-Couronne (Seine-Inférieure).

519 Peinture.
520 Peinture.

BOUVILLE (Octave de) — 1923 — né à Neuvizy (Ardennes). — 175, rue de Flandre, 19e.

521 Port de Montreuil-Bellay (M.-et-L.). — 2.500 fr.
522 Vieilles maisons à Montreuil-Bellay (M.-et-L.). — 1.000 fr.

BOYD (Elizabeth F.) — 1905 — née à Skelmorlie (Ecosse) — Ecossaise. — Winds, Camber Rye, Sussex (Angleterre).

523 Bateaux à Venise (estampe en couleurs). — 500 fr.
524 Géranium (estampe en couleurs). — 400 fr.

BRAGARD (Henri) — 1926 — né à Orléans (Loiret). — 37, avenue d'Orléans, 14e.

525 Gorges du Tarn. — 2.000 fr.
526 Maisons sur le Puiseaux. — 1.000 fr.

BRANTONNE (René-Louis) — 1924 — né à Paris. — 47, rue Richer, 9e.

527 Les poseurs de rails. — 4.000 fr.
528 Le bain. — 2.000 fr.

BRAUDE (Judith) — 1930 — née à Varsovie — Polonaise. — 63, rue Daguerre, atelier 4, 14e.

529 Tapisserie (I). — 2.000 fr.
530 Tapisserie (II). — 1.500 fr.

BRAYER (Yves) — 1927 — né à Versailles. — 18, rue des Fossés-Saint-Jacques, 5e.

531 Jour de fête. — 1.000 fr.
532 Peinture. — 1.500 fr.

BREARD (Arthur) — 1930 — né à Cambrai (Nord). — Place du Martroi, Malesherbes (Loiret).

533 Résurrection de Cléopâtre. — 6.000 fr.
534 Lions sous l'orage. — 3.000 fr.

BRECHERET (Victor) — 1925 — né à São-Paulo — Brésilien. — 52, rue Vercingétorix, 14ᵉ.

535 Cheval (granit).

BREMOND (Jean-Louis) — 1892 — né à Paris. — 5, Grande-Rue, Bellevue (S.-et-O.).

536 Le chemin du Val-aux-Clercs, à Fécamp. — 650 fr.
537 Le Val-aux-Clercs, à Fécamp. — 650 fr.

BRETON (Charles) — 1929 — né à Tours. — 98, boulevard des Batignolles, 17ᵉ.

538 Peinture.
539 Peinture.

BREWSTER (Earl-Henry) — 1914 — né à New-York — Américain, — Torre dei Quatro Venti Capri, Naples (Italie).

540 Peinture.
541 Peinture.

BRIARD (Maurice) — 1920 — né à Paris. — 24, rue Mayet, 6ᵉ.

542 Contemplation. — 2.000 fr.
543 Baigneuses. — 4.500 fr.

BRICARD (Xavier) — 1907 — né à Angers. — Villa des Arts, 15, rue Hégésippe-Moreau, 18ᵉ.

544 Dormeuse aux cheveux roux. — 8.000 fr.
545 Repos. — 3.000 fr.

BRICHETEAU (Angel) — 1928 — né à Barrou (I.-et-L.). — 74, avenue de Clichy, 17ᵉ.

546 Le cirque (aquarelle). — 450 fr.
547 La joie (aquarelle). — 650 fr.

BRIGGS (Nicol) — 1907 — né à Paris. — 61, rue Mathurin-Régnier, 15ᵉ.

548 Le retraité. — 7.000 fr.
549 Bassin à Honfleur. — 4.000 fr.

BRIQUEMONT (Jean) — 1928 — né à Paris. — 13, rue des Filles-du-Calvaire, 3e.

550 Chemin à Kermagoret. — 1.000 fr.
551 Basse-mer, Petit-Fort-Philippe. — 1.000 fr.

BRISBOIS (Mlle Anne-Marie) — 1925 — née à Paris. — 61, quai de la Tournelle, 5e.

552 Portrait de fillette. — 400 fr.
553 Nature morte. — 100 fr.

BRISSIEUX (Eugène) — 1928 — né à Saint-Nicolas-du-Pélem (Côtes-du-Nord). — A Penfeld, par Guilers (Finistère).

554 Peinture.
555 Peinture.

BRON (Achille) — 1910 — né à Crazannes. — Taillebourg (Charente-Inférieure).

556 La vallée de l'Issoire. — 1.200 fr.
557 La Charente à Civray. — 1.200 fr.

BROS (Robert) — 1930 — né à Boulogne-sur-Seine. — 6, rue Asseline, 14e.

558 Sculpture. — 30.000 fr. en pierre.
559 Vierge à l'Enfant (plâtre). — 10.000 fr.

BROUCHIER (Mme Marie-Louise) — 1925 — née à Paris. — 77, rue Lamarck, 18e.

560 Sous-bois. — 500 fr.
561 Intérieur. — 400 fr.

BROUILLET (Mlle Marguerite) — 1930 — née à Marseille. — 7, rue Pillet-Will, 9e.

562 Venise provençale. — 2.500 fr.
563 Le Trayas. — 2.500 fr.

BROWN (Anna) — 1907 — née à New-York — Américaine. — Monneville (Oise).

564 Roses. — 500 fr.
565 Roses. — 500 fr.

BRUGNAUD (Armand) — 1926 — né à Lapalisse (Allier). — 30, rue Voltaire, Moulins (Allier).

566 Marine. — 900 fr.
567 Paysage. — 2.000 fr.

BRULOTS (Germain des) — 1929 — né à Ham. — 113, boulevard Saint-Michel, 5°.

568 Bords de la Creuse. — 700 fr.
569 Portrait de jeune homme. — 600 fr.

BRULOTS (Paul-Henry des) — 1930 — né à Cambrai. — Las Vignottes, Urt (Basses-Pyrénées).

570 Portrait, buste nature (plâtre). — 600 fr.
571 Statuette décorative. — 700 fr.

BRUN (Louis) — 1911 — né à Paris. — 143, quai de Valmy, 10°.

572 Intérieur. — 950 fr.
573 Roses. — 950 fr.

BRUNET (Maurice) — 1930 — né au Mesnil-Saint-Denis (S.-et-O.). — 1, rue de Gravelle, Versailles (S.-et-O.).

574 Soir d'automne, paysage. — 1.600 fr.
575 Soleil d'automne, paysage. — 1.800 fr.

BRUNETEAU-VARNOUX (René) — 1927 — né à Limoges. — 23, avenue de Launay, Nantes (Loire-Inférieure).

576 Peinture.
577 Peinture.

BRUN-THURNEYSSEN (Hélène) — 1923 — née à Paris. — 70, rue Demours, 17°.

578 Dôme de Miage, Les Plans (Haute-Savoie). — 1.500 fr.
579 La Bérangère et le Mioge (Haute-Savoie). — 1.200 fr.

BUCAS (Alonah) — 1930 — née à Paris. — Rue des Pyrénées, 20°.

580 Nature morte. — 300 fr.
581 Nature morte. — 500 fr.

BUCHAILLE (Marcel) — 1926 — né à Villefranche-sur-Saône. — 13, rue Saint-Antoine, 4e.

582 Nature morte. — 600 fr.
583 Vieille femme en Beaujolais. — 1.100 fr.

BUFFIN (Louis) — 1911 — né à Tarbes. — Villa Beaulieu, allée Maintenon, Bagnères-de-Bigorre (Hautes-Pyrénées).

584 La vallée d'Argelès (Hautes-Pyrénées). — 5.000 fr.
585 Paysage à Bagnères-de-Bigorre. — 5.000 fr.

BUISSON (Catherine) — 1928 — née à Paris. — 47, rue de Passy, 16e.

586 Nu. — 1.000 fr.
587 Nature morte. — 800 fr.

BUISSONNIÈRE (Guy) — 1928 — né à Paris. — 13, rue Lejemptel, Vincennes.

588 Paysage. — 200 fr.
589 Vieilles maisons. — 200 fr.

BULLIO (Eugène) — 1907 — né à Marseille. — 10, rue de Turbigo, 1er.

590 Vieille église. — 400 fr.
591 Une cour à Riquewihr (Alsace). — 400 fr.

BUNY (Gabrielle) — 1930 — née à Paris. — Rue de Lourmel, 15e.

592 Nature morte. — 400 fr.
593 Nature morte. — 600 fr.

BURDEAU (Mme Clémence-Louise) — 1924 — née à Paris. — 14, rue de la Comète, 7e.

594 Bouquet aux clématites. — 1.200 fr.
595 Pétunias et marguerites. — 1.000 fr.

BURDIN DE SAINT-MARTIN (Olivier) — 1930 — né à Paris. — 67, rue de Rome, 8e.

596 Le châle espagnol. — 1.000 fr.
597 Vase arabe. — 1.000 fr.

BUREAU (Camille) — 1923 — né à Brétigny-sur-Orge. — 21, rue de la Barrière-Saint-Marc, Les Aydes (Loiret).

598 Christ. — 8.000 fr.
599 Le cerf. — 5.000 fr.

BURGUN (Georges-Marcel) — 1903 — né à Paris. — 42, route de Clamart, Issy-les Moulineaux (Seine).

600 Peinture.
601 Peinture.

BURLET (Léon) — 1926 — né à Paris. — 8, avenue Edouard-Vaillant, à Pantin (Seine).

602 Pêches et raisin. — 900 fr.; 700 fr. sans le cadre.
603 Sous-bois. — 900 fr.; 700 fr. sans le cadre.

BURNAND (David) — 1928 — né à Paris — Suisse. — 19, rue Turgot, 9e.

604 Peinture.
605 Peinture.

BURNSIDE (Cameron) — 1911 — né à Londres — Américain. — Chez L. Lefebvre-Foinet, 19, rue Vavin, 6e.

606 Crépuscule. — 12.000 fr.
607 L'orage. — 10.000 fr.

BURNSIDE (Irene) — 1930 — née au Mississippi — Américaine. — Chez L. Lefebvre-Foinet, 19, rue Vavin, 6e.

608 Crépuscule. — 10.000 fr.
609 Fleurs d'automne. — 5.000 fr.

BUSSET (Maurice) — 1911 — né à Clermont-Ferrand. — 3, rue Racine, Paris, 6e, et 36 avenue du Puy-de-Dôme, Clermont-Ferrand (Puy-de-Dôme).

610 Berger du Cantal. — 2.500 fr.
611 L'avion et le taureau. — 2.000 fr.

BUSSIAN (Gustave) — 1930 — né à Rexpoëde (Nord). — 26, rue de Dunkerque, Saint-Omer (Pas-de-Calais).

612 Chaumière sous la neige. — 1.200 fr.
613 Vieille porte, Tournehem (P.-de-C.). — 1.200 fr.

BUSSIÈRE (Lucien) — 1921 — né à Paris. — 24, rue de Romilly, Le Mesnil-le-Roi, par Maisons-Laffitte (Seine-et-Oise).

614 Bras de rivière. — 500 fr.
615 Pommes. — 300 fr.

BUSY (Marco) — 1928 — né à Etaules (Charente-Inférieure). — Chez M. Armand, Etaules (Charente-Inférieure).

616 Paysage d'hiver (Charente). — 2.000 fr.
617 Le lecteur. — 1.000 fr.

BUTET (Robert) — 1929 — né à Paris. — Rue Emile-Cadou, 4, impasse Jacques-Auguste, Saint-Ouen (Seine).

618 Paysage.
619 Moines flagellants.

BUTLER (James) — 1911 — né à Giverny (France) — Américain. — Giverny, par Vernon (Eure).

620 Faucons. — 800 fr.
621 Singe. — 800 fr.

BUTLER (Theodore E.) — 1896 — né aux Etats-Unis — Américain. — Giverny, par Vernon (Eure).

622 La Seine à Port-Villez. — 3.000 fr.
623 Un chemin dans les champs. — 3.000 fr.

BUTY (Louis de) — 1923 — né à Paris. — 34, rue des Petits-Hôtels, Paris, 10e.

624 Le parc de Sceaux (fusain rehaussé). — 1.000 fr.
625 La solitude, paysage (sanguine). — 1.000 fr.

C

1930 - CATALOGUE - 1930

SERVICE DES VENTES
A L'EXPOSITION

Tous les ouvrages mentionnés au présent catalogue sont offerts au public aux prix désignés par les artistes **sans interposition d'aucun intermédiaire.**

Ces prix ne subissent aucune majoration. Les acquisitions sont **exemptes de tous droits, taxes ou impôts.**

MM. les visiteurs trouveront au Secrétariat de l'Exposition tous renseignements concernant la vente des œuvres exposées.

L'Administration de la Société se charge d'aviser les artistes des ventes effectuées ainsi que de la transmission des offres qui pourraient être faites en vue de la réalisation des commandes ou de l'acquisition des ouvrages exposés.

Les bureaux du Secrétariat et du Service de Vente se trouvent près de la sortie de l'Exposition, aux deux extrémités de la galerie de l'Horloge.

CAEN (Pierre) — 1925 — né à Saint-Denis. — 100, boul. Pereire, 17e.

626 Peinture.
627 Peinture.

CAGNET (Maurice-André) — 1921 — né à Paris. — Atelier, 14, rue de Chabrol, Paris, 10e, et à Gouvieux (Oise).

628 Portrait de M. Albert Froment.
629 Repos. — 2.500 fr. sans cadre.

CAHEN-MICHEL (Lucien) — 1924 — né à Paris. — 60, boulevard de Clichy, 18e.

630 Gretz-sur-Loing. — 2.500 fr.
631 Bords du Lunain (S.-et-M.). — 2.500 fr.

CAHN-DEBRÉ (Mlle Marcelle) — 1926 — née à Strasbourg. — 2, boulevard Tauler, à Strasbourg (Bas-Rhin).

632 Peinture.
633 Peinture.

CAHOURS (Henry-Maurice) — 1922 — né à Paris. — 2, rue Cortot, 18e.

634 Tréboul. — 3.000 fr.
635 Douarnenez. — 1.200 fr.

CAILLAUD (Alfred) — 1889 — né à La Rochelle. — 1, rue Cervantès, 15e.

636 Un coin de mon grenier. — Appartient à Mlle C...
637 Nature morte. — 2.500 fr.

CAILLAUX (Rodolphe) — 1929 — né à Paris. — 56, avenue des Pages, Le Vésinet (Seine-et-Oise).

638 Peinture (no 1). — 3.500 fr.
639 Peinture (no 2). — 1.700 fr.

CALDER (Alexander) — 1928 — né à Philadelphie — Américain. — 7, rue Cels, 14e.

640 Composition.
641 Composition.

CALLENDER (Mme Bessie) — 1928 — née à Wichita, Kansas (U.S.A.) — Américaine. — 45, rue Brancion, 15e.

642 Aigle (marbre noir taille directe).

CALVELLI (Félix) — 1922 — né à Ajaccio. — 7, rue des Hautes-Salles, à Saint-Malo (Ille-et-Vilaine).

643 Goëlettes dans le bassin de Saint-Malo. — 3.000 fr.
644 Sur la falaise, Granville. — 3.000 fr.

CALVES (Marie-Didière) — 1930 — née à Paris. — Soncourt, par Vignory (Haute-Marne).

645 Automne, nature morte. — 1.800 fr.
646 Le relais. — 950 fr.

CAMARROQUE (Louis) — 1924 — né à Paris. — Privas (Ardèche); correspondant à Paris : M. Gatte, 9, rue Bachaumont, 2e.

647 Chants du soir. — 500 fr.
648 Au crépuscule. — 500 fr.

CAMPOURCY (Jean) — 1930 — né à Agen. — Quartier des Bruilholz, Foix (Ariège).

649 Vieille église de Vernajoul. — 300 fr.
650 Sous-bois, automne vert. — 300 fr.

CANTO DA MAYA — 1923 — né à Ponta Delgada (Açores) — Portugais. — 7, r. du Chalet, Parc-des-Princes, Boulogne-sur-Seine.

651 Groupe en terre cuite (tirage limité). — 2.500 fr.
652 Buste (pierre). — 8.000 fr.

CARDINAUX (Dorette) — 1927 — née à Waterford (Irlande). — 6, rue Armand-Moisant, 15e.

653 Paysage, Omonville-la-Rogue (Manche). — 2.500 fr.

CAREBUL (Mme Béatrice) — 1921 — née à Paris. — 80, rue de l'Université, 7e.

654 Peinture.
655 Peinture.

CARIAT (Henri) — 1930 — né à Paris. — 23, rue Boissonade, 14e.

656 La moisson. — 650 fr.
657 Coucher de soleil, Seine-Port. — 700 fr.

CARIO (Louis) — 1925 — né au Havre. — 97, boulevard Saint-Michel, 5e.

658 Paysage. — 1.000 fr.
659 Nature morte. — 1.000 fr.

CARIO (Marcel-Louis) — 1924 — né au Havre. — 23 (ex-17), rue de Nanterre, Asnières (Seine).

660 Eglise de Linas près Monthléry (S.-et-O.). — 2.000 fr.
661 La Seine à Asnières. — Vendu.

CARIOT (Gustave-Gaston) — 1902. — 34, rue de Brie, à Mandres (Seine-et-Oise).

662 Paysage d'été, 1929. — 9.000 fr.
663 Jardin, été 1906. — 7.000 fr.

CARLIER (Jules) — 1926 — né à Ham-sur-Heure — Belge. — 2, rue Métezau, Dreux (Eure-et-Loir).

664 Fleurs des champs. — 1.500 fr.
665 Lilas et violettes. — 2.000 fr.

CARLONI (Alexandre) — 1922 — né à Paris. — 111, r. d'Alésia, 15e.

666 Peinture.
667 Peinture.

CARMIS (Geneviève) — 1928 — née à Paris. — 1 *bis*, rue Lacépède, 5e.

668 Prière. — 2.000 fr.
669 Vieille Bretonne. — 2.000 fr.

CARP (Mlle Ester) — 1930 — née à Skierniewice — Polonaise. — 17, rue Perceval, 14e.

670 Tableau. — 15.000 fr.
671 Tableau. — 12.000 fr.

CARPENTIER (Marguerite-Jeanne) — 1911 — née à Paris. — 4, rue de la Source, 16ᵉ.

672 Le faisan, nature morte. — 2.500 fr.
673 Le quai de l'Hôtel-de-Ville. — 2.000 fr.

CARRÉ (Raoul) — 1902 — né à Montmorillon. — 39, rue Victor-Massé, 9ᵉ.

674 Temps sombre sur le lac d'Annecy. — 3.000 fr.
675 Portrait de M. C... — Pas à vendre.

CARRER (Mˡˡᵉ Anne-Marie) — 1929 — née à Paris. — 34, rue de Penthièvre, 8ᵉ.

676 L'amour conjugal. — 10.000 fr.

CARRIER-BELLEUSE (Clément) — 1924 — né à Paris. — 4, rue des Hauts-Tillets, Sèvres (Seine-et-Oise).

677 Vase et fleurs. — 3.000 fr.
678 Nature morte. — 2.500 fr.

CARVILLANI (Renato) — 1927 — né à Rome — Italien. — 11, cité Falguière, 15ᵉ.

679 Chiens. — 5.000 fr.
680 Pritzi (bronze, cire perdue). — 5.000 fr.

CASEZ (Raymond) — 1930 — né à Saint-Quentin. — 27, rue de Fayet, Saint-Quentin (Aisne).

681 Effet de lampe. — 500 fr.
682 Jeune Kokker. — 600 fr.

CASSAGNE (Charles) — 1926 — né à Montbéliard (Drôme). — 51, rue des Amandiers, 20ᵉ.

683 Eglise Saint-Germain-de-Charonne. — 800 fr.
684 Effet de neige, Normandie. — 600 fr.

CASSALETTE (Félix) — 1913 — né à Aix-la-Chapelle. — 8, rue du Dôme, 16ᵉ.

685 Port méditerranéen. — 1.500 fr.
686 Citadelle au bord de la mer. — 1.500 fr.

CASSIN-SAINT-LOUIS (Charles) — 1921 — né à l'Ile-Nou (Nouvelle-Calédonie). — 26 *bis*, rue Traversière, 12°.

687 Un coin du Périgord. — 1.400 fr.
688 Puy-de-Rège, lever de soleil. — 1.400 fr.

CASTAGNA (Guiseppe) — 1930 — né à Civitavecchia, Rome — Italien. — 5, impasse de Guelma, 18°.

689 Aux bains de mer. — 10.000 fr.
690 Vacances. — 10.000 fr.

CASTAING (Henri) — 1926 — né à Lannemezan (Hautes-Pyrénées). — 14, rue de l'Armorique, 15°.

691 Fait divers (aquarelle). — 900 fr.
692 Histoire de femmes (aquarelle). — 800 fr.

CASTEL (Mossé) — 1929 — né à Jérusalem — Palestinien. — 156, boulevard du Montparnasse, 14°.

693 Peinture.
694 Peinture.

CASTELLI (Clément) — 1914 — né à Varzo (Italie) — Italien. — 4, rue du Faugourg-du-Temple, 11°.

695 La Vénus de Milo, musée du Louvre. — 8.000 fr.
696 Le Pont-Neuf à Paris. — 3.000 fr.

CATH (Mlle) — 1920 — née à Cahors (Lot). — 5, rue des Filles-Saint-Thomas, 2°.

697 Vitrine contenant des émaux grand feu. — De 50 fr. à 100 fr.
698 Table à thé décorée.

CATHOIRE (Paul) — 1910 — né à Saint-Omer (Pas-de-Calais). — Brives, par Meunet-Planches (Indre).

699 Le château. — 1.500 fr.
700 La calanque de l'Oustaou-de-Diou, île de Porquerolles. — 1.500 fr.

CATINAT (Maurice) — 1913 — né à Bellegarde (Loiret). — 18, rue du Général-Colin, Chatou (Seine-et-Oise).

701 Matin d'automne. — 1.200 fr.
702 Manoir normand. — 600 fr.

CAUCHET (Marcel) — 1921 — né à Paris. — 16, rue de La Vacquerie, 11e.

703 Etude. — 1.100 fr.
704 Etude. — 1.100 fr.

CAUCHON (Léon) — 1930 — né à Cherbourg. — Jusqu'au 15 janvier 1930 : 112, rue Kléber, à Saint-Ouen (Seine); adresse à dater du 15 janvier 1930 : 13, villa de la Prévoyance, à St-Ouen (Seine).

705 Pavots et cuivre. — 1.490 fr.
706 Sous-bois. — 1.290 fr.

CAUDRELIER (Gérard) — 1920 — né à Lille. — 2, rue Aumont-Thiéville, 17e.

707 Bateaux. — 2.000 fr.
708 Sous-bois. — Pas à vendre.

CAVAGLIERI (Mario) — 1926 — né à Rovigo — Italien. — Pavie (Gers).

709 Le salon du soleil à Peyloubère. — 2.000 fr.
710 Le lac de Peyloubère. — 2.000 fr.

CAVAILLES (Jules-Jean) — 1929 — né à Carmaux. — 111, rue de l'Abbé-Groult, 15e.

711 Peinture.
712 Peinture.

CAVAILLON (Elisée) — 1906 — né à Nîmes. — 14, rue François-Guibert, 15e.

713 Baigneuses surprises. — 4.000 fr.
714 Nu. — 2.500 fr.

CAVALIER (Lucie) — 1929 — née à Paris. — 5, rue de Pontoise, 5e.

715 Peinture (étude). — 500 fr.
716 Peinture (étude). — 500 fr.

CAZELLES (Léon) — 1925 — né à Toulouse (Haute-Garonne). — 50, avenue de la Patte-d'Oie, à Toulouse (Haute-Garonne).

717 Vue de Verfeil (Haute-Garonne). — 620 fr.
718 L'automne à l'embouchure, Toulouse. — 825 fr.

CENS (Ernest) — 1930 — né à Paris. — 19, rue Feydeau, 2e.

719 Peinture.
720 Peinture.

CERMAK (Karel) — 1929 — né à Pilsen — Tchécoslovaque. — 6, rue Suffren, à Saint-Tropez (Var).

721 Port de Saint-Tropez. — 1.500 fr.
722 Vieilles maisons à Saint-Tropez. — 1.500 fr.

CERNY (Charles) — 1914 — né à Prague — Tchèque. — 59, rue de Rennes, 6e.

723 Concarneau. — 2.500 fr.
724 Débit à Plougastel-Daoulas. — 1.500 fr.

CHABAUD (Auguste) — 1907 — né à Nîmes (Gard). — Graveson (Bouches-du-Rhône).

725 Femme nue (n° 1). — 18.000 fr.
726 Femme nue (n° 2). — 16.000 fr.

CHABOD (Jeanne) — 1924 — née à Paris. — 4, rue de la Concorde, 19e.

727 La parure. — 4.000 fr.
728 Fleurs sous la lampe. — 1.200 fr.

CHAFFIOL-DEBILLEMONT (Fernand) — 1924 — né à Paris. — 20, rue de l'Odéon, 6e.

729 Port de Cassis. — Vendu.
730 Cassis. — 1.200 fr.

CHALEYE (Joannès) — 1914 — né à Saint-Etienne. — Villa « Les Roses », rue Jules-Vallès, au Puy (Haute-Loire).

731 Fleurs. — 1.500 fr.
732 Paysage. — 1.600 fr.

CHALOT (Édouard) — 1930 — né à Paris. — 46, boulevard de l'Hôpital, 13e.

733 La Creuse à Gargilesse. — 1.200 fr.
734 Ferme en Berry. — Pas à vendre.

CHAMERON (Andrée) — 1920 — née à Saint-Maur (Seine). — 53, avenue de la République, à Saint-Maur (Seine).

735 Coin de jardin. — 2.000 fr.
736 Dahlias. — 1.800 fr.

CHAMPENOIS-SCHARFF (Gustave-Charles) — 1922 — né à Chatou (Seine-et-Oise). — 31, av. du Maréchal-Foch, Chatou (S.-et-O.).

737 Paysage à Bougival. — 500 fr.
738 Ferme dans l'île de Chatou. — 500 fr.

CHAMPON (Edmond) — 1905 — né à Paris. — 18, rue Denfert-Rochereau, 5e.

739 Le pont de Neuville (S.-et-O.) en septembre. — 1.200 fr.
740 Petite ferme à Jouy-le-Moutier (S.-et-O.). — 1.200 fr.

CHAMPY (Huguette) — 1928 — née à Rilly. — 7, rue François-Coppée, 15e.

741 Femme au kimono. — 800 fr.
742 Étude. — 500 fr.

CHANAS (Jacques) — 1924 — né à Grenoble. — 5, rue Amédée (Haute-Blancarde), Marseille.

743 La cascade.
744 Nu à la fenêtre.

CHANEAC (Paul) — 1929 — né à Avignon. — 20, rue Limas, Avignon (Vaucluse).

745 Amandiers en fleurs, environs d'Avignon. — 1.500 fr.

CHANOT (Albert) — 1923 — né à Paris. — 59, avenue de Saxe, 7e.

746 Repos champêtre.
747 Nu.

CHANTERANNE (Roger) — 1923 — né à Paris. — 68, rue de la Croix-Nivert, 15e.

748 Le damné. — 1.500 fr.
749 Vénus au manteau blanc. — 1.500 fr.

CHANTRIAU (Géo) — 1928 — né à Vitry-sur-Seine. — 99, rue du Faubourg-Saint-Martin, 10e.

750 Fleurs (peinture). — 1.000 fr.
751 Pivoines (pastel). — 1.500 fr.

CHANVALON (Lucie) — 1926 — née à Berck-Plage (Pas-de-Calais). — 5, place des Ternes, 17e.

752 Renoncules (aquarelle). — 400 fr.
753 Fleurs (aquarelle). — 400 fr.

CHAPCHAL (Jacques) — 1929 — né à Saint-Pétersbourg — Russe. — Anna van Hannoverstr. 31, La Haye (Hollande).

754 Paysage. — 3.000 fr.
755 Nature morte. — 3.000 fr.

CHAPELAIN-MIDY (Roger) — 1929 — né à Paris. — 1, rue Leclerc, 14e.

756 Jour de fête. — 7.000 fr.
757 Peinture. — 1.500 fr.

CHAPERON (Emile) — 1920 — né à Paris. — 94, boulevard de La Tour-Maubourg, 7e.

758 Le thé. — 1.800 fr.
759 Chambre de Marie-Antoinette, Petit Trianon. — 1.000 fr.

CHAPERON (Paul) — 1930 — né à Paris. — 12, rue Châteaubriand, 8e.

760 Paysage. — 500 fr.
761 Portrait de femme. — 500 fr.

CHAPIN (Jean) — 1921 — né à Paris. — 12, passage Richard, Malakoff (Seine).

762 Paysage. — 5.000 fr.

CHAPLAIN (Pierre) — 1926 — né à Alençon. — 84, rue du 22-Septembre, à Bécon-Courbevoie.

763 Nature morte. — 1.000 fr.
764 Sous-bois. — 800 fr.

CHAPPÉE (Julien) — 1924 — né au Mans. — Le Cogner, Le Mans (Sarthe).

765 Paysage. — 3.000 fr.
766 Paysage. — 2.500 fr.

CHAPUIS (Eugène-Louis) — 1930 — né à Lyon (Rhône). — 4, rue Michel-le-Comte, 3e.

767 Intérieur normand. — 600 fr.
768 Nature morte, poissons. — 600 fr.

CHAPUY (André) — 1907 — né à Paris. — 22, rue Boissonade, 14e.

769 Peinture.
770 Peinture.

CHARASSON (Eugène) — 1920 — né à Aigurande (Indre). — Aigurande (Indre).

771 Eglise d'Aigurande.
772 Nature morte.

CHARDENAL (Claire) — 1930 — née à Boulogne-sur-Mer. — 214, boulevard Raspail, 14e.

773 Vitrine de céramiques.

CHARLEMAGNE (Paul) — 1925 — né à Paris. — 14, rue Pascal, 5e.

774 Peinture.
775 Peinture.

CHARLES (André) — 1924 — né à Suresnes. — 16, rue de Verdun, à Suresnes (Seine).

776 Bruyères à Cernay (Seine-et-Oise). — 950 fr.
777 Vieilles maisons à Château-Ponsac (Haute-Vienne). — 950 fr.

CHARLES (Madeleine) — 1923 — née à Verdun (Meuse). — 17, rue Campagne-Première, 14e.

778 Honfleur, un bassin. — 450 fr.
779 Versailles, terrasse de l'Orangerie. — 450 fr.

CHARLES (Pierre) — 1925 — né à Suresnes. — 118 *bis*, rue Carnot, Suresnes (Seine).

780 Le soir. — 850 fr.
781 Etude. — 250 fr.

CHARLET (Albert) — 1904 — né à Xermamenil (Meurthe). — 7, rue du Dôme, 16e.

782 Danseuse. — 3.500 fr.
783 Repos du modèle. — 3.000 fr.

CHARLON (Léon-Paul) — 1926 — né à Paris. — 67, rue Montorgueil, 2e.

784 Pont-Neuf. — 850 fr.
785 Hôtel de Sens. — 750 fr.

CHARNOT-BENARD (Madeleine) — 1929 — née à Boulogne-sur-Seine. — 34, rue Escudier, Boulogne-sur-Seine.

786 « D'jazz ». — 600 fr.
787 Nature morte. — 400 fr.

CHARQUILLON (Charles) — 1926 — né à Paris. — 46, rue de Vanves, 14e.

788 Ferme à Lanviscar (Finistère). — 1.500 fr.
789 Cathédrale de Saint-Omer, tombeau de saint Omer. — 900 fr.

CHARTRES (Antoine) — 1927 — né à Lyon. — 33, rue Neyret, Lyon, 1er (Rhône).

790 Nu. — 1.500 fr.
791 Eglise, banlieue lyonnaise. — 1.200 fr.

CHATZMAN (Boris) — 1924 — né à Rostov-sur-Don — Juif. — 212, rue Saint-Jacques, 5e.

792 Peinture. — Pas à vendre.
793 Peinture. — Pas à vendre.

CHAUDE (Paul) — 1927 — né à Magny-en-Vexin (Seine-et-Oise). — 5, rue Némorosa, Fontainebleau (Seine-et-Marne).

794 Barque berckoise (aquarelle). — 1.800 fr.
795 Automne à Fontainebleau (aquarelle). — 1.800 fr.

CHAUMAT (Odette) — 1926 — née à Paris. — 26, rue Ernest-Renan, 15e.

796 Matinée, Carqueiranne (Var). — 2.300 fr.
797 Cauchemar. — 3.000 fr.

CHAUVEAU (René) — 1930 — né à Lyon (Rhône). — 9, avenue Franco-Russe, 7e.

798 Ferme de Wambez (Oise) (pastel). — 350 fr.
799 Château du Bourdeau, lac du Bourget (pastel). — 450 fr.

CHAUVEL (Georges) — 1920 — né à Elbeuf. — 54, rue Lhomond, 5e.

800 Nu couché (plâtre).
801 Femme au collier (terre cuite). — 15.000 fr.

CHAUVISE (Germaine-Andrée) — 1929 — née à Mont-Saint-Sulpice (Yonne). — 4, Grande-Rue, à Sèvres (Seine-et-Oise).

802 Lilas. — 800 fr.
803 La jardinière fleurie. — 75 fr.

CHAVEZ (Caroline de) — 1930 — née à Lima (Pérou) — Péruvienne. — Atelier 2, 3 *bis*, rue Baillou, 14°.

804 Vitrine contenant onze sculptures :

Chat. — 2.000 fr.; Potiche au singe. — 2.000 fr.; Joueur au Quena. — 2.000 fr.; Tête de chef Campa. — 3.000 fr.; Jeune homme (portrait). — 3.000 fr.; Menina (portrait céramique dorée. — 3.000 fr.; Nu (terre cuite). — 3.000 fr.; Nu, femme couchée (terre cuite). — 3.000 fr.; Nu, esclave (terre cuite). — 3.000 fr.; Nu, « petite femme » (terre cuite). — 1.500 fr.; Nu, Indienne porteuse d'eau. — 4.000 fr.

805 Buste-portrait, Krishnamurti. — 5.000 fr.

CHAZELLE (Magdeleine) — 1928 — née à Paris. — 3, rue Duguay-Trouin, 6°.

806 Jour de fête. — 3.000 fr.
807 Etude. — 1.500 fr.

CHEDEL-WROBEL (Mme Mirette-Jeanne de) — 1928 — née à Besançon (Doubs). — 8, rue Pouchet, 17°.

808 Portrait de M. Georges Turpin, poète (pastel).
809 Ève (composition) (pastel). — 3.000 fr.

CHEMIN (Edgar) — 1913 — né à Landouzy-la-Ville (Aisne). — 2, rue Dailly, Saint-Cloud (Seine-et-Oise).

810 Paysage nocturne. — 500 fr.
811 Mémorial de l'Escadrille La Fayette. — 700 fr.

CHENARD-HUCHE (Georges) — 1905 — né à Nantes. — Les Oliviers, à Sanary (Var).

812 Le repos. — 6.000 fr.
813 Fleurs. — 2.000 fr.

CHENAUX (Pierre) — 1930 — né à Fribourg (Suisse) — Suisse. — 24, passage Saint-Bernard, 11°.

814 Quiétude (composition). — 1.200 fr.
815 Les fortifs, paysage. — 800 fr.

CHENE (Jean) — 1930 — né à Nantes. — Café d'Orléans, 11, place Royale, Nantes (Loire-Inférieure).

816 Paysage. — 800 fr.
817 Peinture. — 500 fr.

CHEPPY (Henri-Julien) — 1922 — né à Paris. — 46, rue de la Bidassoa, 20e; atelier : 29, rue des Petites-Ecuries, 10e.

818 Roses (aquarelle). — 4.000 fr.
819 Roses et soucis (aquarelle). — 1.800 fr.

CHEREAU (Claude) — 1911 — né à Paris. — 3, boul. Suchet, 16e.

820 Nu. — 8.000 fr.
821 Paysage. — 4.000 fr.

CHESNOY (Victor) — 1928 — né à Paris. — 11, rue d'Aix, 10e.

822 Lilas. — 400 fr.
823 Chrysanthèmes. — 400 fr.

CHEVRET (Jules) — 1924 — né à Marseille. — 15, avenue Gallieni, à Bagnolet (Seine).

824 Faux sourire. — 400 fr.
825 Larmes de crocodile. — 400 fr.

CHICHMANIAN (Raphaël) — 1920 — né à Lidjk (Arménie) — Arménien. — 2, passage de Dantzig, 15e.

826 Une rue à Villeneuve-les-Avignon. — 2.500 fr.
827 Le pont Saint-Bénézet, Avignon. — 2.000 fr.

CHIROUZE (Yvonne) — 1927 — née à Lagouath, Alger. — 72, boulevard Saint-Marcel, 5e.

828 Bouquet de roses. — 500 fr.
829 Chrysanthèmes. — 1.000 fr.

CHOPIN (Pierre) — 1924 — né à Paris. — 6, villa de Longchamp, 16e.

830 Paysage. — 950 fr.
831 Paysage. — 750 fr.

CHOTIAU (Max) — 1923 — né à Tongres. — 58, rue de Maubeuge, 9e.

832 Portrait. — Appartient à Mme M. C...

CHRÉTIEN (Joseph) — 1927 né à Graçay (Cher). — 4, rue Chanzy, Rochefort-sur-Mer.

833 Nature morte. — 1.000 fr.
834 Paysage. — 1.500 fr.

CHRÉTIEN (Paul-Louis) — 1913 — né à Paris. — 7, rue des Saules, 18e.

835 La cueillette des cerises.
836 Habitations dans les rochers en Touraine, neige.

CHRÉTIEN (Roger-Paul). Voir : ROGER-CHRÉTIEN.

CHRISTEN (André) — 1930 — né à Friedrichsdorf — Suisse. — 19, rue Raffet, 16e.

837 Sous-bois. — 1.100 fr.
838 Marine. — 1.100 fr.

CHRISTEN (Mlle Jeanne) — 1920 — née à Paris. — 233 *bis*, rue du Faubourg-Saint-Honoré, 8e.

839 Nu. — 6.000 fr. sans le cadre.
840 Nu. — 6.000 fr. sans le cadre.

CHRISTIAN-ADAM (Raoul) — 1927 — né au Havre (Seine-Inférieure). — 17, rue Campagne-Première, 14e.

841 Escalier. — 2.000 fr.
842 Paysage. — 1.500 fr.

CIEUTA (Marcel) — 1922 — né à Saulieu (Côte-d'Or). — 28, rue La Fontaine, 16e.

843 Paysage breton, marée montante. — 650 fr.
844 Le miroir d'eau (étude de nu). — 500 fr.

CIPRA (Camille) — 1924 — né à Plzen (Tchécoslovaquie) — Tchécoslovaquie. — 20, rue Robert-Fleury, 15e.

845 Paysage de la Loire. — 3.000 fr.
846 Danseuse hindoue. — 1.500 fr.

CIROU (Paul) — 1904 — né à Sainte-Mère-Eglise (Manche). — 26, rue Bel-Abbès, Tlemcen (Dép. d'Oran).

847 Aux confins algéro-marocains. — Appartient à Mme A. Habraux.

848 Aux confins algéro-marocains. — Appartient à Mme A. Habraux.

CLAIRET (Félix) — 1920 — né à Mérinchal (Creuse). — 11, rue de Monttessuy, 7e.

849 Site alpestre. — 3.500 fr.
850 Paysage pyrénéen. — 2.000 fr.

CLAISSE (Victor) — 1928 — né à Paris. — 3, avenue Gambetta, à Saint-Mandé (Seine).

851 Vieilles maisons à la Ferté-Bernard. — 1.200 fr.
852 Paysage breton. — 1.200 fr.

CLAUSADE (Suzanne de) — 1913 — née à Toulouse. — 31, boulevard de Grenelle, 15e.

853 Portrait de Mlle L... — Appartient à Mlle L...
854 Nature morte, oranges et jacinthes. — 300 fr.

CLAVEL (Gustave) — 1930 — né à Saint-Rambert-d'Albon (Drôme) — 116, rue Saint-Dominique, 7e.

855 Le pont Saint-Bénézet, vu du quai du Rhône, Avignon. — 1.200 fr.

856 Le pont Saint-Bénézet, vu de l'île de la Barthelasse, Avignon. — 1.200 fr.

CLAVET (Jean) — 1914 — né à Périgueux. — 92, rue de Montreuil, 11e.

857 Halage à Charentonneau.

CLÉMENT-RENÉ (Paul-Henri) — 1921 — né à Paris. — 15, hameau Boileau (38, rue Boileau), 16e.

858 Peinture. — 6.000 fr.
859 Le rat et la poule. — 3.000 fr.

CLERGEAU (Auguste) — 1930 — né à Nantes (Loire-Inférieure). — 12, rue de Bagneux, 6e.

860 Sisteron, la vallée du Buech. — 3.000 fr.
861 Nature morte. — 1.500 fr.

CLERGUES (Jacques) — 1929 — né à Antibes. — Villa « Lou Souleou », boulevard Albert-Ier, Antibes (Alpes-Maritimes).

862 Route du Cap d'Antibes. — 2.000 fr.

CLOCHARD (William) — 1926 — né à Bordeaux (Gironde). — 14, rue de Marly, à Rueil-Malmaison (Seine-et-Oise).

863 Coquelicots. — 700 fr.
864 Roses. — 500 fr.

CLUZEAU (Pierre-Antoine) — 1922 — né à Saint-Mandé (Seine). — 21, avenue de l'Étoile, au Parc-Saint-Maur (Seine).

865 Honfleur, l'église Saint-Etienne (dessin rehaussé). — 1.000 fr.
866 Honfleur, la Lieutenance (dessin rehaussé). — 1.000 fr.

COBLENCE (Valentine) — 1926 — née à Paris. — 5, place des Ternes, 17e.

867 Dans la vallée de Chamonix (peinture). — 900 fr.
868 Coin d'atelier (pastel). — 800 fr.

COCHET (Marie-Anne) — 1930 — née à Saumur (Maine-et-Loire). — 6, rue d'Assas, 6e.

869 Barques au port, Les Sables-d'Olonne. — 4.000 fr.
870 Effet de lumière, port des Sables-d'Olonne. — 4.000 fr.

CŒURET (Alfred) — 1902 — né à Paris. — 72, rue de Clamart, à Châtillon-sous-Bagneux.

871 La route. — 1.100 fr.
872 La route. — 1.100 fr.

COGNERAS (Marguerite) — 1928 — née à Felletin (Creuse). — 68, rue Jean-Jaurès, Villejuif (Seine).

873 Nature morte.

COHEN (Juda) — 1929 — né à Salonique — Hellène. — 9, rue d'Assas, 6e.

874 Pressentiment. — 700 fr.
875 Le peintre Dezez. — 600 fr.

COLATO (Arduino) — 1924 — né à Vérone — Italien. — 26, rue de Fleurus, 6e.

876 Etude, nu. — 600 fr.
877 Etude, nu. — 600 fr.

COLIN (Mlle Henriette) — 1930 — née à Nancy. — 153, rue Jeanne-d'Arc, Nancy (Meurthe-et-Moselle).

878 Pavots rouges (aquarelle ovale). — 700 fr.
879 Roses « Mme Herriot » (aquarelle ronde). — 400 fr.

COLIN (Paul-Emile) — 1920 — né à Lunéville. — 24, rue du Colonel-Candelot, Bourg-la-Reine (Seine).

880 L'évadée. — 3.000 fr.
881 Le repas. — 2.000 fr.

COLINUS (Emile) — 1925 — né à Paris. — 55, quai Valmy, 10e.

882 L'atelier du graveur Charles Forget. — 2.500 fr.
883 Vieux Vanves. — 1.200 fr.

COLLE (Michel) — 1906 — né à Baccarat (Meurthe-et-Moselle). — 2, quai de la Bataille, à Nancy (Meurthe-et-Moselle).

884 Marais salants de Batz. — 1.500 fr.
885 Kervalet de Batz. — 1.500 fr.

COLLEU (Aimé) — 1922 — né à Saint-Jacut-du-Mené (Côtes-du-Nord). — 76, rue de Patay, 13e.

886 Chrysanthèmes. — Pas à vendre.
887 Théâtre d'Orange. — Pas à vendre.

COLLIGNON (Odette) — 1929 — née à Ivry-sur-Seine. — 57, rue de Seine, Ivry-sur-Seine (Seine).

888 La Esmeralda. — 250 fr.
889 Rue à Alger. — 100 fr.

COLMANN (Albert) — 1928 — né à Paris. — 81, rue de Rome, 17e.

890 Le repos. — 800 fr.
891 Un portrait. — 650 fr.

COLONNA (Edmond) — 1929 — né à Haumont. — 2, rue Sivel, 14e.

892 Châtaignier au bord du torrent, Corse. — 2.000 fr.
893 La Corse. — 2.000 fr.

COMBALUZIER (Magdeleine) — 1923 — née à Beaulieu-Berrias. — 75, rue d'Alésia, 14e.

894 Ile-aux-Cygnes. — Appartient à M. B...
895 Paysage. — 800 fr.

COMBES (André) — 1930 — né à Charenton (Seine). — 8, villa Seurat, 101, rue de la Tombe-Issoire, 14e.

896 Composition, nature morte. — 1.700 fr.
897 Composition, nature morte. — 600 fr.

COMBES (Hélène) — 1930 — née à Paris. — 3, rue Ferrus, 14e.

898 Ferme gasconne. — 250 fr.
899 Saint-Dominique, voûtes modernes. — 250 fr.

COMMAUCHE (Jean) — 1912 — né à Paris. — 35, boulevard Bonne-Nouvelle, 2e.

900 Pêcheurs à Lesconil (Finistère). — 800 fr.
901 Gosses de pêcheurs à Lesconil. — 900 fr.

COMPARD (Emile) — 1925 — né à Paris. — 6, rue Aumont-Thiéville, 17e.

902 Jour de fête. — 12.500 fr.
903 Composition. — 3.000 fr.

COMPOINT (Louis) — 1926 — né à Orléans. — 4, place du Pont, Moret-sur-Loing.

904 Vieux moulins de Moret-sur-Loing. — 500 fr.
905 Chrysanthème. — 500 fr.

CONCHON (Maurice) — 1929 — né à Juvisy-sur-Orge. — 55, rue du Cherche-Midi, 6e.

906 Allée de sapins à Treignac (Corrèze). — 800 fr.
907 Nature morte. — 800 fr.

CONDÉ (Georges-Jean) — 1923 — né à Frouard. — 40, boulevard Godefroy-de-Bouillon, Nancy (Meurthe-et-Moselle).

908 Peinture. — 5.000 fr.
909 Peinture. — 5.000 fr.

CONINCK (Robert de) — 1908 — né à Bolbec (Seine-Inférieure). — 45, rue Georges-Clemenceau, Cannes (Alpes-Maritimes).

910 Noces d'argent. — 300 fr.
911 C'est une horreur ! — 300 fr.

CONSTANTINOVSKY (Joseph) — 1928 — né à Jaffa — Russe. — 12, rue Jonquoy, 14e.

912 Portrait. — 1.000 fr.
913 Paysage. — 1.000 fr.

CONTENCIN (Charles-Henry) — 1927 — né à Paris. — 18, chaussée Jules-César, à Eaubonne (Seine-et-Oise).

914 Neige à Chamonix. — 1.400 fr.
915 La Mer de Glace au Montenvert. — 1.200 fr.

CONVERSE (Lily) — 1920 — née à Petrograd — Américaine. — Chez M. Dupré, 19 *bis*, rue Fontaine, 9e.

916 Vue de l'Engadine supérieure. — 1.500 fr.
917 Vue de l'Engadine supérieure. — 300 fr.

COQU (Georges) — 1929 — né à Mehun-sur-Yèvre. — Mehun-sur-Yèvre (Cher).

918 Table à jeux (fer forgé). — 2.225 fr.

COQUARD (Louis) — 1921 — né à Ambrault. — 11, rue de Vélizy, Bellevue (Seine-et-Oise).

919 Peinture.
920 Peinture.

CORBELLINI (Luigi) — 1926 — né à Piacenza — Italien. — 13, place Emile-Goudeau, 18e.

921 Jour de fête. — 4.000 fr.
922 Composition. — 4.000 fr.

CORBY — 1930 — né à Reims. — 5, rue Beudant, 17e.

923 Portrait de Léon Frapié, homme de Lettres.
924 L'étang de l'Ursine. — 2.500 fr.

CORDONNIER (Paul) — 1905 — né à Orléans (Loiret). — 225, rue de Bourgogne, Orléans (Loiret).

925 Boucle de la Creuse près le Pin (Indre). — 1.700 fr.
926 Le Pont-Noir sur la Creuse (Indre). — 1.800 fr.

CORFU (Georges-Félicien) — 1907 — né à Jonchery-sur-Vesles. — 86, rue Lamarck, 18e.

927 Au bord du fleuve, Notre-Dame le matin. — 1.200 fr.
928 Saint-Germain-de-Charonne, place Saint-Blaise. — 1.200 fr.

CORIA (Benjamin-Victor) — 1926 — né à Orizaba (Veracruz) — Mexicain. — 193, rue de Vesle, Reims (Marne).

929 Mère et enfant. — 7.000 fr.
930 Nature morte. — 800 fr.

CORNET (Marcel) — 1929 — né à Suippes (Marne). — 126, rue Amelot, 11e.

931 Vue de Pont-sur-Yonne. — 500 fr.
932 Vue d'Etables (Côtes-du-Nord). — Appartient à M. G...

CORNILLEAU (Raymond) — 1920 — né à Paris. — 1, rue Vercingétorix, 14e.

933 Scène de Paris (aquarelle). — 1.000 fr.
934 Scène de Paris (peinture). — 1.000 fr.

CORNILLON-BARNAVE (Joseph) — 1913 — né à Marseille. — Saillans (Drôme).

935 Un connétable. — Appartient à l'auteur.

CORNUEL (Paul) — 1926 — né à Paris. — 44, rue de Flandre, 19e.

936 Chrysanthèmes. — 2.500 fr.
937 Nature morte. — 3.000 fr.

CORPET (Etienne) — 1920 — né à Paris. — 158, r. de Charonne, 11e.

938 Nature morte, fruits. — 1.500 fr.
939 Nature morte, livres et vases. — 1.500 fr.

CORTÈS (Edouard) — 1922 — né à Lagny (Seine-et-Marne). — 22, rue Macheret, à Lagny (Seine-et-Marne).

940 Peinture.
941 Peinture.

COUBERTIN (Mlle Marie-Marcelle de) — 1921. — 9, rue Campagne-Première, 14e.

942 Paysage. — 2.000 fr.
943 Peinture. — 1.250 fr.

COUEZ (Jules) — 1920 — né à Valenciennes (Nord). — 46, rue Gassendi, 14e.

944 Femme se coiffant. — 6.000 fr.
945 La lecture. — 3.500 fr.

COULON (Henri) — 1902 — né à Paris. — 37, r. de Châteaudun, 9e.

946 La Creuse au Pin (Indre). — 5.000 fr.
947 Un coin de Corrèze (Corrèze). — 5.000 fr.

COURCHÉ (Félix) — 1902 — né à Paris. — 73, rue Louis-Blanc, 10e.

948 Le rapt. — 5.000 fr.
949 Baigneuses. — 5.000 fr.

COURPON (Mme Sophie de) — 1924 — née à Meudon (Seine-et-Oise). — 43, rue de Clichy, 9e.

950 Sous la feuillée. — 1.000 fr.
951 Plage de pêche. — 600 fr.

COURTOIS (Aimée) — 1930 — née à Paris. — 52, boulevard Saint-Marcel, 5e.

952 Morvan, l'église et le village de Saint-Père-sous-Vézelay (aquarelle). — 250 fr.
953 Versailles, miroirs d'eau (aquarelle). — 250 fr.

COUTURIER (Auguste) — 1930 — né à Bourgoin (Isère). — 32, rue Guilhem, 11e.

954 Nature morte, fruits et ustensiles de ménage. — 1.100 fr.
955 Nature morte, fruits, chaudron et ustensiles de ménage). — 1.100 fr.

COUTURIER (Georges) — 1930 — né à Crespin (Nord) — Belge. — 21, rue Serpente, 6e.

956 Les Saturnales au xxe siècle (cadre sculpté par l'artiste) (peinture). — 3.200 fr.
957 L'Humble parmi les humbles (dessin à l'encre de Chine). — 1.800 fr.

COUY (Jean) — 1929 — né à Paris. — 2, rue du Centre, Chatou (Seine-et-Oise).

958 Paysage. — 300 fr.
959 Paysage. — 300 fr.

COZE (Paul) — 1923 — né à Beyrouth (Syrie). — 50, rue Saint-Georges, 9e.

960 Le « Kakochnik ». — 5.000 fr.
961 La perruche. — 5.000 fr.

CRAMER (Jacqueline) — 1930 — née à Genève (Suisse) — Suisse. — 26, rue Vavin, 6e.

962 Portrait d'un artilleur. — 1.200 fr.
963 Composition. — 1.800 fr.

CRAS (Monique) — 1925 — née à Brest. — 23 rue Bertrand, 7e.

964 Peinture.
965 Peinture.

CRESPEL (Etienne) — 1930 — né à Lille. — 36, boulevard Carnot, à Lille (Nord).

966 Jardin. — 500 fr.
967 L'étang. — 500 fr.

CRESSEVEUR (Jean-Marie) — 1929 — né à Saint-Michel-en-Grève (C.-du-N.). — 112, rue de la Chapelle, 18e.

968 La rue de Venise un vendredi. — 4.000 fr.
969 Rue de l'Abreuvoir, Montmartre. — 3.000 fr.

CRESSON (Georges) — 1926 — né à Paris. — 2, place Pinel, 13e.

970 Fondeurs chez Panhard et Levassor. — 12.000 fr.
971 La bâtisse. — 1.500 fr.

CRESTIN (Gabrielle) — 1930 — née à Biarritz. — 9, rue d'Espagne, Biarritz (Basses-Pyrénées).

972 Etude.
973 Mise au tombeau.

CRETTE (Albert) — 1925 — né à Vannes (Morbihan). — 199, rue d'Alésia, 14e.

974 Une vitrine contenant :

1. Jeune fille aux masques (statuette bronze à cire perdue). — 1.200 fr. ; 2. Pomone (statuette bronze à cire perdue). — 1.800 fr. ; 3. Le Baiser (statuette bronze à cire perdue). — 1.500 fr. ; 4. Paresse (modèle de statuette en plâtre pour être exécuté en bronze à cire perdue) ; 5. Jeunesse (petit buste terre cuite). — 250 fr.

CRISMANE (Georges) — 1925 — né à Langres (Haute-Marne). — 14, rue du Cambodge, 20e.

975 Paysage. — 1.500 fr.
976 Soleil couchant. — 1.000 fr.

CROIX (Jean-Roger) — 1925 — né à Périgueux. — 112, rue Truffaut, 17e.

977 Paysage, vallée de Chevreuse. — 1.800 fr.
978 Vieille chaumière, vallée de Chevreuse. — 800 fr.

CROS (Mme Clotilde) — 1930 — née à Vichy (Allier). — 96, avenue des Ternes, 17e.

979 Peinture.
980 Peinture.

CROULARD (Mme Jeanne-Judith) — 1924 — née à Paris. — 6, boulevard de Courcelles, 17e.

981 Paysage de Touraine. — 650 fr.
982 Paysage de Touraine. — 1.000 fr.

CRUCHET (Raphaël) — 1926 — né à Arpajon (S.-et-O.). — Saint-Martin-le-Beau (Indre-et-Loire).

983 Chrysanthèmes. — 250 fr.
984 Dahlias. — 250 fr.

CUENOT (Charles) — 1927 — né à Paris. — 41, boulevard de la Gare, au Plant-Champigny (Seine).

985 Le seuil. — Appartient à Mme J...
986 Par la fenêtre. — 1.200 fr.

CUGUEN (Victor) — 1923 — né à Pontorson (Manche). — Avenue Ramel, Les Lices, à Toulon (Var).

987 Marché à Toulon. — 1.000 fr.
988 Marché à Lannion. — 1.000 fr.

CUVILLIER (Paul) — 1929 — né à Paris. — 41, rue de Lancry, 10e.

989 Clair de lune (aquarelle). — 300 fr.
990 Cascade dans le parc (aquarelle). — 300 fr.

CUYER (Ludovic) — 1922 — né à Saint-Ursin (Manche). — 28, rue Faidherbe, 11e.

991 Sujet équestre. — 3.000 fr.
992 Pont Saint-Michel. — 500 fr.

CYR (Georges) — 1920 — né à Montgeron. — 11, rue d'Alsace-Lorraine, Rouen.

993 Nu. — 4.000 fr.
994 Falaise de Fécamp. — 1.500 fr.

CZAYKOWSKI (Louis de) — 1930 — né en Pologne — Polonais. — 7, rue Belloni, 15e.

995 Paysage de Paris. — 800 fr.
996 Le soir. — 2.000 fr.

D

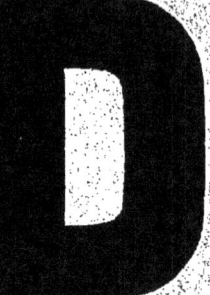

NOTES

DABIT (Eugène) — 1925 — né à Mers (Somme). — 7, rue Paul-de-Kock, 19e.

997 Figure. — 750 fr.
998 Paysage. — 750 fr.

DA COSTA (Waldemar) — 1930 — né à Belem (Para) — Brésilien. — 75, boulevard du Montparnasse, 6e.

999 Portugaises vertes. — 2.000 fr.
1000 Porte de Versailles. — 1.500 fr.

DACTY (Jeanne) — 1920 — née à Londres. — 7, boulevard de Clichy, 9e.

1001 Etretat, L'Aiguille. — 500 fr.
1002 Etretat, La Mann-Porte. — 500 fr.

DAGRON (Maurice) — 1924 — né à Fontainebleau. — 135, rue de Belleville, 19e.

1003 Le Crotoy, le port à marée basse. — 750 fr.
1004 Retour de pêche au Crotoy (Somme). — 750 fr.

DAISY-DELPECH — 1928 — née à Saint-Germain-en-Laye. — 15, avenue de La Bourdonnais, 7e.

1005 Peinture. — 1,200 fr.
1006 Peinture. — 1.200 fr.

DALS-LEFÈVRE (Albert) — 1926 — né à Paris. — 18, rue de Nanterre, Asnières (Seine).

1007 Portrait de Mme S. L... — Appartient à l'auteur.
1008 Boby, mon chien. — Appartient à l'auteur.

DAMBOISE (Marcel) — 1929 — né à Marseille. — 2, passage de Dantzig, 15e.

1009 Une tête en marbre (taille directe). — 5.000 fr.

DAMBRUN (Madeleine) — 1928 — née à Paris. — 7 *bis*, rue du Maréchal-Gallieni, Saint-Leu-la-Forêt (Seine-et-Oise).

1010 Roses (aquarelle). — 850 fr.
1011 Œillets (aquarelle). — 850 fr.

DAMOIS (Ernest) — 1928 — né à Paris. — 66, rue Damrémont, 18e.

1012 Œillets. — 2.200 fr.
1013 Cerises. — 2.200 fr.

DAMON (Mme Marthe) — 1927 — née à Paris. — 11, rue Verniquet, 17e.

1014 Pont-Marie. — 900 fr.
1015 Tulipes. — 800 fr.

DANARD-PUIG (Marthe) — 1928 — née à Alençon. — 24, rue Tholozé, 18e; 28, place Viarme, Nantes.

1016 Fleurs. — 800 fr.
1017 Vénitienne. — 1.500 fr.

DANCRE (Emile) — 1921 — né à Paris. — 33, rue des Artistes, 14e.

1018 Peinture. — 1.500 fr.
1019 Peinture. — 600 fr.

DANIS (Georges) — 1911 — né à Bapaume (Pas-de-Calais). — 28, rue de Neuilly, à Rosny-sous-Bois (Seine).

1020 Le temps des cerises. — 2.500 fr.
1021 Le hameau. — 1.500 fr.

DANNENBERG (Alice) — 1904 — née à Riga. — 84, rue d'Assas, 6e.

1022 Nature morte. — 1.000 fr.
1023 Effet d'orage, Bergue (Nord). — 1.200 fr.

DANNET (Henry) — 1922 — né à Gassicourt (S.-et-O.). — Route de Lisieux, Saint-Germain-Village, par Pont-Audemer (Eure).

1024 Vieux moulin à Malestroit (Morbihan). — 1.800 fr.
1025 Village du marais Vernier (Eure). — 1.800 fr.

DANSLER (Robert) — 1926 — né à Paris. — 4, rue du Faubourg-du-Temple, 11e.

1026 Peinture. — 7.000 fr.
1027 Nu. — 5.000 fr.

DANTHON (Gustave) — 1928 — né à Nevers. — 17, rue d'Edimbourg, 8e.

1028 Le champ de blé. — 10.000 fr.
1029 Mimile, marchand de fleurs. — 7.000 fr.

DARAUX (Lucien) — 1907 — né à Paris. — Pavillon 11, 48, rue du Général-Brunet, 19e.

1030 Nature morte. — Appartient à M. Vanhecke.
1031 Nature morte. — 1.500 fr.

DARCHE (Thérèse) — 1920 — née à Bussières-les-Belmont (Haute-Marne). — 60, rue Saint-Placide, 6e.

1032 Zinnias. — 2.300 fr.
1033 Chrysanthèmes. — 2.500 fr.

DARNA (Jan) — 1928 — né à Paris. — 14, rue de la Grande-Chaumière, 6e.

1034 Composition. — 5.000 fr.
1035 Fleurs. — 1.500 fr.

DARRASSE (Raymond) — 1923 — né à Paris. — 6, rue du Val-de-Grâce, 5e.

1036 Jour de fête. — 2.000 fr.
1037 Peinture. — 800 fr.

DASTOR (Georges) — 1928 — né à Paris. — 2, rue Aumont-Thiéville, 17e.

1038 L'église et la tour d'Hautefage. — 1.500 fr.
1039 Bateaux. — 800 fr.

DAUCÉ (Edouard) — 1929 — né à Rennes. — 6, rue des Trois-Frères, 18e.

1040 Premier nuage. — 1.200 fr.
1041 Paysage. — 1.200 fr.

DAUDIGNAC (Gabrielle) — 1928 — née à Paris. — 153, boulevard Saint-Germain, 6e.

1042 Peinture.
1043 Peinture.

DAUVILLIER (François) — 1930 — né à Saint-Lubin-des-Joncherets (Eure-et-Loir). — 10, rue Cassette, 6ᵉ.

1044 Peinture. — 2.000 fr.
1045 Peinture. — 1.500 fr.

DAVENTURE (Henri) — 1920. — 137, rue de Tolbiac, 13ᵉ.

1046 Trois pommes sur la table un jour de fête. — 3.000.000 de francs (sans cadre).
1047 Paysage. — 900 fr.

DAVID (Emile-Marcel) — 1930 — né à Paris. — 108, rue de Rennes, 6ᵉ.

1048 Une vitrine de douze bijoux argent et objets d'art bronze, une plaquette bronze et deux brûle-parfums bronze; au total quinze pièces.

DAVID (Marcel) — 1929 — né à Marans (Charente-Inférieure). — 17, rue de l'Océan, Châtelaillon (Charente-Inférieure).

1049 L'enterrement du vieil oncle. — (Collect. Cousson.)
1050 Les enfants du fossoyeur. — 2.500 fr.

DAVIDSON (Mᵐᵉ Helen) — 1930 — née à Toronto (Canada) — Canadienne. — 43, avenue du 11-Novembre, La Varenne-Saint-Hilaire (Seine).

1051 L'entrée de Tut-Ank-Ammon.

DAVIN (Hélène) — 1925 — née à Saint-Amand (Charente). — 5, rue du Docteur-Blanche, 16ᵉ.

1052 Peinture.
1053 Peinture.

DAVIS (Gérald-Vivian) — 1930 — né à New-York — Américain. — 16 *bis*, rue Bardinet, 14ᵉ.

1054 Calvaire. — 25.000 fr.
1055 Eve. — 25.000 fr.

DAYNES (Victor) — 1912 — né à Colmar (Haut-Rhin). — Cottage Beaulieu, à Gan (Basses-Pyrénées).

1056 Pâturage béarnais. — 1.200 fr.
1057 Un coin de mon ermitage. — 800 fr.

DAYNES-GRASSOT-SOLIN (Mme Suzanne) — 1920 — née à Paris. — 17, chemin des Longs-Rais, à Nanterre (Seine).

1058 Le panier de fruits. — 2,500 fr.
1059 Le Pic du Midi d'Ossau. — 2,500 fr.

DEBLAIZE (Gaston) — 1926 — né à La Houssière (Vosges). — 129, rue de l'Université, 7e.

1060 Le flambeau (sculpture décorative) (plâtre patiné).
1061 Buste (plâtre patiné).

DEBOURG (Edouard) — 1922 — né à Versailles. — A Gargilesse (Indre).

1062 Peinture.
1063 Peinture.

DÉCAMPS (Maurice) — 1911 — né à Paris. — 4, rue Paul-Bert, Ermont (Seine-et-Oise).

1064 Paysage. — 1.000 fr.
1065 Paysage, Cornières-Layrac. — 1.000 fr.

DECLER (Ludmila) — 1926 — née à Varsovie — Polonaise. — 72, rue Erlanger, 16e.

1066 Jour de fête. — 2.000 fr.
1067 Eglise Saint-Michele en Bosco. — 1.200 fr.

DECLINCOURT (Alfred) — 1926 — né à Seboncourt (Aisne). — 5, rue de l'Assomption, 16e.

1068 Quiétude.
1069 Pointe de Beg-Meil (Finistère).

DECŒUR (Elisabeth) — 1926 — née au Teil. — 24, r. Bonaparte, 6e.

1070 Peinture.
1071 Peinture.

DECOT (Germaine) — 1930 — née à Alger. — 5, rue Mignon, 6e.

1072 Paysage. — 1.250 fr.
1073 Nature morte. — 1,500 fr.

DECROIX (Gilbert) — 1926 — né à Enghien (Seine-et-Oise). — 12, rue Girardon, 18ᵉ.

1074 Vieilles maisons, Bayonne. — 400 fr.
1075 Rue Tour-de-Sault, Bayonne. — 250 fr.

DEDINA (Venceslas) — 1914 — né en Bohême. — 15, r. Payenne, 3ᵉ.

1076 Moulin de Chevenoz (Haute-Savoie). — 2.000 fr.
1077 Lac de montagne (Haute-Savoie). — 2.000 fr.

DEFAUCAMBERGE (Irène) — 1929 — née à Paris. — 48, avenue du Président-Wilson, 16ᵉ.

1078 Œillets. — 750 fr.
1079 Nature morte. — 1.000 fr.

DEFONTAINE (Rodolphe) — 1907 — né à Arras (Pas-de-Calais). — 53, rue de Lancry, 10ᵉ.

1080 Ile de la Cité. — 5.000 fr.
1081 Jardin du Grand Trianon. — 8.000 fr.

DEGLESNE-HEMMERLÉ (Emilie) — 1923 — née à Paris. — 11, rue d'Orchampt, 18ᵉ.

1082 Le pont Louis-Philippe. — 1.000 fr.
1083 Quai aux Fleurs. — 1.000 fr.

DEGLI-ALBERTINI (Carlo) — 1930 — né à Vérone (Italie) — Italien. — 23, rue des Volontaires, 15ᵉ.

1084 Chevaux en fuite. — 3.000 fr.
1085 Etude. — 1.500 fr.

DEGUERRET (Yvonne) — 1920 — née à Paris. — 125, rue Legendre, 17ᵉ.

1086 Mil neuf cent trente.
1087 Mil neuf cent trente.

DELACOSTE (Amélie) — 1930 — née à Oran (Algérie). — 7, rue des Arènes, Oran (Algérie).

1088 Nature morte. — 700 fr.
1089 Paysage. — 700 fr.

DELAGE (Mlle Marguerite) — 1929 — née à Tonnay-Charente (Charente-Inférieure). — 69, rue de Maubeuge, 10e.

1090 Qu'importe le soleil! Je n'attends rien du jour (premières méditations de chouettes) (peinture décorative). — 450 fr.
1091 Quand elle était déesse (XXVIe dynastie pharaonique) (bas-relief bronze). — 3.000 fr.

DELAMARE (Camille-M.) — 1928 — né à Romorantin (Loir-et-Cher). — 9, rue Saint-Simon, 7e.

1092 Pleureuse (étude d'Algérie). — 1.200 fr.
1093 En forêt (étude). — 1.000 fr.

DELANDTSHEER (Jan) — 1926 — né à Leeuw-Saint-Pierre — Belge. — Pède Sainte-Anne, 11 *bis*, Itterbeck-Dilbeck, Bruxelles.

1094 Soleil de mars. — 6.000 fr.
1095 Mon cousin. — 1.500 fr.

DELATOUSCHE (Germain) — 1920 — né à Châtillon-en-Dunois (Eure-et-Loir). — 33, rue Croulebarde, 13e.

1096 Rue Croulebarbe, Paris (XIIIe). — 6.000 fr.
1097 Boulevard Auguste-Blanqui, Paris (XIIIe). — 3.000 fr.

DELATRE (Yvonne) — 1930 — née à Saint-Quentin (Aisne). — 96, rue de Maubeuge, 10e.

1098 Etude. — 600 fr.
1099 Anémones. — 500 fr.

DELAUNAY (Louis-René) — 1927 — né à Paris. — 21, rue La Fontaine, 16e.

1100 La veillée. — 600 fr.
1101 Les bords de la Vire à Saint-Lô. — 800 fr.

DELAUNE (Edouard) — 1928 — né à Paris. — 31, avenue Parmentier, 11e.

1102 Paysage. — 1.000 fr.
1103 Nu. — 1.000 fr.

DELAUZIÈRES (André) — 1926 — né à Paris. — 74, rue de la Glacière, 13e.

1104 Marins rochelais. — 3.000 fr.
1105 Jour de fête, La Rochelle. — 2.000 fr.

DEL CARPIO (Elena) — 1923 — née à New-York — Américaine. — 47, boulevard Saint-Marcel, 13e.

1106 Le fakir. — 800 fr.
1107 Vue de Paris. — 800 fr.

DELCLAUX (Gaston) — 1930 — né à Paris. — 265, rue de Vaugirard, 15e.

1108 Paysage. — Appartient à l'auteur.
1109 Paysage. — 600 fr.

DELEAU (Mlle Emilie) — 1926 — née à Paris. — 18, r. Clairaut, 17e.

1110 Coin d'atelier. — 1.000 fr.
1111 Chrysanthèmes. — 450 fr.

DELEY (Mme Jeanne) — 1920 — née au Creusot (S.-et-L.). — 5, rue Martin-de-Thézillat, à Neuilly-sur-Seine (Seine).

1112 Yvonne, portrait. — 2.000 fr.
1113 Dolly, chienne fox écossais. — 2.000 fr.

DELGOBE-DENIKER (Marguerite) — 1930 — née à Paris. — 6, square Claude-Debussy (ancien 25, rue Legendre) 17e.

1114 Paysage. — 2.000 fr.
1115 Peinture. — 2.500 fr.

DELHIAS (Ambroise) — 1925 — né à Huismes (Indre-et-Loire). — 36, rue Lacordaire, 15e.

1116 Joueur de banjo. — Appartient à l'auteur.
1117 Portrait de M. B... — Appartient à M. B...

DELHOMME (Albert) — 1923 — né à Paris. — 24, avenue Denfert-Rochereau, La Varenne-Saint-Hilaire (Seine).

1118 Bords de la Lesse (Belgique). — 900 fr.
1119 Les chênes. — 900 fr.

DELPY (Jacques-Henry) — 1927 — né à Bois-le-Roi (S.-et-M.). — 4, rue Camille-Tahan, 18e.

1120 Soir sur la Seine.
1121 Soleil couchant.

DELTOMBE (Paul) — 1902 — né à Catillon (Nord). — 44, rue Lamartine, Nantes.

1122 Jeune musicien.
1123 Nature morte. — 6.000 fr.

DELVAL (Raymond) — 1929 — né à Paris. — 84, rue Bobillot, 13e.

1124 Marchand de tapis. — 1.200 fr.
1125 Maison blanche. — 1.000 fr.

DELVIGNE (Julien) — 1920 — né à Garches (S.-et-O.). — 11 *bis*, boulevard de la Station, Garches (Seine-et-Oise).

1126 La table au jardin. — 1.800 fr.
1127 Le vieil hôtel, Versailles. — 1.800 fr.

DEMARIA (Pierre) — 1921 — né à Paris. — 8 *bis*, rue Lecuirot, 14e.

1128 Peinture. — 3.500 fr.
1129 Peinture. — 3.500 fr.

DEMARTINECOURT (Claire) — 1929 — née à Melun. — Til-chatel (Côte-d'Or).

1130 Le petit marchand. — 1.000 fr.
1131 Tête de femme. — 500 fr.

DEMMER (Georges) — 1923 — né à Saint-Denis (Seine). — 54 *bis*, avenue Mozart, 16e.

1132 Chalus (Puy-de-Dôme). — 500 fr.
1133 Nonette (Puy-de-Dôme). — 500 fr.

DENARIÉ (Paul) — 1927 — né à Paris. — 9, rue de Provence, 9e.

1134 Jour de marché au bon vieux temps. — 3.500 fr.
1135 Sous les pommiers fleuris. — 1.600 fr.

DENDEVILLE (Raymond-Auguste) — 1929 — né à Rouen. — 32, rue de la Barrière, à Elbeuf-sur-Seine (Seine-Inférieure).

1136 Femme cousant. — 7.000 fr.
1137 Pivoines rouges. — 3.000 fr.

DENEUVILLE (Henry) — 1924 — né à Paris. — 14, rue Pestalozzi, 5e.

1138 Bords de la Marne à Noisy-le-Grand. — 1.200 fr.
1139 Une rue à Noisy-le-Grand. — 1.200 fr.

DENISSE (Julien-Jean) — 1906 — né à Bordeaux. — « Le Tamisier », route du Cap, Antibes (Alpes-Maritimes).

1140 Jardin niçois. — 6.000 fr.
1141 Soir sur le Cap d'Antibes. — 5.000 fr.

DENIS-VALVERANE (Louis) — 1904 — né à Manosque (Basses-Alpes). — 10, rue Léon-Delhomme, 15e.

1142 Bain de soleil. — 5.000 fr.
1143 La bugade en Provence. — 800 fr.

DEPETASSE (Hippolyte) — 1925 — né à Asnières (Seine). — 80, rue des Archives, 3e.

1144 La Seine à l'Hôtel de Ville. — 800 fr.
1145 Vieux Paris, place Beaubourg. — 800 fr.

DEPRUN (Léonard-Auguste) — 1926 — né à Genève. — 2, rue d'Arcueil, 14e.

1146 Nu dans un paysage. — 1.000 fr.
1147 Nu assis. — 1.000 fr.

DERCOURT (Andrée) — 1929 — née à Paris. — 22 *bis*, rue des Belles-Feuilles, 16e.

1148 Florence, Ponte Santa-Trinita. — 800 fr.
1149 Florence, coin du Ponte-Vecchio. — 800 fr.

DERIEU (Paul) — 1929 — né à Mondon, près Le Puy. — Mondon, près Le Puy (Haute-Loire).

1150 Porche nord de la cathédrale du Puy. — 400 fr.
1151 Estaou de vas Picard à Vacheresse (Haute-Loire). — 400 fr.

DERULLE (Marcel) — 1924 — né à Nancy (Meurthe-et-Moselle). — 8, rue de la Convention, Romainville (Seine).

1152 Moisson. — 2.500 fr.
1153 La Marne à Lagny. — 1.200 fr.

DESBUISSONS (Léon) — 1924 — né à Paris. — 58, rue de Monceau, 8e.

1154 Kaysersberg (Haut-Rhin). — 1.000 fr.
1155 Aux Mayens de Sion (Valais). — 800 fr.

DESEVRE (Maurice-H.-V.) — 1920 — né à Boucconville (Aisne). — 23, rue Leconte-de-Lisle, 16e.

1156 Peinture.
1157 Peinture.

DESHAYES (Juliette) — 1928 — née à Pontoise. — 27, rue des Francs-Bourgeois, 4e.

1158 Peinture.
1159 Peinture.

DESMAREST (Claire) — 1930 — née à Agnetz (Oise). — 63 *bis*, rue Hallé, 14e.

1160 Paysage (Dordogne). — 350 fr.
1161 Fleurs, roses. — 200 fr.

DESMAREST (Henri) — 1930 — né au Tréport (Seine-Inférieure). — 63 *bis*, rue Hallé, 14e.

1162 Nu (peinture). — 300 fr.
1163 Songeuse (fusain). — 150 fr.

DESNOYER (François) — 1923 — né à Montauban (Tarn-et-Garonne). — 35, rue Tournefort, 5e.

1164 Jour de fête, Corrida. — 6.000 fr.
1165 Wagon espagnol. — 5.000 fr.

DESPLANQUES (Roger) — 1928 — né à Bordeaux (Gironde). — chemin du Petit-Port, à Bègles (Gironde).

1166 Evocation de Baudelaire, « A une Madone » spleen idéal. — 3.500 fr.

1167 Place du Tertre. — Appartient à M. H. B. Le Pirée.

DESPRÈS (Jean) — 1929. — 20, place Vauban, Avallon (Yonne).

1168 Une vitrine bijoux argent et or.
1169 Un vitrine orfèvrerie en étain.

DESPREZ (Mme Simone) — 1908 — née à Amiens. — 24, rue de Verneuil, 7e.

1170 Peinture. — 1.000 fr.
1171 Peinture. — 1.000 fr.

DESPUJOLS (Jean) — 1924 — né à Salles (Gironde). — 73, rue des Vignes, 16e.

1172 Panneau pour bibliothèque. — Appartient à M. Faragi.

DESTOUESSE (André) — 1926 — né à Bordeaux. — 11, avenue Allendy, 15e.

1173 Femme aux castagnettes (marbre blanc). — 6.500 fr.

DETEIX (Adolphe) — 1928 — né à Amplepuis (Rhône). — 24, rue Bonaparte, 6e.

1174 Femme en barque. — 8.000 fr.
1175 Fleurs. — 3.500 fr.

DETRE (Constantin) — 1930 — né à Budapest (Hongrie) — Hongrois. — 1, rue du Faubourg-Saint-Jacques, 14e.

1176 Loulou (peinture). — 3.000 fr.
1177 Dessin. — 300 fr.

DEVAL (Pierre) — 1929 — né à Lyon (Rhône). — « Orvès », La Valette du Var (Var).

1178 La chemise mauve. — 3.500 fr.
1179 Intérieur. — 2.000 fr.

DEVALUEZ (Félix) — 1925 — né à Voiron (Isère). — 49, boulevard Richard-Lenoir, 11e.

1180 Le Château de Beynac. — 1.300 fr.
1181 Maisons au bord de l'eau (Dordogne). — 750 fr.

DEVAUX (Georgette) — 1929 — née à Armentières. — 55, rue de Rome, 8e.

1182 Jour de tempête sur la côte d'Azur. — 1.200 fr.
1183 Portrait de Mlle M. M... — Appartient à Mlle M. M...

DEVAUX (Roger) — 1925 — né à Paris. — 16, rue Simart, 18e.

1184 Château des Brouillards, Montmartre. — 600 fr.
1185 Arcy-sur-Cure (Yonne). — 500 fr.

DEVERIN (Roger) — 1906 — né à Paris. — 12, rue du Moulin-de-Beurre, 14e.

1186 Falaise à Bruneval (Seine-Inférieure). — 3.000 fr.
1187 Honfleur. — 3.000 fr.

DEVÈZE (Fernand) — 1920 — né à Avignon. — 43, rue Four-de-la-Terre, Avignon (Vaucluse).

1188 Paysage. — 1.400 fr.
1189 Paysage. — 1.400 fr.

DEVILLAIRE (Antoinette) — 1922 — née à Montereau (Seine-et-Oise). — 8, rue Paul-Armandot, Auxerre (Yonne).

1190 Fleurs et fruits. — 1.400 fr.
1191 Etude. — 1.000 fr.

DEVILLE (Jean) — 1902 — né à Lyon. — 41, rue de Paris, à Bièvres (Seine-et-Oise).

1192 Le bois des joncs. — 3.000 fr.
1193 Paysage à Chasseignes. — 4.000 fr.

DEYDIER (René) — 1913 — né à Avignon. — 89, rue Denfert-Rochereau, 14e.

1194 Bal musette. — 3.000 fr.
1195 Cassis, effet de vagues. — 1.500 fr.

DÉZERT (Camille-Félix) — 1908 — né à Puteaux (Seine). — 26, rue Paul-Bert, à Puteaux (Seine).

1196 Matinée d'automne. — 300 fr.
1197 Après-midi d'automne. — 300 fr.

DIEU-AIDE (Mlle Yolande) — 1928 — née à Ancenis (Loire-Inférieure). — 15, boulevard de la Reine, Versailles (Seine-et-Oise).

1198 Surprise par l'orage. — 2.000 fr.
1199 Sur la côte de Belle-Ile-en-Mer. — 3.000 fr.

DIMO (Zita) — 1929 — née à Petrograd — Russe. — 46, rue Hippolyte-Maindron, 14e.

1200 Méditation (plâtre).
1201 Buste (plâtre).

DIPPELL (Harriet) — 1926 — né à Wiborg (Finlande) — Finlandais. — 35, rue Le Marois, 16e.

1202 Étude d'expression. — 2.000 fr.
1203 Nature morte. — 1.000 fr.

DIRAN (Suddjian) — 1929 — né à Constantinople. — 18, rue des Boulangers, 5e.

1204 Les narcisses (peinture). — 2.000 fr.
1205 Une vitrine d'objets :

1. Les deux renards. — 800 fr. ; 2. Groupe oriental. — 1.000 fr. ; 3. Le dernier pierrot. — 500 fr. ; 4. Nu couché. — 400 fr. ; 5. Vase rouge moucheté. — 100 fr. ; 6. Coupe verte mouchetée. — 100 fr.

DOCQUIER (René) — 1930 — né à Nancy. — 8, rue Severo, 14e.

1206 Bertrée, petit village belge. — 400 fr.
1207 Un coin du Parc Montsouris. — 400 fr.

DODEL-FAURE (Mlle Elisabeth) — 1910 — née à Issoire (Puy-de-Dôme). — La Sauvetat (Puy-de-Dôme).

1208 Vieille maison à La Sauvetat. — 900 fr.
1209 Murols. — 900 fr.

DOLLERSCHELL (Edouard) — 1913 — né à Elberfeld — Allemand. — 16 *bis*, rue Bardinet, 14e.

1210 Portrait de moi-même. — 8.500 fr.
1211 Paysanne de Normandie. — 4.500 fr.

DOLLIAC (Henri) — 1921 — né à Paris. — 83, rue de Bagnolet, 20e.

1212 Sculpture (plâtre).
1213 Sculpture (terre cuite).

DOMERGUES (Simone) — 1930 — née à Paris. — 30, rue Charles-Baudelaire, 12e.

1214 Paysage, Pont-Neuf. — 1.000 fr.
1215 Croquis-Illustrations. — 75 fr. chaque croquis ou illustration.

DOMINGO (Francesc) — 1922 — né à Barcelone. — 95, rue de Vaugirard, 6e.

1216 Jour de fête. — 6.000 fr.

DONGEN (Mme Guus Van) — 1922 — Hollandaise. — Hôtel Boby-Lafayette, square Montholon, 9e.

1217 La mer du Nord. — 1.000 fr.
1218 Trégastel (Bretagne). — 1.000 fr.

DORBRITZ (Mlle Marguerite) — 1930 — née à Paris. — 22, rue Falguière, 15e.

1219 Nature morte, chou-fleur. — 350 fr.
1220 Soucis. — 200 fr.

DORÉ (Geneviève) — 1921 — née à Paris. — 107, avenue Henri-Martin, 16e.

1221 Marée basse à Dives. — 600 fr.
1222 Eglise de Tourgeville. — 400 fr.

DORVILLE (Jean) — 1927 — né à Paris. — 6, rue de Lyon, 12e.

1223 Peinture. — 1.500 fr.
1224 Peinture. — 2.000 fr.

DOSSE (André) — 1926 — né à Paris. — 99 *bis*, boul. Brune, 14ᵉ.

1225 Fleurs (aquarelle). — 600 fr.
1226 Fleurs (aquarelle). — 600 fr.

DOUCERET (Jules) — 1927 — né à Paris. — 6, rue Bara, Juvisy (Seine-et-Oise).

1227 Sous-bois. — 800 fr.
1228 Fleurs. — 350 fr.

DOUCET (Jules) — 1924 — né à Paris. — 10, rue Saint-Luc, 18ᵉ.

1229 Coucher de soleil. — 1.200 fr.
1230 La mare. — 1.200

DOUGLAS (Ethel) — 1926 — née à Londres. — Britannique. — 64, rue des Martyrs, 9ᵉ.

1231 Fruits d'automne. — 450 fr.
1232 Feuilles d'automne. — 400 fr.

DOUIS (Gaëtan) — 1926 — né à Orbec (Calvados). — 24, rue de l'Union, Noisy-le-Sec.

1233 Héron butor (sculpture sur bois). — Appartient à l'auteur.
1234 Dromadaire méhari (sculpture sur bois). — Appartient à l'auteur.

DOUYERE (Gaston) — 1930 — né au Havre. — 13, rue Emile-Lepeu, 11ᵉ.

1235 Femme à la chemise rouge. — 1.500 fr.
1236 Portrait du peintre S.-H. Moreau. — Appartient à Mˡˡᵉ X...

DOYSIE (Mˡˡᵉ Jeanne) — 1928 — née à Paris. — 46, boulevard Soult, 12ᵉ.

1237 Peinture.
1238 Peinture.

DRAX (Henri) — 1927 — né à Paris. — 73, av. de Saint-Ouen, 17ᵉ.

1239 Peinture, paysage. — 800 fr.
1240 Une vitrine contenant douze reliures d'art.

DRAY (Simone) — 1929 — née à Reims. — 28, r. Etienne-Marcel, 2ᵉ.

1241 Eglise Saint-Julien-le-Pauvre. — 1.500 fr.
1242 Le Pont-Neuf, place Dauphine. — 1.500 fr.

DREYFUS (Clément) — 1906 — né à Neuf-Brisach (Haut-Rhin). — 46, rue Cardinet, 17ᵉ.

1243 Parc Monceau, matinée de juillet. — 900 fr.
1244 Au Parc Monceau le matin. — 900 fr.

DREYFUS (Raymonde) — 1929 — née à Paris. — 13 *bis*, rue de Chartres, Neuilly-sur-Seine (Seine).

1245 La poupée aux cheveux blancs. — 900 fr.
1246 Nature morte. — 500 fr.

DREYFUS-LEMAITRE (Henri) — 1926 — né à Amiens. — 6, rue du Val-de-Grâce, 5ᵉ.

1247 Peinture.
1248 Peinture.

DREYFUS-STERN (Jean) — 1923 — né à Paris. — 22, rue Saint-Ferdinand, 17ᵉ.

1249 Jour de fête. — 15.000 fr.
1250 Peinture. — 3.000 fr.

DREVET (Régis-L.) — 1929 — né à Lyon (Rhône). — 21, rue Doudeauville, 18ᵉ.

1251 Cathédrale de Sens, intérieur transept sud (peinture). — 12.000 fr.
1252 Cathédrale de Reims, pourtour du chœur (aquarelle). — 4.000 fr.

DRIESBACH (Jean) — 1927 — né à Bar-le-Duc (Meuse). — 21, boulevard Jourdan, 14ᵉ.

1253 Forêt. — 2.500 fr.
1254 P.-L.-M. — 6.000 fr.

DROPPE — 1921 — née à Toulouse-du-Jura (Jura). — 35, rue de Sèvres, 6ᵉ.

1255 Le couronnement. — 2.000 fr.
1256 Notre-Dame de Paris. — 1.000 fr.

DROUARD (Maurice) — 1929 — né à Houilles (S.-et-O.). — 6, rue Cail, 10e.

1257 La maison Henri-IV, à Saint-Valéry-en-Caux (monument historique). — 250 fr.
1258 La Seine à la Frette, effet d'automne. — 500 fr.

DROUET (Eugène) — 1926 — né à Paris. — 5, rue Demours, 17e.

1259 Marine. — 1.000 fr.
1260 Effet de neige. — 1.000 fr.

DROUET-CORDIER — 1920 — née à Paris. — 24, rue de la Folie-Méricourt, 11e.

1261 Enfant aux fondants (marbre). — 1.500 fr.
1262 Fillette sur la terrasse (marbre). — 1.000 fr.

DRZKOVIC (Valentin) — 1926 — né à Velka Polom (Silésie) — Tchécoslovaque. — 15, rue des Lyonnais, 5e.

1263 Les glaneurs de charbon à Moravska Ostrava. — 12.000 fr.
1264 Les glaneurs au repos à Moravska Ostrava. — 12.000 fr.

DUBAUT (Jane) — 1922 — née à Paris. — 75, av. des Ternes, 17e.

1265 Peinture.
1265 *bis* Peinture.

DUBAUT (Pierre) — 1923 — né à Paris. — 75, av. des Ternes, 17e.

1266 Peinture.
1266 *bis* Peinture.

DUBOIS (Anatole) — 1928 — né à Saint-Pétersbourg — Russe. — 3 *bis*, rue Baillou, 14e.

1267 Nu (statue en plâtre). — 2.000 fr.
1268 Nu (statue en plâtre). — 2.000 fr.

DUC (Mlle Marcelle) — 1922 — née à Paris. — 20, rue Edgar-Quinet, Saint-Ouen (Seine).

1269 Christ à la colonne.
1270 Autorretrato.

DUCHESNE (Anna) — 1929 — née à Pétrograd — Russe. — 2, rue Coypel, 13ᵉ.

1271 Peinture. — 1.000 fr.
1272 Peinture. — 1.000 fr.

DUCHESNE (Marie) — 1930 — née à Tours (Indre-et-Loire). — 8, rue Marcellin-Berthelot, à Montreuil-sous-Bois (Seine).

1273 Montreuil, rue Colmet, le 14 juillet. — 1.300 fr.
1274 Saint-Denis, la basilique. — 1.600 fr.

DUCUING (Mˡˡᵉ Yvonne) — 1930 — née à Toulouse. — 4, rue de l'Armorique, 15ᵉ.

1275 Portrait de Mᵐᵉ D...
1276 Portrait de Mᵐᵉ A...

DUFAUT (Gustave) — 1923 — né à Paris. — 26, rue de la Mairie, Boulogne (Seine).

1277 Chemin creux normand. — 800 fr.
1278 Paysage. — 800 fr.

DUFLOS (Robert) — 1925 — né à Rouen. — 4, rue du Faubourg-du-Temple, 11ᵉ.

1279 Nu (pastel). — 2.000 fr.
1280 Chrysanthèmes (peinture). — 1.000 fr.

DUHAMEL (Gaston) — 1928 — né à Rouen. — 20, rue de Buffon, Rouen (Seine-Inférieure).

1281 Port de Rouen. — 1.800 fr. sans cadre.
1282 Nature morte. — 1.500 fr. sans cadre.

DUHAUPAS (Maurice) — 1921 — né à Paris. — 75, rue de Nogent, à Combault (Seine-et-Marne).

1283 La porte du Moulin à Montreuil-Bellay (M.-et-L.). — 800 fr.
1284 Nature morte. — 600 fr.

DUJARDIN-BEAUMETZ (Rose) — 1908 — née à Paris. — 12 *bis*, rue Pergolèse, 16ᵉ.

1285 Midi en juillet, bois du Razès (Aude). — 5.000 fr.

DU MARBORÉ — 1920 — né à Paris, — 46, rue de l'Arbre-Sec, 1er.

1286 Bataille entre les Classiques et les Romantiques à la seconde représentation d'*Hernani*.
1287 Fantine.

DUMAS (Esther) — 1926 — née à Genève — Suisse. — 214, boulevard Raspail, 14e.

1288 Marine, Bretagne (peinture). — 1.000 fr.
1289 Nature morte (camaïeu). — 3.500 fr.

DUMIEN (Henri) — 1928 — né à Boulogne-sur-Seine. — 70, rue d'Auteuil, 16e.

1290 Florentine. — 900 fr.
1291 Portrait. — 900 fr.

DUMONT (Elie-Henri) — 1920 — né à Bordeaux. — 17, rue du Faubourg-Montmartre, 9e.

1292 Fin de journée à Vernon. — 1.200 fr.
1293 Sous-bois au bord du lac. — 1.200 fr.

DUMOULIN (Albert) — 1925 — né à Pont-l'Evêque. — 5, rue de Strasbourg, Asnières (Seine).

1294 Vieilles maisons sur l'Yvie à Pont-l'Evêque. — 500 fr.
1295 Rue Saint-Romain à Rouen. — 500 fr.

DUMOULIN (Georges) — 1911 — né à Vitteaux (Côte-d'Or). — 8, rue Alphonse-Daudet, 14e.

1296 Vieux moulin, effet de neige. — 5.000 fr.
1297 Inondation en Belgique, neige. — 5.000 fr.

DUNOYER (Christiane) — 1930 — née à Saint-Etienne. — 32, avenue Charles-Floquet, 7e.

1298 Peinture. — 500 fr.
1299 Dame en bleu. — Pas à vendre.

DUPLAIN (Ami-Ferdinand) — 1924 — né à La Chaux-de-Fonds — Suisse. — La Chaux-de-Fonds (Suisse).

1300 Paysage méridional. — 3.000 fr.
1301 Paysage méridional. — 3.000 fr.

DUPONT-CRESPIN (Henri) — 1928 — né à Notre-Dame-de-Bondeville (Seine-Inférieure). — Lycée d'Epinal (Vosges).

1302 Chrysanthèmes, vase bleu. — 450 fr.
1303 Eglise Saint-Martin et cour d'antiquaire, Laigle (Orne). — 800 fr.

DUPRE (Frédéric) — 1925 — né à Paris. — 4, rue Honoré-Chevalier, 6e.

1304 Paysage. — 800 fr.
1305 Paysage. — 800 fr.

DUPUIS (Louis) — 1925 — né à Paris. — 10, rue Mouraud, 20e.

1306 La mode : autrefois, aujourd'hui. — 1.500 fr.
1307 Coucher de soleil, clair de lune. — 1.500 fr.

DURAY (Emile) — 1887 — né à Bruxelles. — 9, rue Bleue, 9e.

1308 Eglise des Pénitents (Corrèze). — 800 fr.
1309 Place de la Paroisse, Treignac (Corrèze). — 800 fr.

DURIEUX (René) — 1929 — né à Bordeaux. — 41, rue de Seine, 6e.

1310 Peinture.
1311 Peinture.

DURIEZ-MAZUEL (Marcelle) — 1924 — née à Rueil (S.-et-O.). — 110, rue Ordener, 18e.

1312 Roses. — 300 fr.
1313 Pommes, violettes. — 300 fr.

DUVAL (Pierre) — 1929 — né à Louviers. — 23, rue Duranton, 15e.

1314 Auteuil. — 1.600 fr.
1315 Grenelle. — 800 fr.

1930 - CATALOGUE - 1930

SERVICE DES VENTES
A L'EXPOSITION

Tous les ouvrages mentionnés au présent catalogue sont offerts au public aux prix désignés par les artistes **sans interposition d'aucun intermédiaire**.

Ces prix ne subissent aucune majoration. Les acquisitions sont **exemptes de tous droits, taxes ou impôts.**

MM. les visiteurs trouveront au Secrétariat de l'Exposition tous renseignements concernant la vente des œuvres exposées.

L'Administration de la Société se charge d'aviser les artistes des ventes effectuées ainsi que de la transmission des offres qui pourraient être faites en vue de la réalisation des commandes ou de l'acquisition des ouvrages exposés.

Les bureaux du Secrétariat et du Service de Vente se trouvent près de la sortie de l'Exposition, aux deux extrémités de la galerie de l'Horloge.

E

NOTES

EEKMAN (Nicolas) — 1925 — né à Bruxelles — Hollandais. — 106, rue du Château, Boulogne-sur-Seine.

1316 L'athlète (dessin). — 2.500 fr.
1317 Oiseaux ivres (dessin). — 2.000 fr.

EICKHOFF (Mme Gerda) — 1930 — née à Copenhague — Danoise. — 26, rue du Départ, 14e.

1318 Mon atelier. — 1.000 fr.
1319 Peinture. — 2.000 fr.

EICKHOFF (Gottfred) — 1929 — né à Copenhague — Danois. — 26, rue du Départ, 14e.

1320 Buste (bronze). — Appartient à l'architecte A. M. Andersen.
1321 Buste de jeune homme (bronze).

ELEUTHERIADE (Micaëla) — 1926 — née à Bucarest — Roumaine. — 7, Sh. Belvedere, Bucarest (Roumanie).

1322 Nature morte. — 600 fr.
1323 Nature morte. — 500 fr.

ELVE-MÉROVITCH (Mme Jeanne) — 1926 — née à Paris. — 26, boulevard Rochechouart, 18e.

1324 Le coussin. — 1.500 fr.
1325 Femme au livre. — 1.800 fr.

ENGELBACH (Jacques) — 1924 — né au Havre. — 13, rue des Thermes, Enghien-les-Bains (S.-et-O.).

1326 Intérieur. — 1.000 fr.
1327 Paysage. — 1.000 fr.

ENGEL-ROZIER — 1930 — né à Spa — Belge. — 19, rue F.-Fabre, 15e.

1328 Peinture. — 2.000 fr.
1329 Peinture. — 1.000 fr.

ENGLISH (Harold) — 1925 — né à Omaha (Etats-Unis) — Américain. — 7, rue Cassini, 14e.

1330 Nu.
1331 Paysage.

ERAN (Lise) — 1926 — née à Paris. — 1, rue de Pontoise, 5e.

1332 Une tête. — 2.000 fr.
1333 Une maison à Lancerf en Bretagne. — 1.500 fr.

ERIC (W.) — 1927 — né à Uccle-Bruxelles — Belge. — 7, avenue Ducis, Rueil-Malmaison (S.-et-O.).

1334 Mme Rose Dione (peinture sur panneau). — 900 fr.
1335 Femme en toilette de soirée (peinture sur panneau). — 900 fr.

ERNAULT (Mme Suzanne) — 1926 — née à Pussay (S.-et-O.). — 31, allée Gambetta, Le Raincy (S.-et-O.).

1336 Bégonias (aquarelle). — 800 fr.
1337 Paysage (aquarelle). — 200 fr.

ESCHOLIER (Claude) — 1930 — né à Paris. — 2, rue de Poissy, 5e.

1338 Nu. — 800 fr.
1339 Nature morte. — 350 fr.

ESNOUL (Paul) — 1928 — né à Rennes (I.-et-V.). — 23, rue Félix-Faure, Colombes (Seine).

1340 Paysage. — 1.400 fr.
1341 Marine. — 1.800 fr.

ESOR (Mme Rose) — 1929 — née à Saint-Amand. — 39, rue Victor-Massé, 9e.

1342 Un coq et ses poules. — 1.500 fr.
1343 Nature morte. — 1.200 fr.

ESPARBÈS (Jean d') — 1927 — né à Verneuil-sur-Seine. — 55, rue de Douai, 9e.

1344 L'homme aux démons. — Collection de M. D...
1345 L'artiste. — Collection de M. D...

ESTIVAL (Germaine) — 1928 — née à Brassac-les-Mines. — 19, avenue Gambetta, 20e.

1346 La Petite-Roquette. — 3.000 fr.
1347 Banlieue. — 1.200 fr.

ETERNOD (Marcel d') — 1924 — Suisse. — 3, chemin de Beaumont, Genève (Suisse).

1348 Port d'Antibes. — 2.000 fr.
1349 Roches, Cap d'Antibes. — 3.000 fr.

ETÈVE (Forlis-Raoul) — 1921 — né à Montmorillon (Vienne). — 2, rue Louis, Antony (Seine).

1350 Matinée d'automne à Villebon, vallée de Chevreuse. — 3.000 fr.
1351 Le ruisseau, effet de neige au crépuscule. — 1.800 fr.

ETIENNE (René) — 1929 — né à Bois-Colombes (Seine). — 41, rue Lecourbe, 15e. Tél. : Ségur 17-80.

1352 Solitude (étude). — 3.800 fr.
1353 Coin célèbre. — 3.500 fr.

ETTERAC (Marcelle) — 1923 — née à Paris. — 6, rue Edouard-Detaille, 17e.

1354 Bouquet de dahlias. — 1.200 fr.
1355 Bouquet de roses. — 1.200 fr.

EUBERLOT (Dominique) — 1924 — né à Ploërmel (Morbihan). — 13, marché des Capucins, Marseille.

1356 Paysage. — 1.200 fr.
1357 Paysage. — 1.200 fr.

EUSTACHE (André) — 1923 — né à La Coucourde (Drôme). — 25, avenue de La Bourdonnais, 7e.

1358 Matin sur la Leyne (Drôme). — 400 fr.
1359 Route ensoleillée (Drôme). — 200 fr.

EVARD (André) — 1925 — né à Renan — Suisse. — 35, Tourelles, La Chaux-de-Fonds (Suisse).

1360 Peinture. — 1.500 fr.
1361 Peinture. — 1.500 fr.

EVERART (Mme Marthe) — 1926 — née à Paris. — 233, rue du Faubourg-Saint-Honoré, 8e.

1362 L'attente. — 800 fr.
1363 Dans le monde des poupées. — 500 fr.

EWALD (Albert) — 1911 — né à Paris. — 4, rue Edmond-Valentin, 7e.

1364 Morbihan (peinture). — 2,000 fr.
1365 Vitrine de céramiques.

EYMAR (Louis-Charles) — 1930 — né à Montpellier. — 11, rue de la Loge, Montpellier (Hérault).

1366 Portrait de l'écrivain chinois Cheng-Tcheng. — 2,000 fr.
1367 Portrait. — 2,000 fr.

F

1930 - CATALOGUE - 1930

SERVICE DES VENTES
A L'EXPOSITION

Tous les ouvrages mentionnés au présent catalogue sont offerts au public aux prix désignés par les artistes **sans interposition d'aucun intermédiaire.**

Ces prix ne subissent aucune majoration. Les acquisitions sont **exemptes de tous droits, taxes ou impôts.**

MM. les visiteurs trouveront au Secrétariat de l'Exposition tous renseignements concernant la vente des œuvres exposées.

L'Administration de la Société se charge d'aviser les artistes des ventes effectuées ainsi que de la transmission des offres qui pourraient être faites en vue de la réalisation des commandes ou de l'acquisition des ouvrages exposés.

Les bureaux du Secrétariat et du Service de Vente se trouvent près de la sortie de l'Exposition, aux deux extrémités de la galerie de l'Horloge.

FABIAN (Henri) — 1912 — né à Etampes (S.-et-O.). — 38, rue de Saintonge, 3e.

1368 Paysage. — 500 fr.
1369 Au cirque. — 350 fr.

FALCOU (Pierre-Jean) — 1924 — né à Paris. — 2, rue Saint-Lazare, Colombes (Seine).

1370 Etude, départ de course. — 800 fr.
1371 Notre-Dame-de-la-Joie, Penmarc'h. — 1.200 fr.

FALK (Robert) — 1930 — Russe. — 28, rue Michel, 13e.

1372 Peinture. — 7.000 fr.
1373 Peinture. — 15.000 fr.

FALQUE (Louise) — 1929 — née à Grenoble. — Saint-Escobille, par Authon-la-Plaine (S.-et-O.).

1374 Buste de Mme F...

FALTER (Marcel) — 1914 — né à Dieuze (Moselle). — 6, rue des Ecoles, 5e.

1375 Poissons. — 1.500 fr.
1376 Peinture.

FALVARD (Maurice) — 1929 — né à La Ferté-Macé (Orne). — 7, sente du Clos-Lamotte, Le Pré-Saint-Gervais (Seine).

1377 Intérieur breton (peinture). — 1.500 fr.
1378 Bateaux de pêche (aquarelle gouachée). — 1.000 fr.

FARDEL (Robert) — 1923 — né à Besançon. — 30, rue Belgrand, 20e.

1379 Eglise et campanile près Lugano. — 3.000 fr.
1380 Couvent sur le lac de Lugano. — 3.000 fr.

FARRAR (Charles-Brooke) — 1926 — né à Bedford (Angleterre) — Anglais. — Lynwood, Pemberly Avenue, Bedford (Angleterre).

1381 Peinture.
1382 Peinture.

FATH (Richard) — 1925 — né à Paris. — 26, rue Elisabeth, Villeneuve-Saint-Georges (S.-et-O.).

1383 Enfant au lévrier. — 5.000 fr.

FAU (Pierre) — 1906 — né à Paris. — 21, rue Le Peletier, 9e.

1384 Vue de Boves (Piémont). — 5.000 fr.
1385 Vue de Boves (Piémont). — 5.000 fr.

FAUCHET (Toty) — 1922 — née à Paris. — 97, rue Jouffroy, 17e.

1386 La fontaine à Saint-Paul. — 3.000 fr.
1387 Contre-jour à Saint-Tropez. — 2.000 fr.

FAUCHIER (Ch.) — 1925 — né à La Châtre. — Rue Nationale, La Châtre (Indre).

1388 Le marché d'Issoudun. — 1.000 fr.
1389 Le marché de La Châtre. — 1.000 fr.

FAUCONNIER (Emma) — 1926 — née à Coy-Inlet — Argentine. — 4 *bis*, rue Duméril, 13e.

1390 Fleurs. — 450 fr.
1391 Nature morte. — 400 fr.

FAURE (Alphonsine) — 1922 — née à Buxières. — 23, rue Beaugendre (allée privée), Chatou (S.-et-O.).

1392 Roses (aquarelle). — 700 fr.
1393 Jonquilles et violettes. — 600 fr.

FAURE (Léon-Auguste) — 1924 — né à Bayonne (Basses-Pyrénées). — 5, cité du Cardinal-Lemoine, 5e.

1394 Peinture.
1395 Peinture.

FAURE (Paul-Félix) — 1929 — né à Rabastens (Tarn). — 16, rue Lally-Tollendal, 19e.

1396 Aube sur le Tarn. — 650 fr.
1397 Le Tarn à Saint-Juéry. — 650 fr.

FAUST (Joseph) — 1926 — né à Toulon. — 4, quai du Canal, Marseille.

1398 Nature morte (fleurs). — 1.500 fr.
1399 Paysage de Provence. — 1.500 fr.

FAUX (Maxime) — 1929 — né à Paris. — 13, rue Saint-Luc, 18e.

1400 Vallée de la Bièvre. — 300 fr.
1401 Peinture. — 400 fr.

FAVÉ (Paul-Laurent) — 1926 — né à Montereau. — 16, rue du Château, Moret (S.-et-M.), et 2, rue de la Mairie, Ivry (Seine).

1402 Peinture.
1403 Peinture.

FAVORY (Mlle Françoise) — 1930 — née à Dortmund. — 70, avenue du Maine, 14e.

1404 Thé de « rombières ». — 500 fr.
1405 Coin de Paris. — 500 fr.

FAVRE (Louis) — 1920 — né à Annemasse (Haute-Savoie). — 44, rue de la Tour-d'Auvergne, 9e.

1406 Minaret à Casablanca. — 1.800 fr.
1407 Peinture.

FAVRE (Pierre) — 1924 — né à Paris. — 24, passage Verdeau, 9e.

1408 Composition. — 3.000 fr.
1409 Peinture. — 2.000 fr.

FAYET (Suzanne) — 1926 — née à Paris. — 52 *bis*, boulevard Saint-Jacques, 14e.

1410 Monnaie du pape. — 200 fr.
1411 Étude à Paris. — 450 fr.

FEDOROVITCH (Sophia) — 1923 — née en Russie — Polonaise. — 83, boulevard du Montparnasse, 14e.

1412 Hammam. — 7.000 fr.

FEGDAL (Mme Suzanne) — 1922 — née à Paris. — 6, rue du Louvre, 1er.

1413 Peinture.
1414 Peinture.

FERNANDEZ (Louis) — 1930 — né à Oviedo (Espagne) — Espagnol. — 4, rue du Commandant-Leandri, 15e.

1415 Le chat (sculpture) (granit noir). — 2.000 fr.
1416 Peinture. — 500 fr.

FERNAND-TROCHAIN (Jean) — 1910 — né à Rueil (S.-et-O.). — 4, rue Camille-Tahan, 18e.

1417 Saint-Germain-des-Prés. — 3.500 fr.
1418 Nature morte. — 1.200 fr.

FERNEL (Fernand) — 1922 — né à Bruxelles — Belge. — 20, avenue du Chemin-de-Fer, Rueil (S.-et-O.).

1419 Jour de fête, le 14 juillet à Saint-Pierre-en-Port (peinture). — 2.000 fr.
1420 Croquis des Fratellini et du public (dessins). — 1.500 fr.

FÉRON (Julien) — 1910 — né à Saint-Jean-du-Cardonnay. — A Gassin (Var).

1421 Fête au village. — 1.250 fr.
1422 Vieille maison normande. — 1.250 fr.

FERRARI (Marcel-Jacques) — 1929 — né à Saint-Maur-les-Fossés (Seine). — 103, rue Saint-Antoine, 4e.

1423 Nature morte. — 1.200 fr.
1424 Pont-Marie. — 1.000 fr.

FERRIER (Maurice) — 1924 — né à Mustapha (Alger). — 1, rue Grange-Batelière, 9e.

1425 Lever de lune sur l'Océan. — 600 fr.
1426 Soirée d'automne dans les marais d'Amiens. — 300 fr.

FESCHOTTE (Henri) — 1908 — né à Lyon. — 3, rue de Buenos-Ayres, 7e.

1427 Paysage, les vieux moulins de Meaux (pastel). — 150 fr.
1428 Paysage (peinture). — 200 fr.

FETEL (Pierre) — 1921 — né à Loon-plage (Nord). — 67, avenue de Ségur, 7e.

1429 Bords de l'Armançon, Semur. — 1.100 fr.
1430 Concarneau, le port. — 700 fr.

FEUARDENT (Georges) — 1927 — né à Paris. — 15, rue Henri-Monnier, 9e.

1431 Les chiens ne sont pas admis dans les squares. — 2.800 fr.
1432 Les falaises dans la Hague. — 1.600 fr.

FEUGÈRE-MOUTON (Marguerite) — 1925 — 16, pl. Dauphine, 1er.

1433 Peinture. — 1.000 fr.
1434 Peinture, nature morte. — 600 fr.

FEUILLATTE (Raymond) — 1929 — né à Neuilly-sur-Seine. — 5, villa des Sablons, Neuilly (Seine).

1435 Saltimbanque. — 2.500 fr.
1436 Les saules en novembre. — 2.000 fr.

FEYGUINE (Grégoire) — 1930 — né à Moscou. — 15, avenue de La Bourdonnais, 7e.

1437 Peinture. — 1.000 fr.
1438 Peinture. — 1.200 fr.

FIALIN (Georges) — 1921 — né à Moulins (Alliers). — 15, rue de Maubeuge, 9e.

1439 Soir à Saint-Tropez. — 850 fr.
1440 Port des pêcheurs, Saint-Tropez. — 900 fr.

FIÉVET (Eugène) — 1930 — né à Bruxelles. — 50 *bis*, rue du 22-Septembre, escalier 15, Bécon, commune de Courbevoie (Seine).

1441 Grande tête de tigre royal. Tableau confectionné entièrement à l'aide de vignettes postales (teintes blanches et noires comprises), 25.000 morceaux employés. — 30.000 fr.

FILLEUL (Paul) — 1930 — né à Paris. — 33, rue de Longchamp, 16ᵉ.

1442 Fruits. — Pas à vendre.
1443 Fleurs. — Pas à vendre.

FLAGEL-CARRETTE (Mme Henriette) — 1928 — née à Paris. — 232, rue de Rivoli, 1er.

1444 La danse « Petite Dolly » (peinture). — 500 fr.
1445 Dans un même cadre : six pointes sèches d'après la petite Dolly, danseuse, et une pointe sèche : Cours d'acrobatie du clown Béby. Cirque de Paris. — 75 fr. chaque épreuve.

FLAMENT (André) — 1930 — né à Paris. — 12, allée du Rond-Point, Orly (Seine).

1446 Portrait de Raymond Hubert. — 1.500 fr.
1447 Portrait de Roger Normand. — 1.500 fr.

FLAUBERT (Louis) — 1920 — né à Paris. — 9, rue des Deux-Boules, 1er.

1448 Le charmeur (statue d'enfant grandeur naturelle), modèle unique, en toute propriété. — 1.150 fr.
1449 Espérance (bas-relief modèle unique, en toute propriété. — 600 fr.

FLEURIVAL (Maurice) — 1930 — né en Russie. — 5, rue de Parme, 9ᵉ.

1450 La Seine à Vernon (Eure). — 2.800 fr.
1451 Sainte-Marine (Finistère). — 2.800 fr.

FLEURQUIN (Odile) — 1930 — née à Paris. — 31, rue La Fontaine, 16ᵉ.

1452 Etude.
1453 La Seine.

FLEURY (Charles) — 1924 — né à Saint-Satur. — 17, avenue de Gennevilliers, Colombes (Seine).

1454 Les Portiques de Notre-Dame. — 1.500 fr.
1455 Je suis la lumière du monde. — 800 fr.

FLORE (Mme Julia) — 1930 — née à Boulogne-sur-Mer. — 9 *bis*, rue Jouvencel, Versailles (S.-et-O.).

1456 Jour de printemps. — 6.000 fr.
1457 Tête de Parisienne 1929. — 2.500 fr.

FLORIAN (Georges) — 1927 — né à Jojeb — Roumain. — 58, rue Daguerre, 14e.

1458 Peinture, Salomé. — 10.000 fr.
1459 Peinture. — 10.000 fr.

FLORIAS (Tin) — 1924 — né à Corfou (Grèce — Hellène. — 110, rue Lepic, 18e.

1460 Portrait de Miss Clark. — Pas à vendre.
1461 Portrait. — Pas à vendre.

FLOURENS (Renée) — 1907 — née à Paris. — 82, rue du Ranelagh, 16e.

1462 La femme rose. — 1.500 fr.
1463 Fleurs. — 1.500 fr.

FLYE-SAINTE-MARIE (Pierre) — 1928 — né à Avallon (Yonne). — Kerguen-en-Arradon (Morbihan).

1464 Bédouine. — 800 fr.
1465 Esclave à vendre (étude). — 1.000 fr.

FOCH-KO (Joseph) — 1930 — né à Odessa — Américain. — Chez M. Kozloff, 81, rue de la Convention, 15e.

1466 Peinture.
1467 Peinture.

FOIDART (René) — 1926 — né à Paris. — 45, rue Nollet, 17e.

1468 Le vieux pont de Sospel.
1469 Vue sur Touët-de-Beuil.

FONSEQUE (Maxime) — 1929 — né à Bordeaux. — 11, rue Jean-de-Beauvais, 5ᵉ.

1470 Une vitrine de reliures d'art. — Pas à vendre.

FONTAINE (Gaston) — 1924 — né à Tours. — 18, rue Malher, 4ᵉ.

1471 Peinture.
1472 Peinture.

FONTAINE (Henri) — 1930 — né à Lyon. — 4, rue Pravaz, Lyon.

1473 Le Brusc (Var), paysage. — 2.500 fr.
1474 Le Brusc (Var), paysage. — 2.500 fr.

FONTAYNE (René) — 1929 — né à Vergèze (Gard) — 21, avenue du Parc-Montsouris, 14ᵉ.

1475 Le port du Yaudet. — 4.000 fr.
1476 Fleurs. — 2.300 fr.

FONTENE (Robert) — 1924 — né à Paris. — 33, rue Denfert-Rochereau, 5ᵉ.

1477 Peinture
1478 Peinture.

FONTENEAU (Jean) — 1920 — né à Tours. — 133, rue du Ranelagh, 16ᵉ.

1479 Marguerites et soucis. — 1.000 fr.
1480 Coucher de soleil en mer. — 450 fr.

FONTI (Wanda) — 1930 — née à Lugano — Suisse. — Via Somaini, Lugano (Suisse).

1481 Paysages tessinois. — 500 fr.

FORCONI (Jacques) — 1926 — né à Calais. — 123, avenue du Président-Wilson, La Plaine-Saint-Denis (Seine).

1482 Peinture. — 500 fr.
1483 Peinture. — 500 fr.

FOREST (Flavien) — 1924 — né à Paris. — 15, rue de Marignan, 8e.

1484 Fleurs d'automne.
1485 Pergola fleurie.

FORESTIER (Etienne) — 1913 — né à Paris. — 22, rue Saint-Ferdinand, 17e.

1486 Vierge et enfant (pierre des Andelys).
1487 Tête humaine (pierre des Andelys).

FOUCAULT (André) — 1929 — né à Villeneuve-Saint-Georges. — 31, boulevard de Reuilly, 12e.

1488 Nature morte. — 800 fr.
1489 Paysage. — 800 fr.

FOULET (Louis) — 1921 — né à Montluçon. — 54, rue Lamartine, 9e.

1490 La plage d'Yport. — 700 fr.
1491 L'église de Contrevroult. — 700 fr.

FOULLIOUX (Fernand) — 1929 — né à Egletons (Corrèze). — 24, rue de Staël, 15e.

1492 Nu, Désir. — 9.000 fr.
1493 Marine, grosse mer à l'Estacade Marie-Christine, Le Havre. — 2.000 fr.

FOURMAINTRAUX-WINSLOW (Rachel) — 1927 — née à Londres. — 75 *bis*, rue Porte-Gayole, Boulogne-sur-Mer (P.-de-C.).

1494 Le Pont-Neuf (aquarelle). — 400 fr.
1495 Maisons de pêcheurs, Equihen (aquarelle). — 400 fr.

FOURNIER (Anaïs-Marie) — 1924 — née à Paris. — 15, rue de l'Abbé-Grégoire, 6e.

1496 En Auvergne. — 500 fr.
1497 Paysage. — 500 fr.

FOURNIER (Emile-François) — 1930 — né à Cairanne (Vaucluse).

1498 Nature morte, souvenirs de la grande guerre. — 2.500 fr.

1499 Paysage de Provence, un coin de Vaison. — 850 fr.

FOURQUET (Eugène) — 1929 — né à Saint-Laurent-de-Neste (Hautes-Pyrénées). — 146, rue du Château-des-Rentiers, 13e.

1500 Son dernier sommeil. — 6.500 fr.
1501 Reposons-nous! — 400 fr.

FOY (André) — 1913 — né à Paris. — 63, boulevard Pereire, 17e.

1502 Interprétation en « gros plan » de M. Pauley, des Variétés. — 6.000 fr.
1503 Etude. — 1.500 fr.

FRANC (Pierre) — 1909 — né à Fontenay-aux-Roses (Seine). — 24, rue Fabert, 7e.

1504 Fleurs dans un parc. — 2.400 fr.
1505 Vase de fleurs. — 1.000 fr.

FRANCESCHI (Marthe) — 1927 — née à Besançon (Doubs). — 4, rue Sainte-Geneviève, Courbevoie (Seine).

1506 Deux amies. — 1.500 fr.
1507 Maternité. — 2.000 fr.

FRANCHI (Cyprien) — 1930 — né à Paris. — 56, avenue Daumesnil, 12e.

1508 La chute d'Icare (dessin). — 600 fr.
1509 Méduse (dessin). — 600 fr.

FRANCK (Henri) — 1909 — né à Grenoble (Isère). — Chez M. François Flandrin, 38, rue Lépante, Nice (Alpes-Maritimes).

1510 Dans la prairie, le matin. — 1.200 fr.; avec cadre 1.250 fr.
1511 Souvenir de Digne. — 600 fr.; avec cadre 650 fr.

FRANÇOIS (Gustave) — 1930 — né à Genève — Suisse. — 71, boulevard de la Cluse, Genève (Suisse).

1512 Nu. — 14.000 fr.
1513 Nu de dos. — 3.500 fr.

FRANÇOIS (Léo) — 1923 — né à Lyon. — 1, rue St-Eleuthère, 18ᵉ.

1514 Vieilles maisons sur l'Allier. — 2.500 fr.
1515 Sous-bois. — 2.500 fr.

FRANQUELIN (Eve) — 1930 — née à Paris. — 47, rue de Mora, Enghien-les-Bains (S.-et-O.).

1516 La Gare. — 4.000 fr.
1517 Nature morte. — 2.000 fr.

FRANTZ (Hippolyte) — 1922 — né à Paris. — 30, rue Monsieur-le-Prince, 6ᵉ.

1518 Le matin dans la roseraie. — 3.500 fr.
1519 Soleil d'automne au Luxembourg. — 2.500 fr.

FREDERIC — 1926 — né à Paris. — 6, rue Garreau, 18ᵉ.

1520 Intérieur. — 4.000 fr.
1521 Peinture. — 2.000 fr.

FREDEDIC-TOURTE (Pierre) — 1927 — né à Cazères (Haute-Garonne). — 35, rue de la Tombe-Issoire, 14ᵉ.

1522 Masque de jeune fille (bronze). — 2.000 fr.
1523 Buste de jeune enfant (grès). — 1.600 fr.

FRELEZEAU (Jean) — 1928 — né à Dijon. — 4, place Clichy, 9ᵉ.

1524 Peinture.
1525 Peinture.

FREMONT (Pierre) — 1920 — né à Paris. — Petit Carillon, pont rive gauche, Triel-sur-Seine (S.-et-O.).

1526 Jeanne d'Arc.
1527 La Seine à Triel.

FREUNDLICH (Otto) — 1928 — né à Stolp — Allemand. — 24, rue Bonaparte, 6ᵉ.

1528 Pastel. — 1.000 fr.
1529 Pastel. — 1.000 fr.

FREYMONT (Florimond) — 1930 — né à Raismes (Nord). — 62, square Leibnitz, pavillon I, 18e.

1530 Nenette. — 350 fr.
1531 Portrait. — Appartient à M. Moyau.

FREY-SURBEK (Marguerite) — 1923 — née à Delémont — Suisse. — 51, rue des Gentilshommes, Berne (Suisse).

1532 Corse (aquarelle). — 500 fr.
1533 Corse (aquarelle). — 500 fr.

FRIED (Théodore) — 1928 — né à Budapest — Hongrois. — 12, rue Tisserand, Boulogne-sur-Seine.

1534 Couple de pianos à queue. — 8.000 fr.
1535 Portrait (composition). — 4.000 fr.

FRIÈS (Raoul) — 1930 — né à Paris. — 68, rue Championnet, 18e.

1536 Eglise du vieux Cagnes. — 2.000 fr.
1537 Le vieux Cagnes. — 2.000 fr.

FRIMAT (Jules) — 1927 — né à Paris. — 7, rue Tardieu, 18e.

1538 Dahlias variés. — 1.650 fr.
1539 Roses rouges. — 1.250 fr.

FRIPPIER (Raoul) — 1912 — né à Paris. — 50, rue Berthe, 18e.

1540 Le vieux noyer, forêt de Sénart. — 450 fr.
1541 Les moulins de Montigny-sur-Loing. — 750 fr.

FRITSCH (Emile) — 1928 — né à Brunstatt (Haut-Rhin). — 235, rue d'Alésia, 14e.

1542 Jeunes chiens. — 600 fr.
1543 Chien. — 300 fr.

FROLICH (Charles) — 1921 — né à Constantinople — Suisse. — 17, avenue Trudaine, 9e.

1544 Départ pour la pêche. — 2.500 fr.
1545 Nature morte. — 1.200 fr.

FROMENT (Mme Jeanne) — 1922 — née à Lagny (S.-et-M.). — 1, rue Nungesser-Coli, Sèvres (S.-et-O.).

1546 Moutons. — 1.500 fr.
1547 Poules. — 1.500 fr.

FRUH (Oscar) — 1925 — né à Teufen (Suisse) — Suisse. — 22, rue de Fontenay, Sceaux (Seine).

1548 Jour de fête. — 2.500 fr.
1549 Chevaux. — 2.200 fr.

FUKUSHIMA (Kin-Ichiro) — 1930 — né à Okoyama — Japonais. — 138, rue de la Tombe-Issoire, 14e.

1550 Peinture.
1551 Peinture.

FUMO (Mario) — 1930 — né à Naples (Italie) — Italien. — 47, boulevard de l'Ouest, Le Raincy (S.-et-O.).

1552 Marine de Sapri (Italie). — 2.800 fr.
1553 Odalisque. — 2.000 fr.

FUNCK-HELLET (Mme Madeleine) — 1926 — née à Clichy. — 25, avenue Gambetta, Clichy (Seine).

1554 Peinture.
1555 Peinture.

FURBY (Charles-Jean) — 1926 — né à Aix-en-Provence. — 15, rue de Madrid, 8e.

1556 Notre-Dame-de-la-Garde. — 950 fr.
1557 Provence. — 800 fr.

NOTES

G

1930 - CATALOGUE - 1930

SERVICE DES VENTES
A L'EXPOSITION

Tous les ouvrages mentionnés au présent catalogue sont offerts au public aux prix désignés par les artistes **sans interposition d'aucun intermédiaire**.

Ces prix ne subissent aucune majoration. Les acquisitions sont **exemptes de tous droits, taxes ou impôts**.

MM. les visiteurs trouveront au Secrétariat de l'Exposition tous renseignements concernant la vente des œuvres exposées.

L'Administration de la Société se charge d'aviser les artistes des ventes effectuées ainsi que de la transmission des offres qui pourraient être faites en vue de la réalisation des commandes ou de l'acquisition des ouvrages exposés.

Les bureaux du Secrétariat et du Service de Vente se trouvent près de la sortie de l'Exposition, aux deux extrémités de la galerie de l'Horloge.

GAI (Stano) — 1923 — née à Pétrograd — Polonaise. — 24, rue Bonaparte, 6°.

1558 Portrait.
1559 Peinture.

GAIGNERON (Jean-René de) — 1926 — né à Paris. — 70, rue de Ponthieu, 8°.

1560 Lever de soleil. — 4.000 fr.
1561 Soirée d'Anjou. — 4.000 fr.

GAILLARD (Paul-Benoît) — 1921 — né à Langres. — 7, rue Edouard-Jacques, 14°.

1562 Composition. — 5.000 fr.
1563 Paysage. — 2.300 fr.

GALEANI (Jean) — 1910 — né à Montpellier (Hérault). — 74, rue de Turenne, 3°.

1564 Le 14 juillet. — 10.000 fr.
1565 Sécurité sociale. — 3.000 fr.

GALLE (Marcel) — 1927 — né à Paris. — Maison Roure, Amélie-les-Bains (Pyrénées-Orientales).

1566 Paysage.
1567 Paysage.

GALLINA (Eugène) — 1922 — né à Paris. — 6, rue de la Sablière, 14°.

1568 Mareyeuses dans l'attente (Audierne). — 2.500 fr.
1569 Chemin à Cézy (Yonne).

GALLOIS (Emile) — 1921 — né à Ligny-en-Barrois (Meuse). — 73, boulevard Magenta, 10°.

1570 Bords de la Loire en automne. — 1.200 fr.
1571 Cannes et l'Estérel. — 1.000 fr.

GALLOIS (Jean) — 1930 — né à Thionville. — 60, rue Saint-Maur, Rouen (Seine-Inférieure).

1572 Vitrine contenant des projets de papiers peints et étoffes.

GANGLOFF (Mme Maria) — 1913 — née à Lyon. — 89, rue de Vaugirard, 6e.

1573 Peinture.
1574 Peinture.

GANTREL (Marius) — 1924 — né à Pantin. — 6, rue de Candale, Pantin (Seine).

1575 Trois jeunes filles nues. — 6.000 fr.
1576 Portrait. — Appartient à Mme X...

GANUCHAUD (Paul) — 1907 — né à Paris. — 14, rue François-Guibert, 15e.

1577 Une vitrine renfermant :
Coupe Cérès (céramique). — 680 fr. ; Pomone (céramique). — 200 fr. ; Jeune fille au hennin (céramique). — 300 fr. ; Cendrier aux canards (céramique). — 120 fr. (Édités par les « Ateliers D'Argyl ».)

GARCIN (Mlle J.-Laure) — 1929 — née à Paris. — 18, rue des Plantes, 14e.

1578 Composition.
1579 Peinture.

GARDNER (Mlle Mabel) — 1923 — née à Providence — Américaine. — 36, avenue de Châtillon, 14e.

1580 Jeune mère. — 3.000 fr.
1581 Paysanne. — 1.500 fr.

GARINE (Viatcheslav) — 1925 — né à Nicolaïev (Russie) — Russe. — 14, cité Falguière, 15e.

1582 La famille qui fut. — 17.000 fr.
1583 Chanson d'amour. — 5.000 fr.

GARMILLA (Magdalena) — 1929 — née à Madrid — Espagnole. — 51, rue Hippolyte-Maindron, 14e.

1584 Peinture. « Le ciel, la terre et l'enfer ». — 15.000 francs.

1585 Une vitrine contenant 7 objets céramique :
1. Plat rond. — 1.000 fr.; 2. Plat rond. — 1.000 fr.; 3. Plat rond. — 1.000 fr.; 4. Grand plat rond. — 2.600 fr.; 5. Vase. — 1.000 fr.; 6. Vase. — 7.000 fr.; 7. Vase. — 5.000 fr.

GARNOT (André) — 1905 — né à Paris. — 23, boulevard Gouvion-Saint-Cyr, 17e.

1586 Cinéma. — 1.500 fr.
1587 Plage en Gironde. — 1.500 fr.

GARROUSTE (Henri) — 1930 — né à Paris. — 8, galerie Vivienne.

1588 Mirage. — 2.000 fr.
1589 Fin d'automne. — 500 fr.

GARRY (Charley) — 1927 — né à Paris. — 10, rue Saint-Senoch, 17e. Tél. : Carnot 78-72.

1590 Nu (peinture à l'huile). — 3.500 fr.
1591 Etude de femme (sanguine). — 2.000 fr.

GARSOIAN (Inna) — 1929 — née à Nakhitchevan — Arménienne. — 122, boulevard Murat, 16e.

1592 Nature morte. — 1.500 fr.
1593 Nu. — 1.000 fr.

GASSE (Christian) — 1924 — né à Maintenon (E.-et-L.). — 10, avenue Juliette-Pauline, Colombes (Seine).

1594 Paysage. — 1.200 fr.
1595 Roses. — 1.500 fr.

GASSLER (Josef) — 1927 — né à Austerlitz — Autrichien. — 83, boulevard Brune, 14e.

1596 Peinture. — 5.000 fr.
1597 Peinture. — 5.000 fr.

GATIER (Pierre) — 1903 — né à Toulon. — 7, rue Antoine-Chantin, 14e.

1598 La Roque-Gajeac (Dordogne). — 3.500 fr.
1599 Limeuil (confluent de la Vézère et de la Dordogne). — 3.500 fr.

GAUDEAUX (Léon) — 1920 — né à Blamont (M.-et-M.). — 50, rue Pixérécourt, 20e.

1600 Le pont Marie, rue de l'Ile-Saint-Louis.— 1.000 fr.
1601 Paysage d'hiver. — 700 fr.

GAUDIN (Olivier-Paul) — 1929 — né à Paris. — 72, avenue des Ternes, 17e.

1602 Ile de Groix : bateaux au mouillage. — 1.200 fr.
1603 Etude. — 1.200 fr.

GAUDO-PAQUET (Chou) — 1930 — né à Amiens. — 23, rue Oudinot, 7e.

1604 Jeune homme lisant. — 2.000 fr.
1605 Poires. — 1.500 fr.

GAULET (Henry) — 1902 — né à Paris. — 84, chaussée de l'Etang, Saint-Mandé (Seine).

1606 Peinture. — 5.000 fr.
1607 Peinture. — 5.000 fr.

GAUTHIER (Alfred) — 1922 — né à Buccy-lès-Gy (Haute-Saône). — 49, rue des Changes, Chartres (E.-et-L.).

1608 Intérieur de la cathédrale de Chartres, autour du chœur. — 1.000 fr.
1609 Rue arabe, à Blida (Algérie). — 800 fr.

GAUTHIER (Zina) — 1925 — née à Kazan (Russie). — 9, rue de Ridder, 14e.

1610 Peinture. — 5.000 fr.
1611 Peinture. — 3.000 fr.

GAZAGNE (Marguerite) — 1928 — née à Montreuil-sous-Bois. — 6, boulevard Richard-Lenoir, 11e.

1612 Jeune fille. — 1.500 fr.
1613 Paysage. — 800 fr.

GEE (Yun) — 1928 — né à Canton (Chine) — Chinois. — Chez le Dr Mase Rosebery, 11, avenue de Breteuil, 7e.

1614 Grand et petit voleur. — Appartient à la princesse Achille Murat.
1615 Ma conception du Christ. — 2.500 fr.

GELINET (Marcel) — 1921 — né à Marseille. — 83, rue de Courcelles, 17e.

1616 Portrait de Mme G... — Appartient à Mme G...
1617 Nu. — 4.000 fr.

GELOT (Raymonde) — 1923 — née à Paris. — 23, r. Jouffroy, 17e.

1618 Pastel. — 1.000 fr.
1619 Pastel. — 1.000 fr.

GEN (René) — 1922 — né à Laxou (M.-et-M.). — 94, boulevard de Port-Royal, 5e.

1620 Jour de fête, 14 Juillet à Montparnasse. — 2.000 fr.
1621 Peinture. — 1.500 fr.

GENASI (Alfred) — 1923 — né à Fribourg-en-Brisgau. — 73, rue du Président-Wilson, Asnières (Seine).

1622 Bassins et Lieutenance d'Honfleur. — 1.000 fr.
1623 Pêcheurs de moules (Honfleur). — 400 fr.

GENNARO (Gaëtan de) — 1921 — né à Naples — Italien. — 18, avenue Rachel, 18e.

1624 Chanteur de jazz. — 25.000 fr.
1625 Parisienne noire. — 5.000 fr.

GENTA (Albert) — 1930 — né à Paris. — 48, r. Etienne-Marey, 20e.

1626 Printemps. — 3.000 fr.
1627 La mort des amants. — 5.000 fr.

GENTA (Jos-Hyacinthe) — 1922 — né à Turin — Italien. — 48, rue Etienne-Marey, 20e.

1628 Nu. — 3.200 fr.
1629 Souvenir des fortifs. — 4.100 fr.

GENTILS-CAMBY (Edouard) — 1921 — né à Dax (Landes). — 9, rue Campagne-Première, 14e.

1630 Le ruban vert. — 1.200 fr.
1631 Ma mère. — Appartient à Mme R. G...

GÉO-CIM (Georges) — 1930 — né à Saint-Germain-les-Lure. — 18, rue Christine, Cherbourg (Manche).

1632 Un gueux, l'hiver. — 1.200 fr.
1633 « Barcou » de la Hague. — 1.200 fr.

GEO-GIRARD (Georges) — 1928 — né à Paris. — 42, rue de la République, Maisons-Laffitte (S.-et-O.).

1634 Effet de couchant sur les montagnes de Bergoune et la Marèse (Basses-Pyrénées) (aquarelle). — 500 fr.
1635 Le matin sur les bords de la Seine, Maisons-Laffitte (aquarelle). — 500 fr.

GÉO-LACHAUX (Georges-Marius) — 1922 — né à Paris. — 237, rue Saint-Charles, 15e; atelier, 81, rue de Lourmel, 15e.

1636 Intérieur breton. — 2.500 fr.
1637 Intérieur breton. — 2.500 fr.

GEORGE (Juliette) — 1928 — née à Paris. — 28, rue de Farcy, Dammarie-les-Lys (S.-et-M.).

1638 Bords du Lot. — 1.000 fr.
1639 Roses blanches. — 400 fr.

GEORGES (Hélène) — 1911 — née à Foultcha (Bulgarie). — 18, impasse du Maine, 15e.

1640 Buste de M. Théodore Steeg, sénateur, ancien Gouverneur du Maroc (plâtre). — 6.000 fr.
1641 Le rire (tête d'enfant) (terre cuite). — 5.000 fr.

GEORGIEFF (Pentcho) — 1930 — Bulgare. — 24, rue Cels, 14e.

1642 Départ. — 6.000 fr.
1643 Le donateur. — 4.000 fr.

GÉRARD (Emilien) — 1926 — né à Paris. — 22, rue des Roses, 18e.

1644 Etude nu. — 250 fr.
1645 Un coin de la Chapelle. — 500 fr.

GERARD (Henry) — 1914 — né à Vincennes. — 1, rue Mansard, 9e.

1646 Vue de Venise (le matin). — 1.200 fr.
1647 Vue de Venise (coucher de soleil). — 1.500 fr.

GÉRARD (Jean-Joseph-Adolphe) — 1926 — né à Dison (prov. Liége) — Belge. — Rue Brodure, Polleur (Spa), prov. de Liége (Belgique).

1648 Vieux pays wallon (les porteurs). — 10.000 fr.
1649 Vieux pays wallon (la bluteuse). — 5.000 fr.

GÉRARDIN (Emile) — 1924. — 34, rue de Vouillé, 15ᵉ.

1650 Peinture. — 500 fr.
1651 Peinture. — 500 fr.

GERBAUD (Abel) — 1923 — né à Paris. — 38 *bis*, rue Pierre-Guérin, 16ᵉ.

1652 Paysage.
1653 Paysage.

GERDOLLE (Georges) — 1930 — né à Paris. — 133, av. Mozart, 16ᵉ.

1654 Étude.
1655 Étude.

GERIN (Renée) — 1922 — née à Paris. — 154, boul. Malesherbes, 17ᵉ.

1656 Fleurs. — 1.100 fr.
1657 L'abside de la cathédrale, Orléans. — 800 fr.

GERMANAZ (Maximilien) — 1923 — né à Paris. — 18, rue d'Avron, Rosny-sous-Bois (Seine).

1658 Chysanthèmes. — 1.700 fr.
1659 Etude fleurs. — 1.350 fr.

GÉRY-GALY (Marguerite) — 1928 — née à Bordeaux. — 9, rue de la Grande-Chaumière, 6ᵉ.

1660 Coquetterie. — 3.000 fr.
1661 Portrait de Mˡˡᵉ J. U...

GHERRI-MORO (Bruno) — 1929 — né à Castelfranco Veneto — Italien. — 5, avenue de La Motte-Picquet, 7ᵉ.

1662 Palais des Doges, Venise. — 2.700 fr.
1663 Le Vert Galant, Paris. — 2.000 fr.

GIBSON (Mary-Stewart) — 1928 — née à Longridge (Ecosse) — Ecossaise. — Studio 19, 65, boulevard Arago, 13e.

1664 Paysage sur la Loire. — 1.200 fr.
1665 Portrait. — 1.200 fr.

GIGNON (Marguerite) — 1928 — née à Rouen. — 4, rue du Faubourg-du-Temple, 11e.

1666 Toile basque. — 800 fr.
1667 Le Tréport (marine). — 350 fr.

GILARDI (Alba) — 1930 — né à Paris. — 22, rue Demours, 17e.

1668 Le Moulin Breton en Limousin. — 300 fr.
1669 Son premier Salon. — 150 fr.

GIL-BAER — 1905 — né à Strasbourg. — 13, boulevard Saint-Michel, 5e.

1670 Jour de fête en Afrique. — 1.000 fr.
1671 La fromagerie de Jougne (Doubs), 800 fr.

GILDAS (G.) — 1921 — née à Marseille. — 7 *bis*, rue Lalo, 16e.

1672 Jardin à Compiègne. — 500 fr.
1673 Jardin à Compiègne. — 500 fr.

GIL-FRANCO (Vicente) — 1929 — né à Barcelone — Espagnol. — Equihen, par Autreau (Pas-de-Calais).

1674 Matelot boulonnais (sculpture). — 2.000 fr.
1675 Matelote à Equihen (peinture). — 1.500 fr.

GILIS (Jean) — 1925 — né à Fronton (Haute-Garonne). — 71, avenue de la République, Montrouge (Seine).

1676 Nu. — 1.200 fr.
1677 Porteuse d'eau. — 1.000 fr.

GILLES (Albert) — 1930 — né à Rio-de-Janeiro (Brésil). — A Varces, par Pont-de-Claix (Isère).

1678 En haut du vieux pont, Pont-de-Claix (Isère). — 600 fr.
1679 Courge et vase (nature morte). — 300 fr.

GILLES (René) — 1927 — né à Fontenay-le-Comte (Vendée). — 4, rue Delambre, 14e.

1680 Portrait.
1681 Nature morte. —

GILLET (Gaston) — 1930 — né à Nemours. — 5, avenue de Lyon, Nemours (S.-et-M.).

1682 Nemours, panorama vu du Châtelet (peintures). — 400 fr.
1683 Maison du garde-écluse, à Fromonceau (aquarelle). — 300 fr.

GILLY (Maurice-Camille) — 1922 — né à Mazamet (Tarn). — 8, rue Marie-Stuart, 2e.

1684 Paysage. — 700 fr.
1685 Parterre de géraniums. — 800 fr.

GILOT (Charles) — 1920 — né à Paris. — 5, avenue Baudoin, Asnières (Seine).

1686 Les Villes Mortes. — 3.000 fr.
1687 Pont-Royal. — 1.500 fr.

GIMEL (Georges) — 1922 — né à Domène (Jura). — 6, rue Pouchet, 17e.

1688 Les enfants. — Appartient à M. Kleimann.
1689 Paysage. — Appartient à M. Jacques Bernheim.

GIMENO (Andrès) — 1907 — né à La Granja (Espagne) — Espagnol. — 91, rue du Parc, Cité des jardins, Plessis-Robinson (Seine).

1690 Suerte de capa. — 10.000 fr.
1691 Passe à genoux. — 7.500 fr.

GIMMIG (Pierre) — 1930 — né à Marseille. — 19, boulevard Philipon, Marseille.

1692 Débarquement d'oranges (Marseille). — 10.000 fr.
1693 Bassin de carénage (Marseille). — 5.000 fr.

GIORDANO DI PALMA (Léon-Jean) — 1922 — né à Marseille. — 1, boulevard Haussmann, 9e.

1694 Le pont de Rialto à Venise. — 5.000 fr.
1695 Rio à Venise. — 3.000 fr.

GIOT (Henri) — 1923 — né à Paris. — 43, boulevard de la Reine, Versailles.

1696 La baie de la Forêt (Finistère). — 700 fr.
1697 Paysage (Carolles). — 500 fr.

GIR (Charles-Félix) — 1921 — né à Tours. — 34, boulevard de Clichy, 18e.

1698 Peinture.
1699 Peinture.

GIRARD (Adolphe) — 1927 — né à Champigny-le-Sec (Vienne). — 40, boulevard de Charonne, 20e.

1700 Fleurs. — 700 fr.
1701 Fleurs. — 700 fr.

GIRARD (Jean) — 1929 — né à Estrées-Saint-Denis. — 65, rue Blomet, 15e.

1702 Peinture. — 3.000 fr.
1703 Peinture. — 2.500 fr.

GIRARD (Jean-Victor) — 1930 — né à Paris. — 6, avenue des Châtaigniers, Beauchamp (S.-et-O.).

1704 Vieille rue à Serrières (Ardèche). — 350 fr.
1705 Chapelle dans le Midi. — 400 fr.

GIRARD (Léon) — 1927 — né à Lens (P.-de-C.). — 45 *bis*, rue Guersant, 17e.

1706 Femmes. — 600 fr.
1707 Composition tahitienne. — 800 fr.

GIRARD (Louis) — 1924 — né à Dourdan. — Imprimerie Viale, 131, rue de Vaugirard, 15e.

1708 Port de Royan. — 1.800 fr.
1709 Peinture. — 800 fr.

GIRARD (Pierre) — 1921 — né à Dijon. — 2, rue Antoine-Dubois, 6e.

1710 Vallée de la Vézère. — 800 fr.
1711 Vieille rue à Uzerche. — 800 fr.

GIRARDET (Alice) — 1930 — née à Grandson — Suisse. — 37, rue Froidevaux, 14e.

1712 Fleurs. — 500 fr.
1713 Nature morte. — 400 fr.

GIRARD-MOND (Raymond) — 1928 — né à Paris. — 17, rue d'Odessa, 14e.

1714 La route. — 8.000 fr.
1715 Le vieux merisier. — 2.000 fr.

GIRARDVILLE (Suzanne) — 1925 — née à Rennes. — 1, rue Monsieur-le-Prince, 6e.

1716 Fin d'automne. — 3.500 fr.
1717 Le clocher de Saint-Seine-l'Abbaye. — 3.500 fr.

GIRAUD (Georges) — 1930 — né à Massiac (Cantal). — 22, rue Bonaparte, 6e.

1718 Chapelle Sainte-Madeleine. — 2.800 fr.
1719 Sacré-Cœur (Montmartre). — 1.800 fr.

GIVRY (Jean-Raphaël de) — 1922 — né à Paris. — 180, quai d'Auteuil, 16e.

1720 Foire dans l'Aveyron. — 1.000 fr.
1721 Chevaux dans le tournant. — 800 fr.

GLAIN-BRANCHE (Mme Hélène) — 1928 — née à Auray (Morbihan). — 7, Petite-Place, Arbois (Jura).

1722 Carpe et tanches (pastel). — 400 fr.
1723 Bécasse (pastel). — 300 fr.

GLASSER (Louis) — 1921 — né à Belfort. — 37, boul. Henri-IV, 4e.

1724 Peinture.
1725 Peinture.

GLOUTCHENKO (Nicolas) — 1925 — Ukrainien. — 251, rue Lecourbe, 15e.

1726 Jour de fête. — 5.000 fr.
1727 Paysage de Provence. — 3.500 fr.

GLUCKMANN (Grigory) — 1925 — né en Russie — Russe. — 40, rue Thiers, Billancourt (Seine).

1728 Nu.
1729 Étude.

GODART (Germaine) — 1930 — née à Reims. — 1, square La Fontaine, 16e.

1730 Panneau décoratif. — 1.000 fr.
1731 Panneau décoratif. — 1.000 fr.

GODEFROY (Robert) — 1929 — né à Commentry (Allier). — 6, avenue Gambetta, Choisy-le-Roi (Seine).

1732 Vieilles maisons à Salies-de-Béarn (aquarelle). — 800 fr.
1733 Vieilles maisons à Salies-de-Béarn (aquarelle). — 800 fr.

GOEDERT (Jean) — 1927 — né à Ettelbrück — Luxembourgeois. — Neunkirchen (Sarre).

1734 Au bord de l'eau (composition). — 6.000 fr.
1735 Paysage. — 2.000 fr.

GOL (Joseph-Marie) — 1928 — né à Barcelone — Espagnol. — 22, quai des Carrières, Charenton-le-Pont (Seine).

1736 Ombres noires. — 5.000 fr.

GOLTDAMMER (Mme Zélie) — 1928 — née à Paris. — 22, rue de La Tour-d'Auvergne, 9e.

1737 Bock et café-crème. — 700 fr.
1738 Le goûter. — 600 fr.

GONDOUIN (Henri) — 1926 — né à Morée (L.-et-C.). — 4, rue de Marseille, 10e.

1739 Paysage. — 800 fr.
1740 Nature morte. — 800 fr.

…TCHAROVA (Nathalie) — 1922 — née à Moscou — Russe. — … rue Jacques-Callot, 6ᵉ.

1741 Peinture. — 18.000 fr.
1742 Peinture. — 18.000 fr.

…THIER (Georges) — 1925 — né à Condé-sur-Escaut (Nord). — … rue Eugène-Delacroix, Parc d'Or, Le Havre (Seine-Inférieure).

1743 Castel-Bouc, sur le Tarn. — 3.000 fr.
1744 Effet de neige. — 3.000 fr.

…ECKA (Milla) — 1927 — née à Rimini (Italie). — 3, square … l'Alboni, 16ᵉ.

1745 Vue d'Ault. — 1.200 fr.
1746 Campagne d'Ault (Somme). — 900 fr.

…S (Maurice) — 1927 — né à Paris. — 23, avenue Numance-…, Brunoy (S.-et-O.).

1747 Paysage. — 750 fr.
1748 Nature morte. — 700 fr.

…ELIN (Marie-Josèph) — 1921 — née à Châtillon-Coligny (Loi-…). — 214, boulevard Raspail, 14ᵉ.

1749 Nature morte à la poupée. — 1.100 fr.
1750 Péniches sur la Seine. — 800 fr.

…ELIN-CIZALETTI (Emilie) — 1906 — née à Paris. — 80, rue …, 9ᵉ.

1751 Vitrine de bijoux :

1. Bracelet fil. — 150 fr. ; 2. Bracelet fil. — 150 fr. ; 3. Bracelet-montre. — 700 fr. ; 4. Bracelet cerises. — 200 fr. ; 5. Bracelet ornement. — 200 fr. ; 6. Collier bois doré. — 200 fr. ; 7. Broche décorative. — 100 fr. ; 8. Boucles d'oreilles émail. — 150 fr. ; Boucles d'oreilles émail. — 150 fr.

1751 bis Vitrine :

Encrier. — 400 fr. ; Encriers (les 2). — 300 fr.

GOSSYE (Jean) — 1930 — né à Paris. — 81, rue de la Glacière, 13ᵉ.

1752 Portrait du père de l'auteur. — Appartient à l'auteur.
1753 Violon et violoncelle. — 800 fr.

GOTLIB (Henri) — 1924 — né à Cracovie — Polonais. — 8, boulevard Chauvelot, 15ᵉ.

1754 Le modèle. — 3.000 fr.
1755 Peinture. — 3.000 fr.

GOTTLOB (Fernand) — 1926 — né à Paris. — 6, rue Saulnier, 9ᵉ.

1756 Le pot vert (nature morte). — 3.500 fr.
1757 L'entrée du village de Guernes. — 8.000 fr.

GOUBY (Sophie-Henriette) — 1926 — née à Villeneuve-Saint-Georges. — 65, cours La Fayette, Toulon-sur-Mer (Var).

1758 Glaïeuls rouges. — 900 fr.
1759 Fleurs. — 900 fr.

GOUEY (Henriette) — 1910 — née à Paris. — 20, avenue de la Reine, Boulogne-sur-Seine.

1760 Reines-marguerites. — 2.000 fr.
1761 Envoi de fleurs. — 1.800 fr.

GOW-STEUART (Mme Alice-Marjory) — 1908. — C. Butt Gow, Esq. Little Fonders, Handkhurst, Kent (Angleterre).

1762 Peinture.
1763 Peinture.

GRACH (Pierre) — 1925 — né à Saint-Mandé. — 4, avenue Victor-Hugo, Saint-Mandé (Seine).

1764 Paysage.
1765 Paysage.

GRAIN (Marguerite) — 1928 — née à La Rochelle. — 144, avenue Emile-Zola, 15ᵉ.

1766 Antonet et Beby, du Cirque de Paris (dessin rehaussé). — Pas à vendre.
1767 Nedda (dessin rehaussé). — 1.800 fr.

GRANCHET (André) — 1913 — né à Mende (Lozère). — 28, rue Ramey, 18ᵉ.

1768 Les gorges du Portail du Pas-Anduze (Gard). — 1.500 fr.
1769 Église d'Anduze (Gard). — 1.000 fr.

GRAND-CARTERET (J.-A.) — 1939 — né à Paris. — 4, rue du Faubourg-du-Temple, 11ᵉ.

1770 Fumée de cigarette (pastel). — 3.000 fr.
1771 Dédain (pastel). — 5.000 fr.

GRANDJEAN (Henri) — 1906 — né à Paris. — 246, rue des Pyrénées, 20ᵉ.

1772 L'homme des champs. — 1.500 fr.
1773 Paysage. — 1.000 fr.

GRANIÉ (Fernand) — 1928 — né à Boujan-sur-Libron (Hérault). — 3, Grande-Rue, Asnières (Seine).

1774 L'entrée du village (Dordogne). — 2.000 fr.
1775 La lande (Bretagne). — 500 fr.

GRAS (Pierre) — 1939 — né à Bersaillin (Jura). — 4, impasse du Maine, 15ᵉ.

1776 Silhouette estivale à Yport. — 750 fr.
1777 Normandie : avant le grain. — 700 fr.

GRASSET (Albert) — 1911 — né à Rambouillet. — 37, rue Desfaux, Saint-Cloud (S.-et-O.).

1778 Fleurs. — 850 fr.
1779 Paysage. — 1.000 fr.

GRASSOREILLE (Mˡˡᵉ Henriette) — 1905 — née à Vincennes. — 3, rue Tardieu, 18ᵉ.

1780 Paysage. — 1.800 fr.
1781 Peinture.

[illegible] — [illegible] — né à [illegible] — 18, [illegible] Latéral, Alfortville (Seine).

1782 Panthère. — 2.000 fr.
1783 Éléphant. — 800 fr.

GRAVIER (Georges) — 1929 — né à Bastia (Corse). — 18, rue Auguste-Chabrière, 15ᵉ.

1784 Porte Bardoul à Montfort-l'Amaury. — 900 fr.
1785 Marine de Miomo (Cap Corse). — 450 fr.

GRÈBEL (Alphonse) — 1923 — né à Hirson. — 40, av. Junot, 18ᵉ.

1786 Peinture.
1787 Une vitrine de bijoux.

GRÉGOIRE (Mᵐᵉ Marthe) — 1921 — née à Paris. — 18, rue de Médéah, 14ᵉ.

1788 Anémones. — 600 fr.
1789 Roses-thé. — 600 fr.

GRÉGORIAN (Jean) — 1906 — né au Caire (Egypte) — Egyptien. — 4, rue d'Héliopolis, 17ᵉ.

1790 Lohengrin. — 25.000 fr.
1791 Quiétude. — 10.000 fr.

GRELAT (René) — 1921 — né à Saint-Jean-d'Angély en 1874; décédé à Boulogne-sur-Seine. — S'adresser à Mˡˡᵉ Le Moal, 26, rue Davy, 17ᵉ.

EXPOSITION POSTHUME

1792 Portrait de l'auteur. — Pas à vendre.
1793 La Seine à Saint-Cloud. — Pas à vendre.
1794 Massif de fleurs. — Pas à vendre.
1795 Rue à Boulogne-sur-Seine. — Pas à vendre.
1796 Rue à Paris. — Pas à vendre.
1797 Géraniums. — Pas à vendre.

GRENIER (Henry) — 1922 — né à Chambon (Creuse). — 2 *bis*, rue Delcau, Neuilly-sur-Seine.

1798 Le vieux pont. — 1.000 fr.
1799 Crépuscule. — 1.000 fr.

GRIEUX (Maxime) — 1926 — né à Meaux. — 6, rue Rivay, Levallois-Perret (Seine).

1800 Crégy (S.-et-M.). — 1.000 fr.
1801 Bas de Crégy. — 1.000 fr.

GRIMPREL (Mlle Nicole) — 1930 — née à Fontainebleau. — 9, rue Lincoln, 8e.

1802 Portrait. — Appartient à l'auteur.
1803 Nature morte. — 1.000 fr.

GRIOIS (Georges) — 1924 — né à Boulogne-sur-Mer. — 21, boulevard de Clocheville, Boulogne-sur-Mer (Pas-de-Calais).

1804 Chalutiers congelés, l'*Emmanuella.* — 1.500 fr.
1805 Chalutiers congelés ou givrés, le Touquet. — 1.000 francs.

GROGNET (Amédée) — 1920 — né à Woincourt (Somme). — 18, rue Ernest-Cresson, 14e.

1806 Paysage de Picardie (environs d'Abbeville). — 4.500 fr.
1807 L'église de Saint-Etienne-sur-Bresle (Normandie). — 3.000 fr.

GRONSKY (Nina) — 1927 — née à Pskow (Russie) — Russe. — 12, cité Falguière, 15e.

1808 Les heures (bas-relief).
1809 La révolte (bas-relief).

GROOT (Adelaïde de) — 1930 — née à New-York — Américaine. — Galerie Zak, 16, rue de l'Abbaye, 6e.

1810 Nu. — 2.500 fr.
1811 Péniche. — 1.200 fr.

GROS (Madeleine) — 1927 — née à Paris. — 88, rue de Lévis, 17e.

1812 Fleurs. — 500 fr.
1813 Etude. — 600 fr.

GROSJEAN (Marie-Pascale) — 1929 — née à Malaunay (Charente-Inférieure). — 159, rue de Tolbiac, 13e.

1814 Eglise de Saint-Gilles-sur-Vie. — 500 fr.
1815 Rue de village (aquarelle). — 600 fr.

GROSSIN (Jeanne-Marie) — 1930 — née à Paris. — 8, rue Michel-Péter, 13ᵉ.

1816 La maison « à Lison ». — 2.600 fr.
1817 Vieilles maisons à Bué. — 1.600 fr.

GUASTALLA (Lina) — 1929 — née à Paris. — 27, rue Vital, 16ᵉ.

1818 Nature morte. — 600 fr.
1819 Nature morte. — 700 fr.

GUASTALLA (Pierre) — 1923 — né à Saint-Cloud. — 27, rue Vital, 16ᵉ.

1820 Fête populaire. — 3.000 fr.
1821 Etude de nue. — 15.000 fr.

GUELDRY (Charles-Albert) — 1911 — né à Amiens. — 98, rue Caulaincourt, 18ᵉ.

1822 Marine à Honfleur. — 6.000 fr.
1823 Portrait de l'auteur. — 8.000 fr.

GUERARD (Jean) — 1926 — né à Paris. — 115, rue de Courcelles, 17ᵉ.

1824 Femmes berbères à Marrakech. — 800 fr.
1825 Le mur des Oudayas à Rabat. — 800 fr.

GUERIN (Charles) — 1901 — né à Sens. — 1, rue Leclerc, 14ᵉ.

1826 Fille aux oranges. — 12.000 fr.
1827 Pommes et timbale. — 15.000 fr.

GUERIN-LE GUAY (André) — 1911 — né à Paris. — 29, rue Gabrielle, 18ᵉ.

1828 Carnaval.
1829 Danse.

GUERZONI (Mme Stéphanie) — 1928 — née à Vienne — Suisse. — 7, rue Antoine-Chantin, 14ᵉ.

1830 Marine (La Ciotat). — 3.200 fr.
1831 Marine. — 1.700 fr.

GUETON (Antonin) — 1926 — né à Châteaumeillant. — 80, boulevard de Port-Royal, 5ᵉ.

1832 Les poules. — 3.500 fr.
1832 Marine. — 2.500 fr.

GUETTA (Lily) — 1929 — née à Paris. — 22, rue Lalo, 16ᵉ.

1834 La sœur d'Ibrahim. — 3.000 fr.
1835 Etude. — 1.500 fr.

GUIBERT-LASSALLE (André) — 1930 — né à Paris. — 11, rue du Printemps, 17ᵉ.

1836 La Seine au pont d'Austerlitz. — 800 fr.
1837 Paysage breton (Saint-Jean-du-Doigt). — 800 fr.

GUICHARD (Mario) — 1927 — né à Saint-Etienne. — 8, place de l'Hôtel-de-Ville, Saint-Etienne (Loire).

1838 Danse. — 5.000 fr.
1839 Saint-Tropez. — Appartient à Mˡˡᵉ J. R...

GUIGNARD (Georges) — 1922 — né à Paris. — 2, rue Aumont-Thiéville, 17ᵉ.

1840 Devant les chiens (fusain). — 1.000 fr.
1841 Silhouette de chat noir (pastel). — 1.000 fr.

GUILHERMIER (Rolande) — 1929 — née à Paris. — Le Bergeret, Coteau des Filtres, Jurançon (Basses-Pyrénées).

1842 Portrait de Mᵐᵉ S.-L. Benoist. — Appartient à Mᵐᵉ Benoist.
1843 Pastel.

GUILLAUME (André) — 1929 — né à Paris. — 69, rue Desnouettes, 15ᵉ.

1844 Vieille rue. — 2.000 fr.
1845 Toits rouges. — 2.500 fr.

GUILLAUME (Georges) — 1920 — né à Paris. — 37, boulevard de la Liberté, Le Perreux (Seine).

1846 Marine (Ile d'Yeu). — 1.200 fr.
1847 Marine. — 800 fr.

GUILLAUMET (Yvonne) — 1908 — née à Paris. — 47, rue de Passy, 16e.

1848 Hammam. — 2.200 fr.
1849 Paysage. — 1.100 fr.

GUILLEMIN (Marcel) — 1929 — né à Paris. — 169, avenue Jean-Jaurès, 19e.

1850 L'Arnon à Poncey (Indre). — 1.400 fr.
1851 Maisons au bord de l'eau. — 1.500 fr.

GUILLON (Paul) — 1921 — né à Paris. — 20, boulevard de Port-Royal, 5e.

1852 Baigneuses (aquarelle). — 500 fr.

GUILLOT (Marcel) — 1930 — né à Paris. — 4 *bis*, rue d'Italie, 13e.

1853 Vitrine :
1. Potiche. — 1.000 fr.; 2. Plat. — 700 fr.; 3. Vase. — 200 fr.; 4. Coupe. — 300 fr.; 5. Cendrier. — 80 fr.

GUILLOT (Pierre) — 1925 — né à Paris. — 31, rue de Passy, 16e.

1854 Chemin. — Pas à vendre.
1855 Paris-Plage. — 150 fr.

GUILLOUX (Charles) — 1891 — né à Paris. — Ferme Aillaud, Sanary (Var).

1856 Le cabanon. — 1.200 fr.
1857 Baie de Sanary. — 1.500 fr.

GUINAND (René) — 1930 — né à Genève — Suisse. — 80, avenue du Maine, 14e.

1858 Femme en bleu. — 5.000 fr.
1859 Fleurs. — 2.000 fr.

[illegible] ([illegible] de) — 1890 — né à Saint-[illegible] — [illegible] lis (Alpes-Maritimes).

1860 Châtaigneraie à Neuvecelle — 4.500 fr.
1861 Jardin du Gesthuis Bruges (Belgique) — 2200 fr.

GUINNESS (Mary) — 1911 — née à Dublin — Irlandaise — Hôtel Raspail, 203, boulevard Raspail, 14°.

1862 Enfants espagnols — 4000 fr.
1863 Jeune fille — 3.000 fr.

GUIOMAR (Julien) — 1928 — né à Morlaix — 15, place [illegible], Morlaix (Finistère).

1864 Matinée de printemps (allégorie-intérieur avec fleurs) — 1.000 fr.
1865 Après-midi d'été (allégorie-intérieur avec fleurs) — 900 fr.

GUIVARCH (René) — 1930 — né à Lonvernie (Mayenne) — 127, boulevard du Montparnasse, 6°.

1866 *La Simone au large* (vitrine, art décoratif) — 3000 fr.

GULBENKIAN (Hrand) — 1925 — né à Constantinople — Arménien — [illegible] rue [illegible], 16°.

1867 La neige — 2000 fr.
1868 Paysage de la Seine — 3000 fr.

GURGY (Mme Blanche de) — 1900 — née à Marseille — 21, rue d'Alsace, 10°.

1869 Cinq minutes de repos — 300 fr.
1870 Tête de pêcheur — 350 fr.

GUSCHIN (Nicolas) — 1924 — né à Viatka — Russe — [illegible] rue [illegible], 5°.

1871 Peinture — 1.200 fr.
1872 Peinture — 1.000 fr.

GUY-LOE (Maurice) — 1923 — né à Lyon. — 14, rue La Fontaine, Fontenay-aux-Roses (Seine).

1873 Jeux d'enfants. — 4.300 fr.
1874 Ponte Vecchio, Florence. — 1.800 fr.

GUYOT (Charles) — 1927 — né à Paris. — 2, place du Maroc, 19e.

1875 Le port du Pouliguen. — 1.000 fr.
1876 Rue Sainte, au Pouliguen. — 600 fr.

GUYOT (Georges-Marie) — 1922 — né à Stainville (Meuse). — 9, rue Chasseloup-Laubat, 15e.

1877 Les pins penchés, Carqueiranne (Var). — 600 fr.
1878 Sous-Bois, Carqueiranne (Var). — 400 fr.

GUYOT (Georges-Lucien) — 1921 — né à Paris. — 13, place Emile-Goudeau, 18e.

1879 Jeunes lions (peinture). — 1.500 fr.
1879 *bis* Ours brun (sculpture bronze). — 6.000 fr.

GYANINY (Geo) — 1905 — né à Paris. — 19, rue d'Orsel, 18e.

1880 Pins maritimes (Var). — 2.000 fr.
1881 Paysage de Brusc (Var). — 2.000 fr.

GYVRE (Reine) — 1930 — née à Reims. — 65, avenue Félix-Faure, 15e.

1882 Le « Petit Pont » à Paris. — 3.000 fr.
1883 Dactylo. — 1.200 fr.

1884 à 1930 inclus : numéros supprimés.

H

NOTES

HAAN (Albert de) — 1924 — né à Paris — Hollandais. — 71, rue des Martyrs, 9e.

1931 La femme au paon. — 3.000 fr.
1932 Paysage hollandais (Friesland). — 900 fr.

HAARDT (Marcel) — 1920 — né à Naples — Belge. — 24, rue François-Ier, 8e.

1933 Paysage de toits. — 1.500 fr.
1934 Paysage. — 1.000 fr.

HAARDT (Robert-Raphaël) — 1923 — né à Naples — Italien. — 69, rue de la Pompe, 16e.

1935 Arbre de Noël. — 1.300 fr.
1936 Etude. — 700 fr.

HACHE — 1928 — né à Paris. — 24, rue Lebrun, 13e.

1937 Critérium des « As » (dans le peloton).

HADJI (Eugénie) — 1927 — née au Caucase. — 21, avenue Verdier, Montrouge (Seine).

1938 Cavalier de la légende. — 3.500 fr.
1939 Tête de femme. — 1.500 fr.

HAGUINOYA — 1925 — né à Fukuoka — Japonais. — 33, rue Croulebarbe, 13e.

1940 Nature morte. — 10.000 fr.
1941 Paysage de Paris. — 5.000 fr.

HALFF (Giselle) — 1927 — née à Hanoï (Tonkin). — 48 *bis*, rue d'Auteuil, 16e.

1942 Perspective bulgare. — 5.000 fr.
1943 Composition. — 1.500 fr.

HALKILAHTI (Mikko) — 1925 — né à Turku — Finlandais, — 9, rue Ernest-Cresson, 14e.

1944 Gosses au bain. — 6.000 fr.
1945 Motif de Seine. — 3.500 fr.

HAMANAKA (Katsu) — 1929 — né à Sapparoshi (Japon) — Japonais. — 7, cité Falguière, 15ᵉ.

1946 Paravent en laque. — 6.000 fr.
1947 Table en laque. — 1.500.

HAMANOVICK (Gaston) — 1926 — né à Paris. — 3, r. Thérèse, 1ᵉʳ.

1948 Nature morte. — 900 fr.
1949 Le pont de Soulins à Brunoy. — 800 fr.

HAMEL (Marthe) — 1930 — née à Paris. — 42, rue de Laborde, 8ᵉ.

1950 Paysage des Hautes-Vosges (pastel). — 600 fr.
1951 Paysage des Hautes-Vosges (pastel). — 600 fr.

HANAU (Jean) — 1913 — né à Paris. — 38, boulevard Saint-Michel, 6ᵉ.

1952 Jour de fête à Santa-Fé (New-Mexico) (U.S.A.). — 10.000 fr.
1953 Peinture. — 5.000 fr.

HANIN (Mˡˡᵉ Herminie) — 1907 — née en Suisse. — 11, rue Mignard, 16ᵉ.

1954 Le singe et ses admirateurs.
1955 Sur une fourche à pivot est posé un fusil mitrailleur dont la gâchette est actionnée par un choc sur le ballonnet ou le câble qui le retient tournoyant dans l'espace, mû par une hélice à ressort (1917-1918).

HANNOTIN (Simone) — 1929 — née à Paris. — 24, rue du Général-Foy, 8ᵉ.

1956 Le tri-porteur (sculpture). — 1.000 fr.

HANON (Ferdinand) — 1926 — né à Saint-Omer. — 20, boulevard Vauban, Saint-Omer (Pas-de-Calais).

1957 Pommiers en fleurs. — 800 fr.
1958 Crépuscule. — 800 fr.

HANRIOT (Eugène) — 1920 — né à Montreuil-sous-Bois. — 10, rue Saigne, Montreuil-sous-Bois (Seine).

1959 Peinture.
1960 Peinture.

HANRIOT (Jules-Armand) — 1902 — né à Arpajon (S.-et-O.). — 16, rue Choron, 9°.

1961 Daphnis et Lycénion. — 4.000 fr.
1962 Hésitation. — 1.500 fr.

HANRIOT (Paul) — 1926 — né à Paris. — 6, rue de l'Isly, 8°.

1963 Le vieux voilier. — 3.000 fr.
1964 Les Martigues. — 2.000.

HARA (Katsuro) — 1925 — né à Chiba — Japonais. — 17, rue Belloni, 15°.

1965 Paysage (Seine-et-Marne).
1966 Paysage (Seine-et-Marne).

HARBOE (René) — 1923 — né à Bordeaux. — 3, rue Vercingétorix, 14°.

1967 Peinture.
1968 Peinture.

HARBURGER (Francis) — 1926 — né à Oran. — 9, rue Campagne-Première, 14°.

1969 Essai. — 2.500 fr.

HARDY (Maurice-Paul) — 1924 — né à Sancoins (Cher). — 85, rue Danton, Levallois-Perret (Seine).

1970 Peinture.
1971 Peinture.

HAREL (Georges) — 1923 — né à Nantes. — 151, rue de Belleville, 19°.

1971 Les maçons. — 3.000 fr.
1973 Le chantier. — 1.500 fr.

HARMITT (Victor) — 1928 — né à Paris. — 7, rue Adèle, Clamart (Seine).

1974 Cyprès au crépuscule. — 500 fr.
1975 Kérily-Solitude. — 1.000 fr.

HARRISSART (Jean) — 1927 — né à Paris. — 61, rue Bonaparte, 6e.

1976 Vitrail. — 1.000 fr.
1977 Docker. — 1.000 fr.

HARTIER (Pierre-C.) — 1929 — né à Epernay. — 80, rue des Jaucelins, Epernay (Marne).

1978 Nu. — 900 fr.
1979 Peinture. — 900 fr.

HARTMANN (Werner) — 1926 — né à Lucerne — Suisse. — 4, rue Dutot, 15e.

1980 Peinture. — 3.000 fr.
1981 Peinture. — 5.000 fr.

HARTUNG (Karl) — 1930 — né à Hambourg — Allemand. — 50, rue Vercingétorix, 14e.

1982 Buste.
1983 Figure.

HASSELL (Hilda-Clements) — 1911 — né en Angleterre — Anglais. — 6, Warwick Crescent, London W. 2 (Angleterre).

1984 Peinture.
1985 Peinture.

HELD (Alice) — 1930 — née à Fontoy. — 167, boul. Haussmann, 8e.

1986 Peinture. — 2.000 fr.
1987 Peinture. — 1.500 fr.

HEMEYER — 1906 — né à Mulhouse (Haut-Rhin). — 12, rue Deutsch-de-la-Meurthe, 14e.

1988 Fleurs. — 850 fr.
1989 Fleurs. — 350 fr.

HENNEQUIN (Désiré) — 1930 — né à Thonne-le-Thil (Meuse). — 172, quai de Jemmapes, 10e.

1990 Le fruit défendu (sculpture sur bois).
1991 Une vitrine d'objets sculptés :
Circus Matracus; Pyramide fantastique; Danse serpentine (cannes sculptées au canif).

HENNEQUIN (Raoul) — 1925 — né à Charenton-le-Pont. — 38 *bis*, rue Fontaine, 9e.

1992 Gros temps (aquarelle). — 1.500 fr.
1993 Route de France (aquarelle). — 1.500 fr.

HENNES (Germaine) — 1928 — née à Nantes. — 91, rue de Vaugirard, 6e.

1994 Portrait (Mlle O. de Recoulès).
1995 Printemps. — 2.500 fr.

HENNETIER (Adolphe) — 1930 — né à Choisy-le-Roi (Seine). — 1, rue des Ormes, Charenton-le-Pont (Seine).

1996 Paysage à Champigny (Seine). — 300 fr.
1997 Paysage à Ris-Orangis (Seine-et-Oise). — 300 fr.

HENRI-CRÉMIEUX — 1930 — né à Marseille. — 19, r. Monsieur, 7e.

1998 Fort Saint-Nicolas. — 800 fr.
1999 Fenêtre. — 800 fr.

HENRY (Charles) — 1925 — né à Paris. — 47, rue Blanqui, Saint-Ouen (Seine).

2000 Effet gris au bord de l'Oise. — Appartient à M. Chavance.
2001 Effet de neige au bord de l'Oise. — Appartient à M. Lucien Chauineau.

HENRY (Edgard) — 1927 — né à Millemont (S.-et-O.). — 16, rue Louis-Pasteur, Boulogne-sur-Seine.

2002 Le port de Saint-Servan. — 1.000 fr.
2003 Rayon de soleil après l'orage. — 600 fr.

HENRY-TRIBOUT (Charles-Edmond) — 1926 — né à Paris. — 4, rue Pelleport, 20e.

2004 La Marne à Saint-Maur (soleil couchant). — 2.000 fr.
2005 Sous-bois à Lihus (Oise), derniers rayons. — 1.700 fr.

HERAULT (Madeleine) — 1921 — née à Versailles. — 52, rue Royale, Versailles.

2006 Versailles à l'automne (peinture). — 1.200 fr.
2007 Fleurs (pastel). — 500 fr.

HERBO (Fernand) — 1926. — 256, rue Marcadet, 18e.

2008 Honfleur. — 2.000 fr.
2009 Peinture. — 1.500 fr.

HERBONT (Antoinette) — 1928 — née à Bellay (Ain). — 69, avenue de Saint-Cloud, Versailles (S.-et-O.).

2010 Peinture.
2011 Peinture.

HERNANDEZ (Mateo) — 1920 — né à Bejar (Espagne) — Espagnol. — 11, chemin Scribe, Meudon (S.-et-O.).

2012 Vitrine contenant des taillles directes d'après nature. — Pas à vendre.
2013 Sculpture taillée directement d'après nature. — Pas à vendre.

HERPIN (Robert) — 1924 — né aux Andelys (Eure). — 403 *bis*, rue de Vaugirard, 15e.

2014 Perdrix. — 250 fr.
2015 Ah! les cerises... — 450 fr.

HERVIGO (Gustave) — 1926 — né à Rambouillet. — 2, rue des Vignes, Rambouillet (S.-et-O.).

2016 La rue des Marins à Nantes. — 1.500 fr.
2017 Passe-moi la truelle! (épisode de la vie d'un maçon). — Le dessin seul, 350 fr.

HERVOCHON (Yves) — 1930 — né à Paris. — 9, rue Campagne-Première, 14e.

2018 Cour de monastère. — 800 fr.
2019 Souvenir d'Algérie (Mustapha). — 1.200 fr.

HILBERT (Georges) — 1927 — né à Nemours (Algérie). — 14, rue Borromée, 15e.

2020 Sculpture (taille directe).
2021 Cadre (dessins). — 1.000 fr. chaque dessin.

HILLIAR (Eileen) — 1930 — née à Londres — Irlandaise. — 7, avenue de la Grenade, quai des Eaux-Vives, à Genève (Suisse).

2022 Peinture.
2023 Peinture.

HINRICHSEN (Kurt) — 1930 — né à Bâle — Suisse. — 34, boulevard de Clichy, atelier n° 1, 18e.

2024 Jésus chez Marthe et Marie. — 4.000 fr.
2025 La conversation. — 3.500 fr.

HIRSZOWICZ (Maurice) — 1929 — né à Varsovie — Polonais. — Park Sanatorium, Arosa (Suisse).

2026 Tableau. — Pas à vendre.
2027 Tableau. — Pas à vendre.

HLADIKOVA-BERNKOPLOVA (Jeanne) — 1929 — née à Vlasim (Tchécoslovaquie) — Tchécoslovaque. — 10, r. Léon-Cogniet, 17e.

2028 Femmes aux fleurs. — 4.000 fr.
2029 Nature morte. — 700 fr.

HOER (Henri) — 1930 — né à Paris. — 12, rue de la Fontaine-du-But, 18e.

2030 Nature morte (moderne). — 300 fr.
2031 Vintimille, vieille rue (dessin plume). — 200 fr.

HOFER (André) — 1912 — né à Autun. — 12, cité Riverin, 10e.

2032 Vendanges.
2033 Peinture.

HOHERMANN (Alice) — 1926 — née à Varsovie — Polonaise. — 22, rue Barrault, 13e.

2034 Madone au livre. — 1.000 fr.
2035 Composition. — 1.000 fr.

HOLY (Adrien) — 1922 — né à Saint-Imier — Suisse. — Galerie Chéron, 56, rue La Boëtie, et 50, rue Pernety, 14e.

2036 Jour de fête. — 700 fr.
2037 Etude. — 1.000 fr.

HONNORÉ-ALATERRE (Mme Yamina) — 1924 — née à Saint-Jean-de-Braye (Loiret). — Villa Gabriel, 9, rue Falguière, 15e.

2038 Nature morte. — 800 fr.
2039 Paysage. — 500 fr.

HONORÉ-PORTET (Suzanne) — 1927 — née à Paris. — 11, rue du Docteur-Goujon, 12e.

2040 Vieux puits en Bourgogne (aquarelle). — 275 fr.
2041 St-Germain-l'Auxerrois (intérieur) (aquarelle). — 325 fr.

HONTA (Renée) — 1923 — née à Pau. — 1, pass. d'Enfer, 14e.

2042 Peinture. — 2.500 fr.
2043 Peinture. — 2.500 fr.

HOROWITZ-EDWARDS (Fernande) — 1927 — née à Asnières. — 5, rue Mizon, 15e.

2044 Gavarnie. — 3.500 fr.
2045 Esquisse. — 860 fr.

HOSCHEDÉ-MONET (Mme Blanche) — 1904 — née à Paris. — Giverny, par Vernon (Eure).

2046 Les Agapanthes. — 3.000 fr.
2047 La mer en Vendée. — 2.000 fr.

HOUCK (Roger) — 1928 — né à Alfortville. — 35, avenue des Tilleuls, Alfortville (Seine).

2048 En forêt de Sénart (Seine-et-Oise). — 3.500 fr.
2049 Le ruisseau (paysage). — 1.500 fr.

HOUEL (Jean-Baptiste) — 1913 — né à Condé-sur-Noireau (Calvados). — 4, rue du Faubourg-du-Temple, 11e.

2050 Etude.
2051 Etude.

HOUETTE (Louis) — 1912 — né à Melun. — 62, rue Truffaut, 17°.

2052 Bénodet (paysage). — 1.200 fr.
2053 Sanary (paysage). — 800 fr.

HOUOT (Louis) — 1926 — né à Epinac-les-Mines. — Sauvigny (Allier).

2054 Vieux moulin. — 5.000 fr.
2055 Automne. — 3.000 fr.

HOUTEN (Georges Van) — 1910 — né à Anvers — Belge. — 19, boulevard Berthier, 17°.

2056 Baigneurs. — 10.000 fr.
2057 Les cygnes. — 10.000 fr.

HUBERT (Edmond) — 1928 — né à Paris. — 10, rue Vigné, Mont-Saint-Aignan (Seine-Inférieure).

2058 Effet de lumière sur Etretat. — 1.000 fr.
2059 Voilier dans la brume. — 450 fr.

HUBERT-ROBERT (Marius) — 1929 — né à Paris. — 4, villa Ségur, 7°.

2060 Le pont de Cordoue. — 5.000 fr.
2061 Rue de village. — 2.000 fr.

HUET (Antoine) — 1924 — né à Briançon. — 95, rue de Seine, 6°.

2062 Le bateau blanc. — 2.000 fr.
2063 Le moulin sous la neige. — 2.000 fr.

HUG (Huguette Dupont, dite) — 1929 — née à Neuilly-sur-Seine. — 147, avenue du Roule, Neuilly-sur-Seine.

2064 Peinture.
2065 Peinture.

HUGARD (Salvator) — 1909 — né à Paris. — 52, rue La Condamine, 17°.

2066 Intérieur hollandais. — 900 fr.

HUNTOON (Mary) — 1930 — née à Topeka, Kansas (U.S.A.) — Américaine. — 7, rue Belloni, atelier 43, 15e.

2067 La femme (peinture). — 2.000 fr.
2068 Groupement des gravures : Le marin. — 250 fr.; Vis-à-vis. — 250 fr.; Cheever Dunning. — 250 fr.; Jeanya. — 250 fr.; Étude d'une fleur. — 250 fr.; Georges. — 250 fr.

HUOT (Henri) — 1929 — né à Nanterre (S.-et-O.). — 38, rue Mazarine, 6e.

2069 Le yacht l'*Alcée* à Locquenolé.
2070 De Carantec, vue sur l'île Callot.

HURARD (Joseph) — 1907 — né à Avignon. — 24, rue des Trois-Colombes, Avignon.

2071 Soleil levant, étang de Berre. — 1.500 fr.
2072 Port de pêche en Provence. — 1.500 fr.

HURTADO (Enrique) — 1923 — né à Las Arènas — Espagnol. — 20, rue Edgar-Quinet, Saint-Ouen (Seine).

2073 Nu.
2074 Baigneuses (dessin).

HUSNI (Seiféddin) — 1929 — né à Constantinople — Turc. — 18, rue SainteCroix-de-la-Bretonnerie, 4e.

2075 Nature morte. — 1.000 fr.
2076 Nature morte. — 1.000 fr.

I J K

1930 - CATALOGUE - 1930

SERVICE DES VENTES

A L'EXPOSITION

Tous les ouvrages mentionnés au présent catalogue sont offerts au public aux prix désignés par les artistes **sans interposition d'aucun intermédiaire.**

Ces prix ne subissent aucune majoration. Les acquisitions sont **exemptes de tous droits, taxes ou impôts.**

MM. les visiteurs trouveront au Secrétariat de l'Exposition tous renseignements concernant la vente des œuvres exposées.

L'Administration de la Société se charge d'aviser les artistes des ventes effectuées ainsi que de la transmission des offres qui pourraient être faites en vue de la réalisation des commandes ou de l'acquisition des ouvrages exposés.

Les bureaux du Secrétariat et du Service de Vente se trouvent près de la sortie de l'Exposition, aux deux extrémités de la galerie de l'Horloge.

IAKOVLEV (Michel) — 1926 — né à Michailov — Russe. — 29, rue Veydt, Ixelles-Bruxelles.

2077 Nature morte. — 2.000 fr.
2078 Nature morte. — 2.000 fr.

IBELS (Charlotte) — 1930 — née à Paris. — Crécy-en-Brie (Seine-et-Marne).

2079 Route de la Chapelle.
2080 Casa Scanetti.

IBELS (Louise) — 1914 — née à Nogent-sur-Marne. — 27, rue Monge, 5e.

2081 Un cadre contenant six dessins originaux : Pays basque. — 600 fr. chaque dessin.
2082 Un cadre contenant trois dessins originaux : Arles et les Baux. — 600 fr. chaque dessin.

ICKOWICZ (Majer) — 1929 — né à Varsovie — Polonais. — 58, rue Daguerre, 14e.

2083 Paysage. — 1.000 fr.
2084 Nature morte. — 1.000 fr.

IDZKOWSKI (Mme Rosette) — 1928 — née à Alexandrie (Egypte). — 12, rue Cambacérès, 8e.

2085 Etude.
2086 Etude.

IGOUNET DE VILLERS (Charles-André) — 1902 — né à Paris. — 77, rue Dareau, 14e.

2087 Les poissons sur le rocher (grotte de Port-Coton à Belle-Isle). — 5.000 fr.
2088 Nature morte au poisson (aquarelle). — 1.800 fr.

IHLÉE (Rudolph-Ernest-Charles) — 1928 — Anglais. — A Collioures (Pyrénées-Orientales).

2089 Peinture.
2090 Peinture.

ISAIAS — 1926 — né à Salamanque — Chilien. — 2, avenue de La Motte-Picquet, 7ᵉ.

2091 Peinture.
2092 Peinture.

ISIDORE (Georges) — 1930 — né à Paris. — 66, avenue Victor-Hugo, 16ᵉ.

2093 Portrait.
2094 Portrait de M. C. P...

ISSAIEV (Nicolaï) — 1928 — né à Odessa — Russe. — 66, rue Notre-Dame-des-Champs, 6ᵉ.

2095 Peinture. — 1.000 fr.
2096 Peinture. — 1.000 fr.

ISZELENOV (Nicolas) — 1930 — né à Irkoutsk (Sibérie). — 122, boulevard Murat, 16ᵉ.

2097 L'homme. — 8.000 fr.
2098 Paysage. — 5.000 fr.

ITHIER (Jean-Robert) — 1926 — né à Villemonble (Seine). — 46, rue Rébeval, 19ᵉ.

2099 Neige (Montreuil). — 1.200 fr.
2100 Peinture. — 1.800 fr.

JACKSON (George) — 1929 — né à La Rochelle. — 14, rue Kléber, Houilles (S.-et-O.).

2101 Portrait. — Appartient à l'auteur.
2102 Coin du port de Saint-Trojan (île d'Oléron). — 550 fr.

JACOB (Germain) — 1926 — né à Calais. — 10, rue de Sidi-Brahim, 12ᵉ.

2103 Peinture.
2104 Peinture.

JACQUELIN (Paul-Charles) — 1926 — né à Paris. — 42, avenue des Gobelins, 13ᵉ.

2105 Les géraniums. — 850 fr.
2106 Paysage. — 700 fr.

JACQUEMENT (Edmond) — 1929 — né à Limoges. — 29, avenue des Bénédictins, Limoges (Haute-Vienne).

2107 Portrait : Fils d'Annam. — 1.000 fr.
2108 Passerelle, Limoges. — 1.000 fr.

JACQUEMOND (Antoine) — 1930 — né à Saint-Etienne. — Chemin de la Boudomie, Villefranche-de-Rouergue (Aveyron).

2109 Premier essai sur les « Jeunes filles en fleur ». — 1.000 fr.
2110 Deuxième essai sur les « Jeunes filles en fleur ». — 1.000 fr.

JACQUEMOT (Paul-Jules) — 1926 — né à Paris. — 15, rue Simart, 18ᵉ.

2111 Pêcheurs, en Bretagne, environs de Douarnenez.
2112 Etude, aurore.

JACQUES (Gustave) — 1926 — né à Fontenay-sous-Bois. — 6, rue Mornay, 4ᵉ.

2113 Vase de fleurs. — 1.500 fr.
2114 Vieille rue au XVIIIᵉ siècle. — 1.000 fr.

JAFFEUX (Charles) — 1929 — né à Riom. — 37, place de la Fédération, Riom (P.-de-D.).

2115 Descente de croix (marqueterie). — 2.500 fr.
2116 Fleurs (peinture). — 350 fr.

JAGOU (Jules) — 1912 — né à Brest. — 43, rue Vital, 16°.

2117 Roses blanches. — 500 fr.
2118 Dahlias. — 400 fr.

JALLOT (Marcel) — 1926 — né à Paris. — 17, rue Sedaine ,11°.

2119 Peinture.
2120 Peinture.

JANDRON (Mlle Françoise) — 1907 — née à Lyon. — 3, rue de Metz, Saint-Germain-en-Laye (S.-et-O.).

2121 Paysage. — 1.500 fr.
2122 Paysage. — 1.500 fr.

JAN-MONTAGNE — 1927 — né à Paris. — Au Vazet, par Châteauroux-les-Alpes (Hautes-Alpes).

2123 Voltaire. — 750 fr.
2124 Nature morte. — 650 fr.

JANIN (Jean) — 1923 — né à Genève. — 26, rue du Départ, 14°.

2125 Jour de fête. — 7.000 fr.
2126 Figure. — 2.000 fr.

JANINKO — 1929 — né à Bourges. — 20, rue Robert-Fleury, 15°.

2127 Nu. — 1.200 fr.
2128 Femme à l'âne. — 800 fr.

JANNEL (Jean) — 1929 — né à Paris. — 23, rue Clauzel, 9°.

2129 Adieu musette. — 6.500 fr.
2130 Pensive. — 3.500 fr.

JANNET (Mlle Madd) — 1930 — née à Paris. — 27, rue Pierre-Guérin, 16°.

2131 Eglise de Fromonville (Seine-et-Marne). — 500 fr.
2132 Nemours, cour du Château. — 600 fr.

JANNOT (René) — 1925 — né à Paris. — 42, rue du Grand-Gord, à Ivry (Seine).

2133 La Roche-au-Moine. — Appartient à M. Plantin.
2134 Un coin des Champs-Elysées. — 500 fr.

JANSSAUD (Mathurin) — 1905 — né à Manosque (Basses-Alpes). — 15, impasse du Mont-Tonnerre, 15e.

2135 L'avant-port à Concarneau. — 800 fr.
2136 Groupe de thonniers à Concarneau. — 600 fr.

JARITZ (Jozsa) — 1928 — née à Budapest — Hongroise. — 127, boulevard Brune, 14e.

2137 Paysage. — 3,000 fr.
2138 Portrait de femme. — 3,000 fr.

JAROSZ (Romain) — 1923 — Polonais. — 3, rue Mesnil, 16e.

2139 Jour de fête. — 10,000 fr.
2140 Les musiciens forains. — 5,000 fr.

JARREAU (Abel) — 1926 — né à Chabris (Indre). — 58, boulevard du Montparnasse, 15e.

2141 Chabris, l'église (monument historique) (aquarelle). — 300 fr.
2142 Chabris, paysage (aquarelle). — 300 fr.

JARY (Francis) — 1925 — né à Rambouillet. — Hôtel de Ville, Rambouillet (Seine-et-Oise).

2143 La rue qui descend (gravure sur bois). — 250 fr.
2144 Gravure sur bois. — 350 fr.

JAUDIN (Henri) — 1884 — *membre fondateur, ancien trésorier de la fondation* — né à Paris le 21 mai 1851, décédé à Levallois-Perret en novembre 1929.

EXPOSITION POSTHUME

2145 Paysages de Savoie, de Suisse et des Pyrénées.

(Cette exposition n'a pu être réunie en raison de l'ouverture de la succession de M. Jaudin.)

JAUDON (René) — 1927 — né à Marvejols (Lozère). — 35, rue de la Tombe-Issoire, 14e.

2146 Peinture.
2147 Peinture.

JAVAL (A.-C.) — 1925 — né à Paris. — 11, rue de Marignan, 8e.

2148 Étude de noirs. — 2.300 fr.
2149 Paysage. — 2.300 fr.

JELSTRUP (Mlle Emilie) — 1921 — née à Copenhague. — Danoise. — 32, rue de la République, Meudon (Seine-et-Oise).

2150 Vieille paysanne danoise. — 1.000 fr.
2151 Anémones d'Italie. — 400 fr.

JEOFFRIN (Jeanne) — 1925 — née à Paris. — 40, rue Dulong, 17e.

2152 Paysage. — 400 fr.
2153 Paysage. — 600 fr.

JERRBTSOFF (Mme Anne) — 1908. — 5, rue Christine, 6e.

2154 Chats. — 3.000 fr.
2155 Chèvres. — 1.500 fr.

JEREMITCH (Nic. M.) — 1924 — né à Belgrade — Serbe-Yougoslave. — 22, rue Belgrand, 20e.

2156 « Ramona ». — 3.500 fr.
2157 Dans mon jardin. — 1.500 fr.

JERMON (Maurice de) — 1921 — né à Paris. — 49, rue de Douai, 9e.

2158 Sculpture.
2159 Sculpture.

JESSEY (Guy de) — 1926 — né à Tours (Indre-et-Loire). — 1, rue de l'Alboni, 16e.

2160 Un soir de Carnaval. — 3.000 fr.
2161 Étude. — 2.500 fr.

JICINSKA (Mlle Vera) — 1925 — née à Petrkovice — Tchécoslovaque. — 37, rue Fondary, 15e.

2162 Nu assis. — 2.500 fr.
2163 Tour de César à Provins. — 2.000 fr.

JIRASKOVA (Mlle Marthe) — 1925 — née à Prague — Tchécoslovaque. — Prague XIX, Rue Selmellova 21 (Tchécoslovaquie).

2164 Tête de femme. — 900 fr. en plâtre; 6.000 fr. en bronze.
2165 Portrait du peintre Zrzavy. — 900 fr. en plâtre; 6.000 fr. en bronze.

JOETS (Jules) — 1923 — né à Saint-Omer. — 7, rue des Gardes, 18e.

2166 Danse macabre.
2167 Les enfants de Marie.

JOHNSON (Robert-Ward) — 1921 — né aux Etats-Unis — Américain. — 9, avenue de Suffren, 7e.

2168 Peinture.
2169 Peinture.

JOLIVET (Lucien-Pierre) — 1922 — né à Saint-Martin-de-la-Mer (Côte-d'Or). — 132, rue Réaumur, 2e.

2170 Le Moulin Chérut (Morvan). — 1.000 fr.
2171 Les « Chagniots » (Morvan). — 1.200 fr.

JOLY (Henri) — 1898 — né à Hirson (Aisne). — 136, avenue de Villiers, 17e.

2172 Rue de village. — 1.200 fr.

JOLY (Jeanne) — 1904 — née à Marcigny (Saône-et-Loire). — 10, rue Vavin, 6e.

2173 Etude d'odalisque. — 2.500 fr.
2174 Portrait. — 2.300 fr.

JONES (Yarrow) — 1922 — né à Liverpool — Anglais. — Collingwood Place, Camberly Surrey (Angleterre).

2175 Peinture.
2176 Peinture.

JONG (Germ. de) — 1926 — né à Smarz — Hollandais. — 11 *bis*, rue Hégésippe-Moreau, 18e.

2177 Rue Norvins. — 4.000 fr.
2178 Place La Fayette. — 4.000 fr.

JOREL (Alfred) — 1928 — né à Paris. — 8, avenue Richerand, 10e.

2179 Peinture.
2180 Peinture.

JORUD (Valérie) — 1930 — née à Dobruska — Tchécoslovaque. — 16, Wilhelmstrasse, Berlin-Friedenau.

2181 Une vitrine contenant :
1. Le petit marin (portrait). — 2.000 fr.;
2. Le philologue B. S. (portrait). — 2.500 fr.;
3. L'actrice I. S. D. (portrait). — 2.500 fr.

2182 Dr S. S... (portrait). — 3.000 fr.

JOSEPH (Hope) — 1905 — née à Ajmeer (Indes) — Anglaise. — 115, Gower Street, Londres.

2183 A Concarneau. — 800 fr.
2184 A Concarneau. — 800 fr.

JOUBERT (Andrée) — 1924 — née à Paris. — 17, rue de Saint-Sénoch, 17e.

2185 Sur l'eau. — 2.500 fr.
2186 Fleurs des champs. — 2.500 fr.

JOUBERT (Henri-André) — 1902 — né à Paris. — 2, rue de la Seine, à Issy-les-Moulineaux (Seine).

2187 Michel (buste de marbre). — Appartient à M. Th.
2188 Brume de septembre (peinture). — 1.000 fr.

JOUBERT (Roger) — 1922 — né à Marans (Charente-Inférieure). — 32, rue de Liége, 8e.

2189 L'arrivée du Grand Prix de Deauville, champ de courses de Deauville. — 500 fr.
2190 L'arrivée du Prix des Drags, champ de courses d'Auteuil. — 550 fr.

JOUBERT-LA LOGE (Auguste) — 1923 — né à Pointe-à-Pitre (Guadeloupe). — 35, av. Hortense-Foubert, à Sartrouville (S.-et-O.).

2191 L'étang en automne, La Guerche. — 900 fr.
2192 Chemin creux. — 900 fr.

JOUBIN (Diane) — 1929 — née à Paris. — 25, rue Turgot, 9e.

2193 Nature morte. — 600 fr.
2194 Paysage. — 400 fr.

JOUBIN (Georges) — 1920 — né à Digny (Eure-et-Loir). — 22, rue Tourlaque, 18e.

2195 Peinture.
2196 Grands boulevards. — 3.500 fr.

JOUCK (Nicolas) — 1926 — né à Kieff — Russe, sujet polonais. — Kolonja Uvzsclnicza, 2, m. 1. Rowne Wolyn (Pologne).

2197 Conte d'hiver. — 800 fr.
2198 Lutin, selon la musique du Grieg (intérieur rustique volynien). — 500 fr.

JOUCLARD (Adrienne) — 1920 — née à Onville (Meurthe-et-Moselle). — 9, rue Campagne-Première, 14e.

2199 Peinture.
2200 Peinture.

JOUGOUNOUX (Henri) — 1928 — né à Orléans (Loiret). — 9, rue Bosio, 16e.

2201 Soir d'automne (fragment de peinture murale). — Appartient au Dr El. H...
2202 La montagne. — 1.800 fr.

JOUNY (Marcel) — 1929 — né à Paris. — 21, rue de Marignan, 8e.

2203 Rochers à Ouessant. — 450 fr.
2204 Rochers à Ouessant. — 450 fr.

JOURAKOVSKY (Michel) — 1926 — né à Kieff — Russe. — 18, rue du Souvenir, Courbevoie (Seine).

2205 Trois vainqueurs de l'Atlantique : MM. Assolant, Lefèvre et Lotti (groupe de bustes) (plâtre). — 25.000 fr.

2206 M. Delac, Président de la Chambre syndicale française de Cinématographie (buste en bois). — 15.000 fr.

JOURNOT (Éliane-R.) — 1926 — née à Lyon. — 6, rue Émile-Gilbert, 12ᵉ.

2207 Chapelle Sainte-Anne à Saint-Tropez. — 500 fr.
2208 Portrait de Jacqueline C... — 250 fr.

JOUSSAUME (Pierre-Léo) — 1930 — né à Meilhan (L.-et-G.). — 17, rue d'Argenteuil, Sannois (Seine-et-Oise).

2209 La fenêtre. — 2.500 fr.
2210 Le pin. — 2.000 fr.

JOUSSET (Henri) — 1930 — né à Saint-Jean-Pied-de-Port (Basses-Pyrénées). — 9, rue Gambetta, à Clamart (Seine).

2211 Venise (voiles rouges). — 600 fr.
2212 Côte d'Azur (Cavalaire). — 600 fr.

JOUSSET (Léon) — 1908 — né à Montereau. — 29, rue de l'Échiquier, 10ᵉ.

2213 Paysage à Voulx. — 2.000 fr.
2214 Nature morte. — 1.800 fr.

JOYEUX (Mᵐᵉ Georgette) — 1921 — née à Nogent-le-Roi. — 7, rue du Ravin, à Chartres (Eure-et-Loir).

2215 Peinture.
2216 Peinture.

JUAN (Maxime) — 1920 — né à Valencia (Espagne) — Espagnol. — 6, quai des Célestins, 4ᵉ.

2217 Nu.
2218 Brume, île d'Ouessant. — 2.000 fr.

JUDICAEL-JOUBERT (Emile) — 1923 — né en Bretagne. — 22, avenue de Friedland, 8e.

2219 Portrait.
2220 Peinture.

JUILLERAT (Hélène) — 1920 — née à Moutiers. — 72, boulevard de Port-Royal, 5e.

2221 Esquisse pour une « Transfiguration ». — Appartient à l'auteur.
2222 Peinture au « Stic B ».

JULIEN-BINAEPFEL — 1926 — né à Rixheim (Haut-Rhin). — 208, rue de Crimée, 19e.

2223 Peinture. — 1.500 fr.
2224 Peinture. — 1.200 fr.

JULLIOT (Marcel) — 1928 — né à Paris. — 4, place du Président-Mithouard, 7e.

2225 Peinture.
2226 Peinture.

JUNGBLUTH (Chrysis) — 1929 — née à Boulogne-sur-Mer. — 14, boulevard Edgar-Quinet, 14e.

2227 Un jour de fête. — 4.000 fr.
2228 Nu, femme. — 1.000 fr.

JUVIN (Juliette) — 1925 — née à Paris. — 49, rue Lamarck, 18e.

2229 Intérieur.
2230 Nature morte.

KACHRLING (Blanche-Suzanne) — 1930 — née à Paris. — 44, boulevard Beaumarchais, 11e.

2231 Marine, Concarneau. — 1.800 fr.
2232 Nu. — 3.000 fr.

KAHN (Léon-Jérôme) — 1925 — né à Paris. — 1, rue du Capitaine-Scott, 15e.

2233 Le jardin de Villennes.
2234 Le Légué à Saint-Brieuc.

KALFAYAN (Zareh-Jean) — 1921 — né à Constantinople — Arménien. — 38, boulevard Beaumarchais, 11e.

2235 Paysage de la Baule, les pins. — 2.000 fr.
2236 Une rue de Pornichet. — 2.000 fr.

KARIKAS (Hélène) — 1930 — née à Budapest — Hongroise. — 145, avenue des Deux-Stations, La Varenne (Seine).

2237 Nature morte. — 1.500 fr.
2238 Peinture. — 2.000 fr.

KAZAK (Mary) — 1927 — née à Saint-Pétersbourg — Russe. — 24, rue de Montévidéo, 16e.

2239 Portrait de Mme L. D...
2240 Portrait de Mme A. F., née de B..

KELLER (Lucien) — 1926 — né à Montrouge (Seine). — 4, villa Saint-Georges, à Antony (Seine).

2241 Le paradis terrestre. — 4.000 fr.
2242 Les voleurs. — 1.500 fr.

KERINGER (Albert-Joseph) — 1896 — né à Mulhouse (Alsace). — 21, rue des Tuyaux, Laval (Mayenne).

2243 La Châtaigneraie. — Appartient à l'auteur.

KESSLER (Max) — 1927 — né à Soleure — Suisse. — Soleure (Suisse).

2244 Coin dans un jardin. — 1.000 fr.
2245 Maison. — 800 fr.

KIEFFER (Albert) — 1927 — né à Paris. — 7, rue Lecomte, 17e.

2246 Baigneuse (peinture). — 400 fr.
2247 Parc Monceau (aquarelle). — 300 fr.

KIFFER (Charles) — 1928 — né à Paris. — 43, rue Lamarck, 18e.

2248 Peinture. — 3.000 fr.
2249 Peinture. — 1.800 fr.

KINNOULL (Mme Claude de) — 1929, — 48, rue de la Bienfaisance, 8e.

2250 Nus. — 3.500 fr.

KINO-OUTI (Yoshi) — 1923 — né à Tokio — Japonais. — 110, boulevard Arago, 14e.

2251 Sculpture.
2252 Sculpture.

KINOSHITA (Mme Masako) — 1930 — née à Tokio — Japonaise. — 34, rue de Vanves, 14e.

2253 Poupée.
2254 Peinture.

KINOSHITA (Mme Ryo) — 1929 — née à Tokio — Japonaise. — 76, rue des Plantes, 14e.

2255 Peinture.
2256 Peinture.

KINOSHITA (Yoshinori) — 1930 — né à Tokio — Japonais. — 34, rue de Vanves, 14e.

2257 Peinture.
2258 Peinture.

KINSLER (Mme Anna) — 1930 — née à Paris. — 7, rue Beethoven, 16e.

2259 Peinture.
2260 Peinture.

KIRKOVITS (Louis) — 1930 — né à Ebreichsdorf (Autriche) — Hongrois. — 10, impasse Choisel, Saint-Denis (Seine).

2261 Vase (ivoire). — 1.000 fr.
2262 Chien et singe (ivoire). — 1.500 fr.

KLEIN (Georges-André) — 1925 — né à Paris. — 25, rue Turgot, 9e.

2263 Intérieur. — 1.500 fr.
2264 Paysage. — 1.200 fr.

KLEIN (K.) — 1929 — né à Nymburk — Tchécoslovaque. — 72, rue du Plessis-Piquet, Fontenay-aux-Roses (Seine).

2265 Peinture. — 1.500 fr.
2266 Peinture. — 1.000 fr.

KLEIN-OR (Victor) — 1904 — né à Paris. — 6, rue Cernuschi, 17ᵉ.

2267 Paysage avec figuier. — 10.000 fr.
2268 Etude. — 1.400 fr.

KLEPPER (Jeanne) — 1928 — née à Troyes. — 214, boulevard Raspail, 14ᵉ.

2269 Portrait. — 2.500 fr.
2270 Nature morte. — 1.200 fr.

KLOEKER VAN VELDE (Lilly) — 1928 — née à Bassum — Hollandaise. — 2, sentier des Voisinoux, Bellevue (Seine-et-Oise).

2271 L'étang. — 2.000 fr.
2272 Familli. — 3.000 fr.

KLUKOWSKI (Joseph) — 1930 — Repelka (Pologne) — Polonais. — 11 *bis*, rue Jules-Chaplain, 6ᵉ.

2273 Sanglier blessé (granit noir, sur taille directe socle).

KNECHT (Gaston) — 1914 — né à Asnières. — 17, rue de Normandie, Asnières (Seine).

2274 Soleil en Savoie. — 750 fr.
2275 Moret. — 500 fr.

KODKINE (Miron) — 1928 — né à Vilna — Polonais. — 106, rue Didot, 14ᵉ.

2276 Japonais (portrait du professeur de l'Université de Tokio, M. Oka). — 2.500 fr.
2277 Homme à la pipe (portrait de M. P..., ingénieur).

KŒCHLIN (Hélène) — 1927 — née à Paris. — 30, villa Molitor, 16ᵉ.

2278 Paysage. — 800 fr.
2279 Etude. — 600 fr.

KOHN (Georges) — 1922 — né à Paris. — 69, boul. Voltaire, 11e.

2280 Portrait du Dr S... — Appartient au Dr S...
2281 Portrait de l'auteur. — Appartient à l'auteur.

KOIKÉ (Masao) — 1930 — né à Tokio — Japonais. — 7, rue Belloni, 15e.

2282 Vénus. — 600 fr.
2283 Nu. — Pas à vendre.

KOLODKINE (Paul) — 1930 — né à Samara (Russie) — Russe. — 21, rue Jean-Jacques-Rousseau, Fontenay-sous-Bois.

2284 Tentation de saint Antoine. — 20.000 fr.
2285 Tête de Juif (étude synthétique). — 5.000 fr.

KOLTZOFF (Serge) — 1929 — né à Moscou — Russe. — 4, angle rues Georges-Sorel et Paul-Bert, Boulogne-sur-Seine.

2286 Paris (aquarelle). — 800 fr.
2287 Paris (aquarelle). — 800 fr.

KONDO (Sitirô) — 1930 — né au Japon — Japonais. — 20, rue Bobierre-de-Vallière, Bourg-la-Reine (Seine).

2288 Déjeuner. — 2.000 fr.
2289 La maison grise. — 2.000 fr.

KONJOVITCH (Milan) — 1925 — né à Sombor — Yougoslave. — 9, rue de Montsouris, 14e.

2290 Intérieur (prêté).
2291 Paysage. — 5.000 fr.

KONO (Micao) — 1926 — né à Tokio — Japonais. — 11, rue Daguerre, 14e.

2292 Peinture.
2293 Peinture.

KONOPATZKY (Eugène) — 1925 — né à Loutzk — Russe. — 50, rue Blomet, 15e.

2294 Nature morte. — 800 fr.
2295 Marine. — 1.200 fr.

KORDA (Vincent) — 1928 — né à Pusztaturpaszto — Hongrois. — 43, rue des Périchaux, 15ᵉ.

2296 Peinture. — 6.000 fr.
2297 Peinture. — 4.000 fr.

KORTHALS (Claudie-Frédérique) — 1927 — née à Francfort — Hollandaise. — 17, rue de Téhéran, 8ᵉ.

2298 Une vitrine contenant :

Un chat (bronze). — 350 fr. ; un chat (bronze). — 350 fr. ; un cochon d'Inde (bronze). — 350 fr.

KOSAK (Geo) — 1929 — né à Paris. — 8, rue Labat, 18ᵉ.

2299 Tourrette-sous-Loup près Vence (peinture). — 3.000 fr.
2300 Beaurieu (Aisne) (aquarelle). — 500 fr.

KOSLOFF (Auroum) — 1926 — né à Korsaun (gouv. de Kieff) — Russe. — 81, rue de la Convention, 15ᵉ.

2301 Peinture. — 4.000 fr.
2302 Peinture. — 4.000 fr.

KOSLOFF (Benedict) — 1928 — né à Korsougne (gouv. de Kieff, U.R.S.S.) — Russe. — 19, rue Vaugelas, 15ᵉ.

2303 Sculpture.
2304 Sculpture.

KOSNICK-KLOSS (Hannah) — 1928 — née à Glogau (Silésie) — Lettone. — Hôtel du Luxembourg, 8, rue de Vaugirard, 6ᵉ.

2305 Composition excentrique. — 4.000 fr.
2306 Composition imaginative. — 3.000 fr.

KOURITSINE (Wladimir) — 1926 — né à Sébastopol — Russe. — 6, rue Armand-Moisant, 15ᵉ.

2307 Sculpture (bronze). — 6.000 fr.
2308 Sculpture.

KOUSNETZOFF (Constantin) — 1905 — né en Russie — Russe. — 147, boulevard du Montparnasse, 6e.

2309 Rochers de Belle-Isle. — 2.500 fr.
2310 Pont des Arts, le soir. — 2.500 fr.

KOYANAGUI (Séi) — 1922 — né à Sapporo — Japonais. — 5, rue Delambre, 14e.

2311 Jour de fête. — 5.000 fr.

KOZEL (Hans Eduard) — 1930 — né à Vienne (Autriche) — Bavarois. — Munich, Friedrichstrasse 17/IV.

2312 L'aube. — 4.000 fr.
2313 Siesta. — 5.000 fr.

KOZIEBRODZKI (Jacques) — 1922 — né à Ilow — Polonais. — 2, passage de Dantzig, 15e.

2314 Peinture. — 1.500 fr.
2315 Sculpture (moule plâtre). — 1.500 fr.

KRON (Françoise) — 1925 — née à Paris. — 94, avenue Victor-Hugo, 16e.

2316 Danseuse.
2317 Le cloître.

KRONER (Louise) — 1920 — née à Bar-le-Duc (Meuse). — 7, avenue Frémiet, 16e.

2318 L'Essonne à La Ferté-Alais. — 1.500 fr.
2319 Fleurs et fruits. — 1.200 fr.

KRYLOFF (Boris) — 1930 — né à Moscou — Russe. — 29 *bis*, rue de Poissy, 5e.

2320 La vente d'esclave. — 2.000 fr.
2321 La chanson des paysannes russes. — 1.500 fr.

KRYTCHEWSKY (Mykola) — 1930 — né à Kharkoff (Ukraine) — Ukrainien. — 36, rue de Crimée, 19e.

2322 Paysage d'Uzhorod. — 2.000 fr.
2323 Paysage de Verkhovina (Karpathes). — 1.500 fr.

NOTES

L

GALERIE DE SEINE

PEINTURES

SCULPTURES

LIVRES

10BIS, RUE DE SEINE

PARIS-6E

LAAGE (Gabrielle de) — 1928 — née à Bourges. — 54, rue de Ponthieu, 8ᵉ.

2324 Chanteurs des rues. — 2.000 fr.
2325 Étude. — 2.500 fr.

LABARTHE-LESCOT (Germaine) — 1930 — née à Paris. — 61, rue Scheffer, 16ᵉ.

2326 Hortensias (aquarelle). — 1.800 fr.
2327 Roses (aquarelle). — 1.000 fr.

LABASQUE (Yves) — 1930 — né à Paris. — 58, rue Vasco-de-Gama, 15ᵉ.

2328 Monument aux pionniers de l'aviation (maquette au 1/5). — Appartient à l'auteur.

LABERAN (Paul) — 1930 — né à Barbaste. — 119, cours d'Albret, à Bordeaux (Gironde).

2329 Triptyque : plateau de Roquebrune-Cap Martin, groupes d'oliviers, vue sur Menton et la frontière italienne. — 3.000 fr.

LABILLE (Lucien) — 1925 — né à Dracy-Saint-Loup. — La Comelle (Saône-et-Loire).

2330 Tête de vieillard. — 1.000 fr.
2331 Paysan du Morvan. — 1.000 fr.

LABLE (Edme-Marie) — 1926 — né à Avallon (Yonne). — 23, rue de Paris, à Charenton-le-Pont (Seine).

2332 Gavarnie. — 800 fr.
2333 Le Pont de Betharram. — 500 fr.

LABOURE (Claudius-Pierre) — 1924 — né à Lyon. — Rue Saint-Marc, 2ᵉ.

2334 Étude de rochers (île Bréhat). — 1.200 fr.
2335 Peinture. — 1.200 fr.

LACAZE (René) — 1930 — né à Montpellier. — 112, rue de Joinville, Bry-sur-Marne (Seine).

2336 Dernier refuge. — 3.000 fr.
2337 Brume d'or. — 3.000 fr.

LACHÈVRE (Alice-Mary) — 1923 — née à Ford (Angleterre). — 29, rue Malar, 7e.

2338 La montée de Galet. — 10.000 fr.
2339 Jument ardennaise. — 2.000 fr.

LACLAU (Armand) — 1921 — né à Toulouse. — 9, rue Nicolas-Leblanc, Lille, et 9, quai de l'Aéroplane, Pont-de-St-Ouen (Seine).

2340 Portrait du peintre U... — 6.000 fr.
2341 Peinture. — 2.000 fr.

LACOMBE (Maguy) — 1928 — née à Civray (Vienne). — 34, rue du Maréchal-Joffre, Houilles (Seine-et-Oise).

2342 Wamp. — 1.200 fr.
2343 Conchita. — 1.000 fr.

LA CORBIERE (Roger de) — 1926 — né à Vouneuil (Vienne). — 79, rue du Bac, 7e.

2344 Clair de lune sur la mer. — 3.000 fr.
2345 Coucher de soleil sur la neige. — 2.500 fr.

LACROIX (Pierre-Marie) — 1923 — 9 *bis*, rue Froidevaux, 14e.

2346 Flying Scotsman. — 5.000 fr.
2347 Pacific Nord. — 5.000 fr.

LACROIX-BRAVARD (Pierre-Gabriel) — 1920 — né à Doyet (Allier). — 73, rue Nollet, 17e.

2348 Porcs-épics. — 2.300 fr.
2349 Chevrette. — 1.900 fr.

LADEUIL (Mlle Marcelle) — 1928 — née à Paris. — 38, rue du Dragon, 6e.

2350 L'atelier de voilerie. — 3.000 fr.
2351 Portrait. — 2.000 fr.

LAFAYE (Emile) — 1929 — né à Paris. — 38, rue de l'Aigle, La Garenne-Colombes (Seine).

2352 Le Maréchal Foch (portrait équestre). — 120.000 fr.
2353 Etude. — Appartient à Mme Boutet.

LAFITAU (Auguste) — 1930 — née à Salon (Bouches-du-Rhône). 28, boulevard Jaurès, Salon-de-Provence (Bouches-du-Rhône).

2354 Sourire. — 1.500 fr.
2355 Enfant triste. — 2.000 fr.

LAFONT (Roger-Ambroise) — 1922 — né à Paris. — 83, boulevard du Montparnasse, 6e.

2356 Bords de la Creuse. — 2.500 fr.
2357 Peinture. — 3.000 fr.

LAFOURCADE (Léolaf) — 1912 — né à Biaudos (Landes). — 78, rue La Fayette, 9e.

2358 Pâturage en Normandie. — 4.000 fr.
2359 La fenaison. — 3.000 fr.

LAGORIO (Marie) — 1929 — née à Varsovie — Russe. — 122, boulevard Murat, 16e.

2360 Deux femmes. — 7.000 fr.
2361 Pasteur. — 5.000 fr.

LA HARPE (Alphonse de) — 1930. — 50, rue des Ruisseaux, à Meudon (Seine-et-Oise).

2362 Locarno, Madonna del Sasso. — 1.600 fr.
2363 Meudon, vieille rue des Vignes (dans cette rue, deuxième maison à droite, Rodin avait un atelier; son « Penseur » y séjourna longtemps). — 1.200 fr.

LALAGUE (Jacques) — 1927 — né à Agen (Lot-et-Garonne). — 73, avenue de Saint-Cloud, à Versailles (Seine-et-Oise).

2364 Après-midi, Cauterets. — 1.000 fr.
2365 Le Pont, Cauterets. — 500 fr.

LALLEMAND (Louis) — 1924 — né à Marbehan — Belge. — Val-Saint-Germain, par Saint-Chéron (Seine-et-Oise).

2366 Peinture.
2367 Peinture.

LALLEMENT (Pierre) — 1927 — né à Nogent-sur-Marne. — 166 *bis*, Grande-Rue, Nogent-sur-Marne (Seine).

2368 Chapelle Saint-Anne, île de Batz. — 600 fr.
2369 L'île aux Moutons, île de Batz. — 500 fr.

LALOUE (Robert) — 1920 — né à Paris le 6 octobre 1884, décédé en novembre 1929. — S'adresser à Mme Laloue, 52, rue du Faubourg-Poissonnière, 10e.

EXPOSITION POSTHUME

2370 Vallée du Cher (peinture).
2371 Environs d'Amiens (peinture).
2372 Lac dans le Tyrol (peinture).
2373 Paysage (aquarelle).
2374 Paysage (aquarelle).
2375 Paysage (aquarelle).

LAMARE (Oswald) — 1930 — né à Abancourt. — 28, allée de l'Eglise, Le Raincy (S.-et-O.).

2376 Matin à la ferme. — 250 fr.
2377 Vertige. — 300 fr.

LAMAZIÈRE (Mlle Marthe-Marie-Marguerite-W. de) — 1928 — née à Paris. — 44, rue de Joinville, Boulogne-sur-Mer.

2378 Nature morte, les pommes. — 200 fr.
2379 Nature morte, théière et prunes. — 200 fr.

LAMBERT (France) — 1925 — née à Orléans. — 13, rue Alphonse-Daudet, 14e.

2380 Nature morte. — 900 fr.
2381 La maison claire. — 500 fr.

LAMBERT (Georges) — 1928 — né à Paris. — 8, rue du Collège, La Fère (Aisne).

2382 Paysage. — 800 fr.

LAMOUR (Charles-Jean) — 1909. — 10, place Dancourt, 18e.

2383 Les Sables-d'Olonne, le port. — 3.000 fr.
2384 La Rochelle, entrée du port, marée basse. — 2.000 fr.

LAMOUREUX (Hélène) — 1930 — née à Louppy-sur-Chée. — Louppy-sur-Chée, par Condé-en-Barrois (Meuse).

2385 Fillette au chat. — 2.400 fr.
2386 Fleurs et tomates. — 1.200 fr.

LANDAIS (Maurice-Robert) — 1928 — né à Paris. — 9, rue des Fleurs, Montreuil-sous-Bois (Seine).

2387 Forêt. — 2.000 fr.

LANDAU (Mlle Emilie) — 1930 — née à Odessa (Russie). — 13, rue Washington, 8e.

2388 Nu. — 4.000 fr.
2389 Femme nue, repos. — 3.000 fr.

LANDCHEVSKY (Véra de) — 1927 — née en Russie — Russe. — 23, rue des Apennins, 17e.

2390 Orchidées blanches. — 2.000 fr.
2391 La rigolade. — 2.000 fr.

LANDEAU (Rémy) — 1930 — né à Sèvres (S.-et-O.). — 26, rue Dombasle, 15e.

2392 Le vieux port de Bastia (Corse). — 6.000 fr.
2393 Le cyprès, Saint-Florent (Corse). — 6.000 fr.

LANDRÉ (Louise) — 1884, *membre fondateur* — née à Paris. — 233, rue du Faubourg-Saint-Honoré, 8e.

2394 La lecture intéressante. — 800 fr.
2395 Danseuse de music-hall. — 600 fr.

LANFRANCHI (Sampiero) — 1930 — né à Paris. — 12, rue des Minimes, 3e.

2396 A l'orée de la Sylve, gorille et lion (sculpture). — 5.500 fr.
2397 Sollicitude, chimpanzé et chien (sculpture). — 3.600 fr.

LANG (Claudine) — 1926 — née à Paris. — 3, rue de Pontoise, Frépillon (S.-et-O.).

2398 Frépillon 1929. — 1.500 fr.
2399 L'arbre mort. — 800 fr.

LANG (Léon-Michel) — 1921 — né à Paris. — 40, avenue du Président-Wilson, 16e.

2400 Jour de fête. — 4.000 fr.
2401 Faisan et fruits. — 2.000 fr.

LANNAY (Ady de) — 1928 — née à Bruxelles — Belge. — 7, rue Daguerre, 14e.

2402 Composition. — 6.000 fr.
2403 Nature morte. — 2.000 fr.

LANSEL (M.) — 1921 — née en Italie — Suisse. — 27, rue Delambre, 14e.

2404 Peinture. — 830 fr.
2405 Peinture. — 830 fr.

LAPCHINE (Georges) — 1925 — né à Moscou — Russe. — 65, boulevard Arago, 13e.

2406 Russie, commencement du printemps vers le soir. — 10.000 fr.
2407 Etude. — 6.000 fr.

LAPIERRE (Emile) — 1911 — né à Sète. — Villa « Clair Logis », Rue de la Justice, Compiègne (Oise).

2408 Marine (Finistère). — 1.800 fr.
2409 Vieilles maisons (Pyrénées-Orientales). — 1.200 fr.

LARCHER (Albert) — 1929 — né à Tonnerre (Yonne). — 29, rue des Favorites, 15e.

2410 Paysage. — Appartient à l'auteur.
2411 Paysage. — Appartient à l'auteur.

LARDIN (Pierre) — 1925 — né à Paris. — 13, rue de l'Arc-de-Triomphe, 17ᵉ.

2412 Une vitrine contenant :
1. Gobelet terre cuite rouge. — 100 fr.; 2. Grand médaillon terre cuite rose. — 40 fr.; 3. Gobelet terre cuite rouge. — 100 fr.; 4. Petit médaillon terre cuite rose. — 30 fr.; 5. Petit médaillon terre cuite rouge. — 30 fr.; 6. Plateau marqueterie. — 300 fr.; 7. Boîte à jeu sycomore-marqueterie. — 250 fr.; 8. Boîte à cigarettes. — 260 fr.; 9. Chien bois. — 70 fr.; 10. Animal bois. — 125 fr.; 11. Sujet bois. — 125 fr.; 12. Sujet bois. — 120 fr.; 13. Sujet perles et liège. — 60 fr.; 14. Sujet. — 60 fr.; 15. Animal. — 50 fr.; 16. Girafe. — 40 fr.; 17. Oiseau. — 35 fr.

LARIONOW (Michel) — 1922 — né à Moscou — Russe. — 16, rue Jacques-Callot, 6ᵉ.

2413 — Peinture. — 15.000 fr.
2414 Peinture. — 18.000 fr.

LARIVIÈRE (Pierre) — 1909 — né à Paris. — 14, rue des Lions, 4ᵉ.

2415 Portrait de la fille de l'auteur. — Pas à vendre.
2416 Chysanthèmes blancs. — 3.500 fr.

LAROCHE (Robert) — 1928 — né à Paris. — 47, r. Sarrette, 14ᵉ.

2417 Les Sables-d'Olonne, sortie du port. — 5.000 fr.
2418 Le passeur de la Chaume. — 3.000 fr.

LA ROCHEFOUCAULD (Antoine de) — 1892 — né à Paris. — 19, rue Henri-Rochefort, 17ᵉ.

2419 Les boîtes à poissons. — 2.000 fr.

LA ROCHEFOUCAULD (A.-Emmanuel de) — 1912 — né à Paris. — 19, rue Henri-Rochefort, 17ᵉ.

2420 Portrait (aquarelle).
2421 Dessin.

LA ROCHEFOUCAULD (Mme Eugénie-Antoine de) — 1926 — née à Paris. — 19, rue Henri-Rochefort, 17e.

2422 Nos aveugles de guerre. Après le combat, le retour à l'atelier (statue plâtre). — 20.000 fr.
2423 M. Lapoule, aveugle de guerre (buste plâtre). — 2,000 fr.

LAROSIÈRE (Achille) — 1925 — né à Cherbourg. — 21, avenue Lecorbeiller, Meudon (S.-et-O.).

2424 Toile. — 1,000 fr.
2425 Toile. — 1.500 fr.

LARRIEU (Mme Marcelle) — 1926 — née à Pau. — 40, rue Servandoni, Bordeaux.

2426 Nu. — 1,800 fr.
2427 La *Jeanne Victor* dans le port de Saint-Tropez. — 1.200 fr.

LARTIGUE (Jacques-H.) — 1924 — né à Paris. — 11, rue des Dames-Augustines, Neuilly (Seine).

2428 Cannes 1929. — 5.000 fr.
2429 Maquillage. — 5.000 fr.

LARZAC (Henri) — 1928 — né à Paris. — 2, rue de Pétrograd, 8e.

2430 Paysage. — 800 fr.
2431 Peinture. — 650 fr.

LASNE (René) — 1926 — né à Bolbec. — 1, rue d'Ajaccio, Tunis.

2432 Fécamp (aquarelle). — Appartient à M. X...
2433 Hêtre (aquarelle). — 600 fr.

LASNIER (Edouard) — 1923 — né à Paris. — 151, avenue de Suffren, 15e.

2434 Les seigles à Bullion (S.-et-O.). — 1,000 fr.
2435 Pommes et cuivre. — 500 fr.

LATTER (Suzanne) — 1928 — née à Prague (Bohême). — 19, boulevard Saint-Marcel, 13e.

2436 Claude.
2437 Paysage. — 500 fr.

LATTÈS (Abigaïl) — 1920 — née à Nice. — Hôtel Corneille, 5, rue Corneille, 6ᵉ.

2438 Par la route de Rouen, Canteleu (pastel). — 800 fr.
2439 Jeune fille (pastel). — 3.000 fr.

LAUDATI (Raphael) — 1927 — né à Naples — Italien. — 5, rue Alfred-Stevens, 9ᵉ.

2440 Peinture.
2441 Peinture.

LAURENT (Gaston) — 1930 — né à Senlis (Oise). — 25 *bis*, boulevard du Dʳ-Galvani, Saint-Brice-sur-Forêt (S.-et-O.).

2442 Vallée de la Cère (Cantal). — 1.400 fr.
2443 Environs de Blesle (Haute-Loire). — 1.400 fr.

LAURENT-DUMARAIS (Pierre) — 1928 — né à Chambéry (Savoie). — 24, rue Pierre-Curie, 5ᵉ.

2444 Midi, Le Lavandou. — 2.500 fr.
2445 Peinture. — 900 fr.

LAUVRAY (Abel) — 1906 — né à Rennes (I.-et-V.). — 46, rue d'Alsace, Mantes-sur-Seine (S.-et-O.).

2446 Vue de Vétheuil. — 600 fr.
2447 Bord de Seine, Lavacourt. — 600 fr.

LAVAYSSE (Louis) — 1927 — né à Saint-Céré (Lot). — 17, rue du Roule, 1ᵉʳ.

2448 Dans le Haut-Quercy, l'arbre mort. — 4.000 fr.
2449 Un soir. — 4.000 fr.

LAVEDAN (Andrée) — 1928 — née à Tarbes. — Chez Mᵐᵉ de Caix, 16, rue Manin, 19ᵉ, ou Maison Etcheverry, Luz-Saint-Sauveur (Hautes-Pyrénées).

2450 Aou pays dous Toys (Pyrénées). — 1.450 fr.
2451 Dans la Vallée des Gaves, Luz (Hautes-Pyrénées). — 1.450 fr.

LAVERGNE (Alfred) — 1921 — né à Nontron (Dordogne). — 35, rue Stéphenson, 18ᵉ.

2452 Léda vaincue (nu).
2453 Peinture.

LAVOUÉ (Henri) — 1911 — né au Guédéniau (M.-et-L.). — Avenue Charles-Péguy, Sceaux (Seine).

2454 Baigneuse. — 2.000 fr.
2455 Cathédrale de Mayence. — 3.000 fr.

LAVROFF (Georges) — 1928 — né en Sibérie — Russe. — 47, rue Claude-Bernard, 5e.

2456 Portait de Petit Edouard (sculpture). — Bronze, 5.000 fr.
2457 La vie commence (sculpture) (taille directe). — Marbre de Carrare, 10.000 fr.

LAVRUT (Mlle Louise) — 1924 — née à Limours (S.-et-O.). — 85, rue de Rome, 17e.

2458 Silhouette parisienne. — 6.000 fr.
2459 Blonde. — 5.000 fr.

LEBEIGUE (Ernest) — 1928 — né à Meaux. — 13, rue de la Cordonnerie, Meaux (S.-et-M.).

2460 Intérieur. — Appartient à M. Vasseur.
2461 Coin de parc en automne. — 200 fr.

LE BIENVENU-DUTOURP (Edmond) — 1926 — né à Caen (Calvados). — 4, rue Bardinet, 14e.

2462 Collioure (marine). — 1.800 fr.
2463 Terrasse à Collioure. — 1.800 fr.

LEBLANC (André-Gaston) — 1925 — né à Blois. — 116, rue de Charonne, 11e.

2464 Baigneuses. — 2.000 fr.
2465 Moulins sur le Loiret. — 500 fr.

LE BLANC (Emile) — 1925 — né à Dijon. — 51, rue Damrémont, 18e.

2466 Le pont Valentré, Cahors. — 300 fr.
2467 Eglise Saint-Guénolé (intérieur). Le pilier de sainte Marguerite, Batz (Loire-Inférieure). — 300 fr.

LE BRETON (Constant) — 1925 — né à Saint-Germain-des-Prés (M.-et-L.). — 21, rue Visconti 6e.

2468 Paysage provençal. — 3.500 fr.
2469 Saint-Sébastien. — 5.000 fr.

LEBRUN (Angèle) — 1925 — née à Paris. — 171, rue Blomet, 15e.

2470 Vendée (peinture). — 450 fr.
2471 Dessin. — 300 fr.

LECA (Jean) — 1930 — né à Paris. — 189, rue des Pyrénées, 20e.

2472 Marché aux fleurs. — 2.000 fr.
2473 Paysage. — 1.000 fr.

LECARON (Mlle Solange) — 1929 — née à Paris. — 15, avenue Kléber, 16e.

2474 Peinture.
2475 Peinture.

LE CHEVALLIER (Jacques) — 1928 — né à Paris. — 6, rue Joseph-Leguay, Fontenay-aux-Roses (Seine).

2476 Scène d'Auvergne. — 2.000 fr.
2477 Étude. — 800 fr.

LE CHUITON (Fernand) — 1926 — né à Brest. — Chez M. Daucé, 6, rue des Trois-Frères, 18e.

2478 Vallée au printemps. — 900 fr.
2479 Paysage. — 900 fr.

LECLERCQ (Paul) — 1922 — né à Essars. — 34, rue Thomas-Lemaître, Nanterre (Seine).

2480 La ronde de nuit, Paris au XVe siècle. — 800 fr.
2481 En prière. — 500 fr.

LECONTE (Louis) — 1930 — né à Guérigny (Nièvre). — 53, rue Saint-Yon, La Rochelle (Charente-Inférieure).

2482 Le donjon de Pons (Charente-Inférieure) (plume et encre de Chine). — 400 fr.
2483 Vieilles maisons rue Bletterie, à La Rochelle (sanguine). — 300 fr.

LECONTE (Yvonne) — 1920 — née à Versailles. — 18, route Nationale, Viroflay (S.-et-O.).

2484 Cimetière des religieuses à Erbalunga (Corse). — 1.800 fr.
2485 Paysage corse. — 1.800 fr.

LE CORNEC (J.-E.-Marcel) — 1921 — né à Paris. — 5, rue de Stockholm, 8e.

2486 Le livre (peinture). — 2.500 fr.
2487 Buste (sculpture) (terre cuite). — 2.000 fr.

LE CORNEC (E.-Yvonne) — 1926 — née à Dôle (Jura). — 17, boulevard de la Chapelle, 10e.

2488 Au pays basque. — 2.000 fr.
2489 Au pays basque. — 1.500 fr.

LECORNU (Marcelle) — 1929 — née à Mostaganem (Oran). — Miliana (Algérie).

2490 Une étape. — 6.000 fr.
2491 Soulier sur le sentier. — 1.000 fr.

LE DORÉ (Céline) — 1925 — née à Guer (Morbihan). — 3, rue de Lille, 7e.

2492 Maisons bretonnes. — 550 fr.
2493 Matin en Bretagne. — 550 fr.

LEDUC (Marcel) — 1929 — né à Paris. — 27, rue du Départ, 14e.

2494 Gometz-la-Ville. — 700 fr.
2495 Gometz-le-Chatel. — 700 fr.

LEEUW (François Van der) — 1923 — né à Goes (Hollande) — Hollandais. — 26, rue Kléber, Argenteuil (S.-et-O.).

2496 Chrysanthèmes. — 1.500 fr.
2497 Poule morte. — 1.200 fr.

LEFEBVRE (Georges) — 1930 — né à Saint-Omer (P.-de-C.). — 28, rue Cambronne, 15e.

2498 Le premier sourire de Jésus. — 2.600 fr.
2499 Portrait de Mme L. L...

LEFEBVRE (Maurice-Jean) — 1911 — né à Bruxelles — Belge. — 26, av. des Sept-Bonniers, Uccle-Bruxelles, et 34, avenue Flachat, Asnières (Seine).

2500 Portrait de Mme Sam Meyer. — Appartient à Mme Sam Meyer.
2501 Peinture. — 5.000 fr.

LE FEUVRE (Asrène) — 1922 — né à Sillé-le-Guillaume (Sarthe). — 1, rue Jacob, Le Mans (Sarthe), et 117, rue N.-D.-des-Champs, 6e.

2502 L'Amour et Psyché dans le bain (peinture sur toile Gobelins d'après une tapisserie du Louvre). — 2.500 fr.
2503 La danse des nymphes (peinture sur toile Gobelins d'après une tapisserie du Louvre). — 2.500 fr.

LEFÈVRE (Luce) — 1914 — née à Montreuil-sous-Bois. — Rue Brohan, Pierrefitte-sur-Seine (Seine).

2504 Iberia. — 1.200 fr.
2505 Building en banlieue. — 1.200 fr.

LEFÈVRE (Mariette) — 1928 — née à Paris. — 5, rue de la Prévoyance, Champigny (Seine).

2506 Vieille maison, Bretagne. — 1.200 fr.
2507 Croquis de Bretagne.

LEFORT (Jean) — 1920 — né à Bordeaux. — 21 *bis*, avenue de La Motte-Picquet, 7e.

2508 Place La Fayette et église Saint-Vincent-de-Paul. — 5.000 fr.
2509 Le port d'Orsay. — 1.200 fr.

LEFORT DES YLOUSES (Robert) — 1920 — né à Neuilly-sur-Seine. — 1, avenue des Vignes, les Coteaux, Saint-Cloud (S.-et-O.).

2510 Comme elles sont toutes (composition). — 1.400 fr.
2511 Nu. — 700 fr.

LE GALLAIS-NICOT (Mme Jeanne-Marie) — 1920 — née à Langueux. — 75, rue de la Croix-Nivert, 15e.

2512 La fiancée du marin. — 800 fr.
2513 L'ermitage. — 800 fr.

LE GOUIX (Jean) — 1928 — né à Montebourg (Manche). — 3, villa Hippolyte-Garnier, 14°.

2514 Paysage. — Appartient à l'auteur.
2515 Paysage. — Appartient à l'auteur.

LEGRAND (Madeleine) — 1930 — née à Bohain (Aisne). — 122, boulevard Murat, 16°.

2518 Paysage, Porte de Saint-Cloud et le Mont Valérien. — 1.500 fr.
2519 Fleurs. — 1.200 fr.

LEGRAND (Marcel) — 1930 — né à Jumet — Belge. — 75, rue Vauvenargues, 18°.

2520 Femme nue. — 2.000 fr.
2521 Nature morte. — 1.000 fr.

LEHOUX (Louise) — 1930 — née à Blois (L.-et-C.). — 2, rue de l'Église, Saint-Denis (Seine).

2522 Portrait de Clemenceau. — 2.000 fr.
2523 Portrait de Renouard. — 2.000 fr.

LEJEUNE (Henri-Pierre) — 1902 — né à Saint-Ouen (Seine). — 54, rue Lamartine, 9°.

2524 Moulin à Delft. — 2.500 fr.
2525 Intérieur de pêcheur (île Marken). — 1.500 fr.

LE LOUP DE SAINVILLE (Hervé) — 1903 — né à Saint-Firmin-des-Bois (Loiret). — 56, rue Notre-Dame-de-Lorette, 9°.

2526 Ile Sainte-Marguerite, le grand pin qui tombe (coucher de soleil). — Appartient à M. Warcollier.
2527 Coucher de soleil, rochers de l'île Sainte-Marguerite (Alpes-Maritimes). — 1.000 fr.

LEMAIRE (Frédéric) — 1930 — né à Courbevoie (Seine). — 42 *bis*, rue Sorbier, 20°.

2528 Moulin de Bessy (Yonne). — Appartient à M. Fripier.
2529 Lucy-sur-Cure (Yonne). — 300 fr.

LEMAITRE (Albert) — 1913 — né à Liége — Belge. — 59, rue Monulphe, Liége (Belgique).

2530 Nu au miroir. — 4.000 fr.
2531 Village de Lescun (Pyrénées). — 4.000 fr.

LEMAR (Marcel) — 1920 — né à Paris. — 56, rue Cantagrel, 13e.

2532 Chimpanzé (petite sculpture).
2533 Six gravures sur bois.

LEMARCHAND (Maurice) — 1926 — né à Paris. — 70, boulevard Ornano, 18e.

2534 Vieux pont, à Limay, sur la Seine. — 800 fr.
2535 Lavoir et tour du vieux château, à Montreuil-Bellay. — 600 fr.

LEMARESQUIER (Jean) — 1921 — né à Sète (Hérault). — 82, rue de Varenne, 7e.

2536 La route des Calquieres. — 1.200 fr.
2537 Paysage et pont sur le Verlenc. — 1.200 fr.

LEMOINE (Mlle Yvonne) — 1923 — née à Paris. — 15, boulevard d'Ormesson, Enghien-les-Bains (S.-et-O.).

2538 Vieux mendiant. — 1.000 fr.
2539 Femme à la fontaine. — 600 fr.

LE MOUSSU (René-Maximilien) — 1928 — né à Sceaux (Seine). — 86, boulevard de la Chapelle, 18e.

2540 Peinture. — 2.200 fr.
2541 Peinture. — 4.000 fr.

LEMPERIERE (Emmanuel) — 1907 — né à Saint-Nazaire. — 9 *bis*, rue des Rouillis, Sèvres (S.-et-O.).

2542 Nature morte. — 2.000 fr.
2543 Nature morte. — 2.000 fr.

LEMPICKA (Tamara de) — 1922 — née à Varsovie — Polonaise. — 5, rue Guy-de-Maupassant, 16e.

2544 Portrait de Mme Ira Perrot.
2545 Le vert jade. — 12.000 fr.

L'ENFANT (Marcel) — 1913 — né à Paris. — « Le Buisson », chaussée de Jules-César, Franconville (S.-et-O.).

2546 Nu. — 2.500 fr.
2547 Concarneau, sardinier rentrant. — 1.500 fr.

LENNUYEUX (Pierre) — 1927 — né à Paris. — 226, rue des Pyrénées, 20°.

2548 L'église de Combleux. — 1.000 fr.
2549 La Loire à Combleux. — 1.000 fr.

LENOIR (Georges) — 1929 — né à Paris. — 77, boulevard Beaumarchais, 3°.

2550 Marine. — 450 fr.
2551 Nature morte. — 450 fr.

LÉO (Léopold) — 1920 — né à Fontenay-le-Comte (Vendée). — 45, avenue des Ternes, 17°.

2552 Poésie. — 1.000 fr.
2553 Peinture. — 1.000 fr.

LÉONARD (Maurice) — 1920 — né à Paris. — 29, rue du Château-d'Eau, 10°.

2554 Nu.
2555 Brûleurs de goëmon. — 2.000 fr.

LÉONARD-DELLAS (Mme Madeleine) — 1928 — née à Paris. — 4, rue du Lunain, 14°.

2556 Étude. — 1.500 fr.
2557 Paysage. — 600 fr.

LE PETIT (Alfred-Marie) — 1904 — né à Fallencourt (Seine-Inférieure). — Clos Pezouillette, La Frette (S.-et-O.), et 61, rue d'Amsterdam, 9°.

2558 La paysanne endormie. — 3.000 fr.
2559 La neige à La Frette. — 1.700 fr.

LEPETIT (Luc) — 1928 — né à Coutances (Manche). — 11, rue de l'Espérance, 13°.

2560 Chalets en Haute-Savoie. — 1.500 fr.
2561 Route des Chavants (Haute-Savoie). — 1.500 fr.

LE POITEVIN (Maurice) — 1923 — né au Havre. — 68, rue de Grenelle, 7e.

2562 Le pont de Ranville (Calvados). — 1.200 fr.
2563 Le port de Ouistreham (Calvados). — 1.200 fr.

LEPREUX (Albert) — 1910 — né à Meaux. — 39, rue Lamarck, 18e.

2564 Pont Saint-Bénézet à Avignon. — 5.000 fr.
2564 *bis* Meaux. — 3.000 fr.

LEPRIN (Marcel) — 1921 — né à Cannes. — Chez M. Bureau, 54, rue Rochechouart, 9e.

2565 Peinture.
2565 *bis* Peinture.

LEROLLE (Paul) — 1921 — né à Paris. — 43, r. Cortambert, 16e.

2566 L'arrivée de M. le Préfet. — 1.100 fr.
2567 Olympia. — 1.400 fr.

LEROUX (Madeleine-Gaston) — 1928 — née à Dieppe. — 53, boulevard Gambetta, Nice.

2568 Le monastère de Cimiez. — 1.500 fr.
2569 Bœufs foulant le blé. — 1.500 fr.

LE ROY (Jean) — 1930 — né à Ay (Marne). — 10, impasse de la Justice, Reims (Marne).

2570 Vue de la cathédrale de Reims (vue Nord-Ouest). — 300 fr.
2571 West Bucknowk House, Corfe Castle (Dorset) (Angleterre). — 350 fr.

LESAFFRE (Raoul) — 1930 — né à Mons-en-Barœul (Nord). — 14, avenue des Fleurs, Colombes (Seine).

2572 Evocation à l'Angelus, bohémiens au calvaire de Crapeaumesnil (Oise). — 1.700 fr.
2573 La Seine à Melun. — 800 fr.

LE SOURD (René) — 1911 — né à Vals (Ardèche). — 31, avenue Rapp, 7e.

2574 Portrait de Mme H. M...
2575 Portrait.

LESPAGNOL (Mme Hélène) — 1921 — née à Saulieu (Côte-d'Or). — 33, rue Bayen, 17e.

2576 L'agréable lecture (pastel au bi-éclairage). — 1.000 fr.
2577 Roses (peinture). — 550 fr.

LESPAGNOL (Mlle Madeleine) — 1921 — née à Paris. — 33, rue Bayen, 17e.

2578 Le parc Monceau. — 300 fr.
2579 Roses. — 550 fr.

LESTAGE (Jean-Marie) — 1927 — né à Castelnaudary. — 185, rue de la Garenne, Courbevoie.

2580 Nature morte. — 500 fr.
2581 L'enfant, portrait. — 1.500 fr.

LESTRILLE (Jacques) — 1924 — né à Ault (Somme). — 6, boulevard Flandrin, 16e.

2582 Jour de fête. — 4.000 fr.
2583 Fleurs. — 1.500 fr.

LETAC (Georgette) — 1929 — née à Paris. — 25, rue Cail, 10e.

2584 Petit port breton. — 600 fr.
2585 Eglise de la Clarté (Bretagne).

LE TARARE (Jean-Paul) — 1928 — né à Paris. — 194, avenue Michel-Bizot, 12e. Tél. : Diderot 30-65.

2586 Portrait de Mme A. Z... — 500 fr.
2587 Peinture. — 800 fr.

LETELLIER (Marcel) — 1930 — né à Cherbourg. — 115, Djemaa el Fna, Marrakech (Maroc).

2588 Tapis Glaoua, exécuté suivant les traditions de la tribu des Aït Ouaouzguit (Haut-Altlas), Maroc. — 2.750 fr.
2589 Tapis Glaoua, exécuté suivant les traditions de la tribu des Aït Ouaouzguit (Haut-Altlas), Maroc. — 3.000 fr.

LE VASSEUR-PORTAL — 1930 — né à Lyon — 2, rue de Fleurus, 6e.

2590 Ursus et Lygie (sculpture). — 75.000 fr.
2591 Une vitrine de bronzes.

LEVAVASSEUR (Henri) — 1913 — né à Ussy (Calvados). — 16, rue Frémentel, Caen.

2592 Idylle. — 800 fr.
2593 Fête villageoise. — 250 fr.

LEVEILLÉ (André) — 1911 — né à Lille. — 35, rue Le Marois, 16e.

2594 Paysage.
2595 Fleurs.

LEVÊQUE (Louise) — 1930 — née à Reims. — 3, villa Mozart, 16e.

2596 Un jour de fête. — 2.500 fr.

LEVIN (Joseph) — 1928 — né à Leningrad — Russe. — American Express Company, rue Scribe.

2597 Portrait de Mme E. Hatayeva.
2598 Nature morte. — 2.000 fr.

LEVY (Mlle Jane) — 1928 — née à Paris. — 87, boulevard de Port-Royal, 13e.

2599 Jeune musicienne. — 5.000 fr.
2600 Jeune Palestinienne. — 2.500 fr.

LÉVY-BLOCH (Laurence) — 1930 — née à Vesoul. — 16, rue Théodore-de-Banville, 17e.

2601 Le thé normand, Cabourg (peinture). — 3.000 fr.
2602 Dessins judaïques : La thora; Femmes juives à la synagogue. — 3.000 fr.

LÉVY-MURGIER (André) — 1928 — né à Paris. — 25, avenue Brézin, Garches (S.-et-O.).

2603 Le port de La Villette. — 1.200 fr.
2604 Brouillard sur la Seine. — 1.200 fr.

LEW (Boris) — 1921 — né en Russie. — 11, rue de Picardie, 3e.

2605 Eglise Saint-Etienne-du-Mont. — 1.200 fr.
2606 Le Pont-Neuf, effet de soleil. — 1.200 fr.

LEWINO (Walter) — 1914 — né à Londres — Anglais. — 44, rue du Moulin-Vert, 14e.

2607 Une crique.
2608 Un paysage.

L'HOEST (Eugène-Léon) — 1921 — né à Paris. — 27, rue des Dames, 17e.

2609 Mosquée au vieux Biskra. — 3.000 fr.
2610 Rue au vieux Biskra. — 3.000 fr.

LHOEST (Eugène) — 1930 — né à Paris. — Avoines, par Ecouché (Orne).

2611 Maréchal Foch (panneau sculpté en plein bois). — 5.000 fr.
2612 Vieille Normande (panneau sculpté en plein bois). — 4.000 fr.

LIEBERT (Charles) — 1921 — né à Paris. — 3, avenue Germaine, Chelles (S.-et-M.).

2613 Versailles, Trianon (peinture). — 800 fr.
2614 Brume matinale (aquarelle). — 600 fr.

LIGNON (Eugène) — 1925 — né à Paris. — 86, boulevard Beaumarchais, 11e.

2615 Paysage. — 1.000 fr.
2616 Pommes. — 1.000 fr.

LINCK (Walter) — 1930 — né à Berne — Suisse. — 16 *bis*, rue Bardinet, 14e.

2617 Buste de Paul (sculpture) (plâtre). — 1.000 fr.
2618 Femme nue (sculpture) (plâtre). — 1.000 fr.

LINDEGGER (Albert) — 1930 — né à Berne — Suisse. — 1 *bis*, rue du Maine, 14e.

2619 Figure. — 1.000 fr.
2620 Figure. — 1.000 fr.

LINET (Octave) — 1925 — né à Bléré (I.-et-L.). — 67, rue Rochechouart, 9ᵉ.

2621 Peinture.
2622 Peinture.

LINGE (Jules-Dominique) — 1925 — né à Paris. — 4, rue des Goncourt, 11ᵉ.

2623 Chrysanthèmes. — 800 fr.
2624 Iris. — 800 fr.

LINKA (Tchenek) — 1929 — né à Prague — Tchécoslovaque. — 11, rue Corbeau, 10ᵉ.

2625 Mon boudoir. — 3.000 fr.
2626 Fleurs. — 1.800 fr.

LIOTARD (André) — 1930 — né à Béziers. — 4, rue Auguste-Bartholdi, 15ᵉ, et Tananarive (Madagascar).

2627 La sieste. — 3.800 fr.
2628 Conception. — 3.800 fr.

LIPCHITZ (Israël-Isaak) — 1930 — Sud-Africain. — 16 *bis*, rue Bardinet, 14ᵉ.

2629 L'esclave (sculpture bois d'orme). — 5.000 fr.
2630 La mère de l'artiste (sculpture) (tête en ciment). — 3.500 fr.

LISIE (Isaac) — 1927 — né à Olkusz — Autrichien. — Montée du Château, Cagnes-sur-Mer (Alpes-Maritimes).

2631 L'ombrelle rouge. — 6.000 fr.
2632 Nature morte. — 2.500 fr.

LITTLEFIELD (William) — 1928 — né à Boston (U.S.A.) — Américain. — 10 Museum Road, Boston, Mass (U.S.A.).

2633 Sanymède. — 5.000 fr.
2634 Matelot. — 3.000 fr.

LLOYD (Constance-Mary) — 1913 — née à Birmingham — Britannique. — 2, boulevard Henri-IV, 4ᵉ.

2635 Nature morte. — 800 fr.
2636 Nature morte. — 800 fr.

LOCAMUS (Victor) — 1925 — né à Nouméa — Verville, par Nesles-la-Vallée (S.-et-O.).

2637 Chaumière au clair de lune, Valhermeil. — 700 fr.
2638 Aurore à Bandol. — 400 fr.

LOCHAKOW (Ar.) — 1923 — né en Bessarabie. — 38, rue du Vieux-Pont-de-Sèvres, Boulogne-sur-Seine.

2639 Souvenir d'enfance. — 6.000 fr.
2640 Souvenir d'enfance. — 2.000 fr.

LOFFREDO (Michele) — 1929 — né à Torre del Greco — Italien. — 3, rue Vercingétorix, 14e.

2641 Portrait de Mme Bourgeois. — Appartient à Mme Bourgeois.
2642 Portrait de Mlle H. Augers. — Appartient à Mlle H. Augers.

LOKHORST (Bob-W.-F.) — 1930 — né à Amsterdam — Néerlandais. — 123, avenue Wilson, Le Pré-Saint-Gervais (Seine).

2643 La conversation. — 2.500 fr.
2644 La promenade. — 1.500 fr.

LOMBARD (Mme Elisabeth) — 1928 — née à Sedan. — Saint-Bernard, près Sedan (Ardennes).

2645 Ardennes, le labourage d'automne. — 300 fr.
2646 Ardennes, moissons à la frontière belge. — 400 fr.

LOMBARD (Emile) — 1924 — né à Aubignosc (Basses-Alpes). — 9, rue Rifle-Rafle, Aix-en-Provence (Bouches-du-Rhône).

2647 Martigues. — 1.100 fr.
2648 En Camargue. — 800 fr.

LOMPRE (Louis) — 1929 — né à Paris. — 7, rue de l'Eauriette, Saint-Leu-la-Forêt (S.-et-O.).

2649 La rivière le matin. — 600 fr.
2650 Les saules, le matin. — 600 fr.

LORRETTE (Paul) — 1929 — né à Langres (Haute-Marne). — 9, avenue de l'Observatoire, 6e.

2651 Croquis d'enfants. — 500 fr.
2652 Etude. — 500 fr.

LOTIS (Margherita de) — 1930 — née à Naples (Italie) — Italienne. — Villa Strohl-Fern, Piazzale Flaminio, Rome (Italie).

2653 Chrisanthèmes. — 3.000 fr.
2654 Venise, un canal. — 2.000 fr.

LOUIS-MOREAU — 1910 — né à Châteauroux (Indre). — 16, rue de Paris, Charenton-le-Pont (Seine).

2655 Laveuses sur la Creuse. — 1.000 fr.
2656 Charenton, canal en hiver. — 450 fr.

LUBARDA (Pierre) — 1929 — né à Céttigné — Monténégrin. — 10, avenue du Plateau, Le Parc-Saint-Maur (Seine).

2657 Monsieur à la rosette. — 3.000 fr.
2658 Nu. — 7.000 fr.

LUCE (Maximilien) — 1887 — né à Paris. — 16, rue de Seine, 6e.

2659 Portrait de Mme T...
2660 Peinture.

LUCNEIL (Clément) — 1921 — né à Paris. — 7, rue de Courbevoie, Nanterre (Seine).

2661 Vieille maison, Fourqueux. — 1.500 fr.
2662 La mare. — 1.500 fr.

LUDLOW (Sophia) — 1905 — née à Bristol (Angleterre) — Anglaise. — Monneville (Oise).

2663 Paysage. — 500 fr.
2664 Fleurs. — 500 fr.

LUDOVIC-RODO — 1904 — né à Paris. — 14, rue Girardon, 18e.

2665 Peinture.
2666 Peinture.

LUGNIER (Jean) — 1921 — né à Paris. — 15, rue Lavieuville, 18e.

2667 La Seine à Issy-les-Moulineaux. — 1.600 fr.
2668 Le pont Mirabeau. — 2.200 fr.

LUKA (Madeleine) — 1925 — née à Maffliers (S.-et-O.). — 28, rue de Liége, 8e, et Galerie Armand Drouant, 66, rue de Rennes, 6e.

2669 Jour de fête. — 4.000 fr.
2670 Tête. — 2.000 fr.

LUTHRINGER (Marie) — 1926 — née à Paris. — 12, rue des Bois, Fontainebleau (S.-et-M.).

2671 Paysage. — 400 fr.
2672 Fleurs. — 300 fr.

LUZANOWSKY-MARINESCO (Lydia) — 1927 — née à Kieff (Russie) — Russe. — 111, route d'Orléans, Montrouge (Seine).

2673 Accordéoniste (sculpture) (terre cuite originale). — Reproduction en bronze : 5.000 fr.
2674 Tête de femme (sculpture) (terre cuite originale). — Reproduction en bronze : 3.000 fr.

LYNEN (Robert) — 1927 — né à Mulhouse. — 29, rue de l'Amiral-Mouchez, 13e.

2675 Fleurs. — 5.000 fr.
2676 Le Vénusberg. — 20.000 fr.

LYQUES (Gustave Reynaud de) — 1925 — né à Toulon. — 11 *bis*, boulevard Gambetta, Nice.

2677 La neige au soleil couchant. — 3.000 fr.
2678 Pins à Saint-Elme (Toulon). — 2.000 fr.

M

MABLORD (Jean) — 1929 — né à Paris. — 5, rue de Copenhague, 8°.

2679 Naufragés. — 9.000 fr.
2680 Peinture. — 3.500 fr.

MAC-AULIFFE (Germaine) — 1924 — née à Paris. — 6, rue Octave-Feuillet, 16°.

2681 Quartier d'aliénés dans un asile. — 1.000 fr.
2682 Coloquintes. — 1.000 fr.

MAC CLEARY (Nelson) — 1930 — né à Missouyi — Américain. — 11, rue Delambre, 14°.

2683 La vallée de l'Ariège. — 500 fr.

MAC CORD (Mme Elisabeth) — 1921 — née à New-York — Américaine. — 17, rue Rousselet, 7°.

2684 Marine. — 10.000 fr.
2685 Nature morte. — 3.500 fr.

MACHECOURT (Claude) — 1928 — né à Tahiti — A Papeete (Tahiti) (Océanie française); adresser la correspondance à M. E. Rondinet, 8, rue du Jardin-des-Plantes, Dijon (Côte-d'Or).

2686 Toparaa Mahana, coucher de soleil. — 2.000 fr.
2687 Hitiraa Avae, lever de lune. — Collection particulière.

MAC MULLAN (Mary) — 1913 — née à Belfast (Irlande) — Irlandaise. — 25, rue Bréa, 6°.

2688 Nature morte. — 1.500 fr.
2689 Nature morte. — 1.000 fr.

MACNOIP (Géo) — 1926 — né à Paris. — 9, rue de Bellevue, Suresnes (Seine).

2690 Boudzan bien haut juché. — 1.500 fr.
2691 Surprise. — 2.200 fr.

MADET-OSWALD (Romulus-Phidias) — 1923 — né à Paris. — 6, rue Asseline, 14°.

2692 Paysage. — 2.000 fr.
2693 Les poissons (nature morte). — 800 fr.

MAERTENS-DEFIGIER (Renée) — 1930 — née à Toul (M.-et-M.). — 14, rue Le Sueur, 16ᵉ.

2694 Jeune femme. — 3.000 fr.
2695 Jeunesse. — 2.000 fr.

MAGGY-MONIER — 1921 — née à Paris. — 14, passage Victor-Marchand, 13ᵉ.

2696 Par-dessus les toits. — 5.000 fr.
2697 Voiliers au port. — 7.000 fr.

MAGITOT (Mme Andrée) — 1926 — née à Paris. — 9, rue de Marignan, 8ᵉ.

2698 Marine. — 1.800 fr.
2699 Nature morte. — 1.000 fr.

MAGNE (René) — 1922 — né à Paris. — Saint-Prix-en-Morvan (Saône-et-Loire).

2700 La jeune ouvrière en couture. — 7.000 fr.
2701 Dessert d'hiver. — 2.500 fr.

MAG'VAL — 1929 — née à Paris. — 134, boul. Exelmans, 16ᵉ.

2702 L'église de Barfleur. — 600 fr.
2703 Nature morte. — 1.500 fr.

MAHÉ (Joseph) — 1929 — né à Bégard (Côtes-du-Nord). — 43, rue de la Folie-Regnault, 14ᵉ.

2704 Les Rosaires, près Saint-Brieuc, vieilles maisons. — 500 fr.
2705 Soir d'orage. — 1.200 fr.

MAHELIN (Robert-Paul) — 1927 — né à Paris. — 119, rue du Cherche-Midi, 6ᵉ.

2706 Pont Royal, matin. — 700 fr.
2707 Etude de fleurs (symphonie). — 1.000 fr.

MAILLARD (Georges) — 1930 — né à Contigné. — A Contigné, par Châteauneuf-sur-Sarthe (M.-et-L.).

2708 Faisan dans un parc. — 6.200 fr.
2709 La Sarthe au moulin d'Ivré (Maine-et-Loire). — 1.100 fr.

MAILLARD (Horace) — 1920 — né à Boynes (Loiret). — 1, rue d'Orchampt, 18ᵉ.

2710 Le repos. — Appartient à l'auteur.
2711 Etude. — 2.500 fr.

MAILLET (Paul-Gustave) — 1925 — né à Grisy-Suisnes (S.-et-M.). — 61, rue Ducouëdic, 14ᵉ.

2712 La rivière. 1.200 fr.
2713 Paysage.

MAILLIEZ (Georges) — 1922 — né à Saint-Ouen (Seine). — 65, rue de Clichy, 9ᵉ.

2714 Paysage. — 700 fr.
2715 Paysage. — 700 fr.

MAILLOS (André) — 1906 — né à Paris. — 25, rue des Capucins, Meudon (S.-et-O.).

2716 Les trois dimensions. — 6.000 fr.

MAINFROY (Suzanne) — 1928 — née à Paris. — 20, boulevard de Champigny, La Varenne-Saint-Hilaire (Seine).

2717 Falaises à marée haute, Berneval. — 700 fr.
2718 Le pont Marie, à Paris. — 400 fr.

MAJA — 1922 — née à Angoulême. — Chez M. P. Perrain, 39, rue Waldeck-Rousseau, Angoulême (Charente).

2719 C'est une grande allée à deux rangs de tilleuls. — 1.000 fr.
2720 Le lys rouge. — 1.000 fr.

MALE (Marcel) — 1924 — né à Paris. — 97, rue de Belleville, 19ᵉ.

2721 Bassin Vauban. — 800 fr.
2722 Le Havre. — 800 fr.

MALFROY (Henry) — 1927 — né à Martigues. — 135, rue Lamarck, 18ᵉ.

2723 Paris, Notre-Dame. — 4.000 fr.
2724 Paris, les boulevards. — 4.000 fr.

MALLEBAY (Ernest-Emmanuel) — 1923 — né à Alger. — 235, rue d'Alésia, 14°.

2725 Nature morte. — 550 fr.
2726 Nu.

MALLET (Antoine) — 1924 — né à Clermont-Ferrand. — 7, rue Belloni, 15°, et 24, rue du Bel-Air, Saint-Cyr-l'École (S.-et-O.).

2727 Portrait de l'auteur (étude). — 1.500 fr.

MALLIA (René) — 1930 — né à Paris. — 93, r. d'Angoulême, 11°.

2728 Nu.
2729 Paysage.

MALNATI (Jeanne) — 1929 — née à Champignelles (Yonne). — 130, rue Lecourbe, 15°.

2730 Paysage pyrénéen. — 450 fr.
2731 Paysage bourguignon. — 450 fr.

MANAGO (Dominique) — 1926 — né à Tunis. — 10, rue de Paradis, 10°.

2732 Vue de Provence. — 3.000 fr.
2733 Barque de pêcheurs. — 3.000 fr.

MANAGO (Vincent) — 1926 — né à Catane. — 10, rue de Paradis, 10°.

2734 Saint-Tropez, pêcheur d'oursins. — 3.000 fr.
2735 La Corniche, à Marseille. — 3.000 fr.

MANDELBAUM (Éphraïm) — 1930 — né en Pologne — Polonais. — 9, rue Campagne-Première, 14°.

2736 Enfant au travail. — 2.000 fr.
2737 Nature morte. — 2.000 fr.

MANDLER (Ernest) — 1930 — né à Humpolec — Tchécoslovaque. — 13, rue Washington, 8°.

2738 Portrait de M. Pierre Taittinger, député de Paris. — Appartient à M. Taittinger.
2739 Nu. — 5.500 fr.

MANGE (José) — 1925 — né à Toulon. — 8, rue du Mûrier, Toulon (Var).

2740 Nature morte. — 600 fr.
2741 Etude. — 600 fr.

MANGIN (Mlle Odette) — 1928 — née à Saint-Berthevin. — 30, rue Mazagran, Laval (Mayenne).

2742 Mon père. — Appartient à l'auteur.
2743 Nature morte, au pays breton. — 800 fr.

MANTELET-MARTEL (André) — 1921 — né à Pontoise. — 40, rue Caulaincourt, 18e.

2744 Bateaux de pêche à La Rochelle. — 800 fr.
2745 Bateaux de pêche à La Rochelle. — 800 fr.

MANZ (C.) — 1921 — né à Zurich — Suisse. — 40, rue Denfert-Rochereau, 5e.

2746 Peinture. — 2.000 fr.
2747 L'aqueduc. — 2.000 fr.

MARAIS (Georges-Edouard) — 1920 — né à Paris. — 7, rue de Balzac, Franconville (S.-et-O.).

2748 Sous-bois, Franconville (Seine-et-Oise). — 350 fr.
2749 Fleurs. — 450 fr.

MARCA (René) — 1921 — né à Paris. — 27, boulevard Rochechouart, 9e.

2750 Croquis.
2751 Peinture.

MARCEL-BÉRONNEAU (Germaine) — 1926 — née à Paris. — 11, impasse Ronsin, 15e.

2752 Sur le golfe d'Ajaccio (Corse). — 2.000 fr.
2753 Peinture.

MARCEL-BÉRONNEAU (Pierre) — 1906 — né à Bordeaux. — 11, impasse Ronsin, 15e.

2754 Peinture.
2755 Peinture.

MARCEL-CRUPPI (Mme Alice) — 1923 — née à Paris. — 10, rue de Bellechasse, 7e.

2756 Jomart-en-Provence, temps gris. — 400 fr.
2757 L'épicerie de Brusc, Provence. — 500 fr.

MARCEL-GAILLARD — 1912 — né à Abbeville (Somme). — 5, rue Chaptal, 9e.

2758 Nostalgie. — 3.000 fr.
2759 Pastorale. — 6.000 fr.

MARCHAL (Achille) — 1903 — né à Saint-Denis (Seine). — Boite postale nº 8, Meaux (S.-et-M.).

2760 Paysage. — 950 fr.
2761 Paysage. — 950 fr.

MARCHAND (Suzanne) — 1930 — née à Paris. — 14, boulevard Beaumarchais, 11e.

2762 L'arbre rose (aquarelle). — 400 fr.

MARCHE (Paul) — 1928 — né à Semilly (Haute-Marne). — 8, rue Saint-Médéric, Versailles.

2763 Un coin des promenades à Metz. — 400 fr.
2764 Le grand parc, Versailles. — 400 fr.

MARCYA-FROMENT — 1930 — née à Paris. — 36 *bis*, rue de Dunkerque, 10e.

2765 Couple. — 1.200 fr.
2766 Perversité. — 900 fr.

MAREMBERT (Jean) — 1925 — né à Bourbon-l'Archambault (Allier). — 9, rue Campagne-Première, 14e.

2767 Peinture. — 2.500 fr.
2768 Peinture. — 1.500 fr.

MARESCHAL (Mlle Yvonne) — 1922 — née à Albertville (Savoie). — 15, avenue Ledru-Rollin, 12e.

2769 Peinture. — 3.500 fr.
2770 Peinture. — 1.800 fr.

MARGANTIN (Louis) — 1925 — né à Laval. — 9, rue Campagne-Première, 14ᵉ.

2771 Pêcheurs, Bretagne. — 2.000 fr.
2772 Rue à Tréboul. — 1.200 fr.

MARGAT (André) — 1928 — né à Paris. — 115, rue de la Convention, 15ᵉ.

2773 Ours des cocotiers. — 2.000 fr.
2774 Lion couché. — 1.200 fr.

MARGOTTET (Lucien) — 1925 — né à Saint-Gerand-le-Puy. — 29, rue des Favorites, 15ᵉ.

2775 Nature morte. — 1.400 fr.
2776 Paysage. — 750 fr.

MARGUINAUD (Ernest) — 1930 — né à Saint-Maurice (Creuse). — 204 *bis*, rue de la Croix-Nivert, 15ᵉ.

2777 Nature morte au chapeau. — 2.600 fr.
2778 Trébeurden, Pointe de Bihit. — 1.200 fr.

MARIANI (Mˡˡᵉ Andrée) — 1928 — née à La Seyne-sur-Mer (Var). — 2, rue Gramme, 15ᵉ.

2779 Peinture.
2780 Peinture.

MARICHAL (Edouard) — 1925 — né à Amiens (Somme). — Avenay (Marne).

2781 Le gué, à Fontaine-sur-Ay. — 1.300 fr.
2782 Matin printanier. — 900 fr.

MARIE (Irène-Félicienne) — 1922 — née à Paris. — 50, rue Vercingétorix, 14ᵉ.

2783 Paysage (paravent). — 18.000 fr.
2784 Coqs (paravent). — 3.000 fr.

MARIE-PORTET (Jeanne) — 1928 — née à Castelnau-Durban (Ariège). — 236, rue de Tolbiac, 13ᵉ.

2785 Etude. — 1.200 fr.
2786 Boulevard Blanqui. — 1.000 fr.

MARIN (Emile) — 1925 — né à Landreau (Loire-Inférieure). — 38, rue Rochechouart, 9e.

2787 Lendemain de tempête. — 1.500 fr.
2788 Les dahlias. — 1.000 fr.

MARIN (Olympe-Julie) — 1928 — née à Marseille. — 55, rue Montmartre, 2e.

2789 Nature morte, gibiers et fruits. — 500 fr.
2790 Portrait de M. Michel, avocat, conseiller général des Bouches-du-Rhône.

MARINETTI (José) — 1930 — né à Alger. — 39, rue du Mont-Cenis, 18e.

2791 Figure. — Appartient à l'auteur.
2792 Paysage. — Appartient à l'auteur.

MARIN-GILLES (Blanche) — 1930 — née à Paris. — 19, rue Péligot, Enghien-les-Bains (S.-et-O.).

2793 Nature morte. — 1.500 fr.
2794 Paysage de Villiers-sur-Morin. — 1.000 fr.

MARINIER (Lucien) — 1930.

2794 *bis* Sculpture.
2794 *ter* Sculpture.

MARMAIN (Raymonde) — 1930 — née à Vouillé (Vienne). — 60, avenue de la Rochelle, Niort (Deux-Sèvres).

2795 Paysage.
2796 Paysage.

MARNAC (Mlle Suzanne) — 1927 — née à Paris. — 13, rue de Monttessuy, 7e.

2797 Nu. — 2.000 fr.
2798 Nu. — 2.000 fr.

MARONI (Jean) — 1930 — né à Paris. — 18, avenue Bugeaud, 16e.

2799 Le toit rouge. — 1.100 fr.
2800 Paysage. — 700 fr.

MARONI (Marcelle) — 1929 — née à Paris. — 18, av. Bugeaud, 16e.

2801 Nature morte. — 1.200 fr.
2802 Nature morte. — 600 fr.

MARRAST (Pierre) — 1924. — 13, rue Bonaparte, 6e.

2803 Port. — 4.500 fr.
2804 Pêcheurs. — 10.000 fr.

MARSEILLE (Pierre) — 1922 — né à Marseille. — 56, rue Sainte, Marseille, et Galerie Carmine, 51, rue de Seine, 6e.

2805 Le port de Cassis. — 2.500 fr.
2806 Temps gris, Cassis. — 1.800 fr.

MARTEL (Jean-René) — 1922 — né au Mollin (Vendée). — 10, rue Mallet-Stevens, 16e.

2807 Sculpture.
2808 Sculpture.

MARTEL (Joël-Claude) — 1922 — né au Mollin (Vendée). — 10, rue Mallet-Stevens, 16e.

2809 Sculpture.
2810 Sculpture.

MARTEL (Louis-Victor) — 1928 — né à Lagrasse (Aude). — 7, rue des Deux-Frères, Le Chesnay-Versailles (S.-et-O.).

2811 Irène. — 1.000 fr.
2812 Jumeaux. — 1.000 fr.

MARTIGNY (Florent) — 1930 — né à Marcy (Aisne). — 7, rue du Commandant-Rivière, 8e.

2813 Caïn (sculpture) (pierre silithe). — 2.500 fr.
2814 Nymphe à la fontaine (sculpture) (terre cuite). — 1.500 fr.

MARTIN (Albert) — 1930 — né à Paris. — 77, r. Mademoiselle, 15e.

2815 Rue Saint-Julien-le-Pauvre, Paris. — 1.200 fr.
2816 Pluie. — 1.500 fr.

MARTIN (Edmond) — 1930 — né à Monéteau (Yonne). — 9, rue de la Villa, Sèvres (S.-et-O.).

2817 Château-Guillaume, l'église. — 500 fr.
2818 L'automne à Saint-Cloud. — 1.200 fr.

MARTIN (Jean-Albert) — 1930 — né à Paris. — 77, rue Mademoiselle, 15ᵉ.

2819 Peinture.
2820 Peinture.

MARTIN (Maurice-Ch.) — 1927 — né à Saint-Ouen (Seine). — 66, rue de Vouillé, 15ᵉ.

2821 La femme aux roses. — 5.000 fr.
2822 Intérieur. — 1.000 fr.

MARTIN (René) — 1926 — né à Agen. — Villa Simonne, chemin de la Mare, Sannois (S.-et-O.).

2823 Au bord de l'étang (paysage). — 800 fr.
2824 L'éclaircie (marine). — 1.500 fr.

MARTINET (Henry) — 1923 — né à Bercenay-le-Hayer (Aube). — 9, rue Alain-Chartier, 15ᵉ.

2825 Portrait : Un brave homme (sculpture) (bronze).

MARTONNE (Mˡˡᵉ Souazic de) — 1929 — née à Rennes. — 248, boulevard Raspail, 14ᵉ.

2826 Fermes (Tarn). — 500 fr.
2827 Peinture. — 350 fr.

MARTOUGEN (Stanislas) — 1905 — né à Givet (Ardennes). — 95, rue de Vaugirard, 6ᵉ.

2828 Dans les ruines. — 15.000 fr.
2829 Solitude. — 10.000 fr.

MASSÉ (Jacqueline) — 1929 — née à Paris. — 18, rue Henri-Heine, 16ᵉ.

2830 La femme au geai (portrait). — 4.000 fr.
2831 Portrait de M. J. V...

MASSIN (Louis) — 1907 — né à Paris. — 95, rue de Vaugirard, 6ᵉ.

2832 Maréchal-ferrand. — 4.000 fr.
2833 Clôture des Jacobins 20 Brumaire, An III). — 10.000 fr.

MASSON (Edmée) — 1923 — née à Carouge — Suisse. — Porquerolles (Var).

2834 Paysage. — 3.000 fr.
2835 Paysage. — 1.000 fr.

MASSON (Elia) — 1923 — née à Carouge (Genève) — Suisse. — 23, place du Marché, Carouge-Genève (Suisse).

2836 Portrait (aquarelle). — Appartient à l'auteur.
2837 Chien (peinture). — 1.000 fr.

MASSON (Emile-Louis-Claude) — 1924 — né à Paris. — 229, rue des Pyrénées, 20ᵉ.

2838 Alignements de Carnac (peinture). — 500 fr.
2839 Trôo (L.-et-C.) (aquarelle). — 500 fr.

MASSON (Jean-Henri) — 1927 — né à Silly (Oise). — 9, rue Octave-Feuillet, 16ᵉ.

2840 Sous-bois. — 4.000 fr.
2841 Bords de Marne, Noisiel. — 4.000 fr.

MASSON (Jules-Placide) — 1924 — né à Maubeuge (Nord). — 34, rue des Boulets, 10ᵉ.

2842 «La cour » chez les maraîchers, banlieue de Paris. — 6.900 fr.
2843 Nymphe à la source. — 3.500 fr.

MASSON (Paul) — 1925 — né à Mons — Belge. — 7, rue Antoine-Chantin, 14ᵉ.

2844 Paysage. — 400 fr.
2845 Paysage. — 400 fr.

MASSON (Roger) — 1926 — né à Doulaincourt. — Doulaincourt (Haute-Marne).

2846 Nature morte. — 3.000 fr.
2847 Chrysanthèmes. — 1.800 fr.

MASURE (Georges-Paul) — 1906 — né à Paris. — 195, rue de Vaugirard, 15ᵉ.

2848 Le château d'Amboise, soir. — 800 fr.
2849 Études de pins (I.-et-L.). — 700 fr.

MATHERON (Antoine) — 1926 — né à Effiat (P.-de-D.). — 27 *bis*, rue Lucien-Jeannin, La Garenne-Colombes (Seine).

2850 Ferme Tourangelle. — 300 fr.
2851 Autour du clocher, Fondettes (I.-et-L.). — 500 fr.

MATHEY (Juliette) — 1913 — née à Paris. — 40, rue Denfert-Rochereau, 5ᵉ.

2852 Fleurs. — 2.500 fr.
2853 Nature morte. — 2.500 fr.

MATOS (Mˡˡᵉ Antonia) — 1930 — née au Guatémala — Guatémalienne. — 61, avenue Marceau, 16ᵉ.

2854 Paysage tropical. — 2.500 fr.
2855 Tête indienne. — 3.500 fr.

MATRICON (Martin) — 1930 — né à Terrenoire (Loire). — 2, rue de la Verrerie, 4ᵉ.

2856 Mirage dans l'eau. — 800 fr.
2857 La prière. — 800 fr.

MATTHEY (Octave) — 1924 — né à La Brevine — Suisse. — 83, boulevard du Montparnasse, 6ᵉ.

2858 Étude (dessin). — 1.200 fr.
2859 Étude (dessin). — 1.200 fr.

MAUPRIVEZ (Mˡˡᵉ Geneviève) — 1929 — née à Compiègne. — 73, boulevard Malesherbes, 8ᵉ.

2860 Portrait de Mᵐᵉ L... — Appartient à l'auteur.
2861 Nature morte. — 1.100 fr.

MAUREAU (Jean) — 1928 — né à Avignon. — 2, place Grand-Paradis, Avignon (Vaucluse).

2862 Peinture.
2863 Peinture.

MAURÈS (René) — 1930 — né à Paris. — Avenue Bellevue, Cagnes-sur-Mer (Alpes-Maritimes).

2864 Port d'Antibes. — 700 fr.
2865 Paysage d'Orange. — 600 fr.

MAURICE-PERROT (Ferdinand) — 1926 — né à Verneuil-sur-Seine. — 130, boulevard Brune, 14ᵉ.

2866 Intérieur. — 4.000 fr.
2867 Nu. — 3.000 fr.

MAURICHEAU-BEAUPRÉ (L.) — 1928 — né à Paris. — 88 *bis*, boulevard La Tour-Maubourg, 7ᵉ.

2868 Buste de jeune fille (portrait de Mˡˡᵉ C...) (sculpture).
2869 Vitrine contenant des sculptures. — 500 fr. chacune.

MAURY-NICOL — 1928 — né à Paris. — 21, rue Raynouard, 16ᵉ.

2870 Le Prieur (sculpture).
2871 Le Frère lai (sculpture).

MAX (René) — 1920 — né à Constantinople — Arménien. — 2, passage de Dantzig, 15ᵉ.

2872 Femme devant son miroir. — 1.000 fr.
2873 Les deux amies. — 1.000 fr.

MAYNADIÉ (Charles-Emmanuel) — 1921 — né à Paris. — 38, rue de la Clef, villa Monge, 5ᵉ.

2874 La carrière de grès. — 1.500 fr.
2875 Peinture. — 500 fr.

MAYNTZ (Richard) — 1929 — né à Aix-la-Chapelle — Allemand. — 7, cité Falguière, 15ᵉ.

2876 Homme et femme. — 9.200 fr.
2877 Deux femmes. — 9.200 fr.

MAYOR (Jean) — 1927 — né à Barcelone — Espagnol. — 83, rue Vallier, Levallois-Perret (Seine).

2878 Nu. — 3.500 fr.
2879 Chrysanthèmes. — 1.600 fr

MEDGYES (Ladislas) — 1921 — né à Budapest — Hongrois. — 74, rue de Sèvres, 7e.

2880 Peinture. — 4.500 fr.
2881 Peinture. — 3.500 fr.

MEDICI (Osvaldo) — 1925 — né à Turin — Italien. — 24, rue Bonaparte, 6e.

2882 Village (Nièvre). — 4.000 fr.
2883 Nature morte. — 2.500 fr.

MEEUS (Robert) — 1921 — né à Anderlecht. — 29, rue des Martyrs, 9e.

2884 Fleurs. — Appartient à Mme Boirre-Lépousé.
2885 La mare. — 2.000 fr.

MÉGRAS (Georges) — 1930 — né à Paris. — 46, r. de la Chine, 20e.

2886 Le Mont Saint-Michel. — 500 fr.
2887 Les pêcheurs. — 500 fr.

MÉGRET (Solange) — 1930 — née à Montluçon. — 1, rue du Midi, Neuilly-sur-Seine (Seine).

2888 Chrysanthèmes.
2889 Roses.

MEINSEL (Alexandre) — 1922 — né à Tigy (Loiret). — Rue Saint-Vincent, 18e.

2890 Pommiers en fleurs. — 1.800 fr.
2891 Effet d'automne, Versailles. — 1.800 fr.

MEISSER (Léonard) — 1927 — né à Coire — Suisse. — 17, avenue Allendy, 15e.

2892 Nature morte. — 1.200 fr.
2893 Le repos. — 800 fr.

MELAN (Andrée) — 1921 — née à Paris. — 58, r. des Martyrs, 9e.

2894 Petit pianiste.
2895 Enfant riant. — 1.500 fr.

MELENDEZ (Mlle Joanna) — 1923 — née à Boulogne-sur-Mer (Pas-de-Calais). — 48, rue Saint-Ferdinand, 17e.

2896 Peinture.
2897 Peinture.

MELKA (Jaro) — 1926 — né à Prague — Tchécoslovaque. — Parizska tr. c 6, Prague I (Tchécoslovaquie).

2898 Paysage de Cataluna. — 6.000 fr.
2899 Un tableau. — 6.000 fr.

MÉNAGE (Raymond) — 1929 — né à Paris. — 104, boulevard Saint-Germain, 6e.

2900 Amour maternel (sculpture). — 850 fr.
2901 Éducation (sculpture). — 600 fr.

MÉNARD (Madeleine) — 1928 — née à Levallois-Perret. — 12, rue Mouton-Duvernet, 14e.

2902 Paysage. — 1.000 fr.
2903 Danseurs basques. — 1.000 fr.

MENARDEAU (Maurice) — 1930. — 3, sente des Bruyères, Sèvres (Seine-et-Oise).

2904 Marine. — 4.000 fr.
2905 Marine. — 2.000 fr.

MENCIONI (Mme Madeleine-P.) — 1929 — née à Bois-Colombes. — 43, boulevard Lannes, 16e.

2906 Frivolités. — 2.500 fr.
2907 Sérénité. — 2.500 fr.

MENON (Pierre-Louis) — 1921 — né à Grenoble. — Montaigu, par Villiers-sur-Morin (S.-et-M.).

2908 Crépuscule. — 2.000 fr.

MERCADIER (Simone) — 1930 — née à Cassaigne (Oran). — 12, rue d'Igli, Oran (Algérie).

2909 Nature morte aux pamplemousses. — 500 fr
2910 La place de la Bastille à Oran. — 500 fr.

MERCEREAU (Albert) — 1930 — né à Paris. — 7, rue de l'Estrapade, 5e.

2911 Église de Berneuil (Oise). 2.000 fr.

MERCIER (Albert) — 1930 — né à Wattrelos. — Contour Saint-Liévin, n° 23, Wattrelos (Nord).

2912 Anscrémine, La Meuse. — 1.300 fr.
2913 Au Tapis vert, route de Cadé. — 1.300 fr.

MERCIER DE LATOUCHE (Geoel) — 1926 — né à Ballans (Charente-Inférieure). — 10, rue du Chevalier-de-la-Barre, 18e.

2914 Effet de neige. — 2.500 fr.
2915 Effet de soleil, lac Suisse. — 2.000 fr.

MERCKEL (Emile) — 1920 — né à Paris. — 3, boulevard de Belleville, 11e.

2916 Le goûter. — 350 fr.

MERCY (Mme Louise de) — 1924 — née à Puteaux. — 152, rue Lamarck, 18e.

2917 Roses roses. — 700 fr.
2918 Roses rouges. — 500 fr.

MERINOFF (Dimitri) — 1927 — né à Pskow — Russe. — 65, rue Blomet, 15e.

2919 Peinture.
2920 Peinture.

MERIO-AMEGLIO — 1924 — né à San Remo — Italien. — 31, rue Berzélius, 17e.

2921 Église de la Madeleine, Martigues. — 2.500 fr.
2922 Route de Martigues. — 2.500 fr.

MERIOT (Jules) — 1922 — né à Paris. — 140, boul. Magenta, 10e.

2923 La dernière côte, Souillac. — 300 fr.
2924 Paysage breton. — 200 fr.

MERLAUD (Camil) — 1911 — né à Verteillac. — Verteillac (Dordogne).

2925 La brûleuse d'herbes (peinture). — 750 fr.
2926 Marché difficile (statuette stuc). — 450 fr.

MERLIN (Henri) — 1926 — né à Chatenois (Vosges). — 65, rue Claude-Bernard, 5e.

2927 Bords de la Marne. — 2.000 fr.
2928 En Lorraine. — 1.500 fr.

MÉROU (Paulette) — 1928 — née à Paris. — 7, rue Abel, 12e.

2929 Chrysanthèmes (aquarelle). — 400 fr.
2930 Radis (aquarelle). — 200 fr.

MÉROU (Suzanne) — 1928 — née à Paris. — 7, rue Abel, 12e.

2931 Anémones (aquarelle). — 350 fr.
2932 Roses rouges (aquarelle). — 350 fr.

MESLAY (Charles) — 1922 — né à Saint-Brieuc. — 14, rue des Moines, 17e.

2933 Saint-Malo, la Porte de Dinan. — 300 fr.
2934 Ploumanach, oratoire de Saint-Guirec. — 400 fr.

MESNIANKINE (Vladimir) — 1929 — né à Stavropol (Russie) — Russe. — 10, rue des Bons-Enfants, Saint-Ouen (Seine).

2935 Buste de Mlle Françoise (sculpture) (marbre). — Appartient à M. Chanoine.
2936 Buste de M. A. Ch. (sculpture) (bronze). — Appartient à M. Ch.

MESSEMIN (Eugène) — 1907 — né à La Chapelle-Saint-Mesmin (Loiret). — 13, place Jean-Jaurès, Saint-Denis (Seine).

2937 Bords de Loire. — 1.000 fr.
2938 La Loire. 1.000 fr.

METGEN (Roger) — 1930 — né à Paris. — 12, rue de Crimée, 19e.

2939 Rue de Savies, Ménilmontant. — Appartient à l'auteur.
2940 Un vieux coin de Belleville. — Appartient à l'auteur.

MEUNIER (Raymond) — 1930 — né à Paris. — 88 *bis*, boulevard de Port-Royal, 5e.

2941 Campagne, à Salon-de-Provence. — 1.000 fr.
2942 Le vieux chemin des Saubejcots. — 800 fr.

MEYER (Lucie) — 1930 — née à Paris. — 4, rue Mizon, 15e.

2943 Une vitrine de reliures :

Louis Aragon, « Anicet », édition originale Lafuma, reliure velours parchemin étui. — 250 fr.; Pierre Mac Orlan, « La Maison du retour écœurant », édit. Kieffer. Reliure maroquin vert et noir, parchemin, filets, étui gainé. — 500 fr.; Oscar Wilde, « Le Portrait de Dorian Gray », édition originale, trad. Jaloux. Reliure plein maroquin vert, gardes maroquin noir, décoration, étui gainé. — 750 fr.; Jules Renard, « Poil de Carotte ». — Appartient à l'auteur.

MEYTRAUD (Roger) — 1926 — né à Paris. — 14, r. Lapeyrère, 18e.

2944 Fonds-Brûlé (Martinique). — Appartient à l'auteur.
2915 L.-O. Frossard, Sous-Secrétaire d'État aux Colonies. — Appartient à M. Delmont.

MÉZERETTE (Edmond) — 1921 — né à Saint-Pierre-le-Moûtier (Nièvre). — 5, rue Alphonse-Daudet, 14e.

2946 Canal à Sancoins. — 1.200 fr.
2947 Nu. — 5.000 fr.

MEZÉROVA (Julie-W.) — 1929 — née à Upice — Tchécoslovaque. — 21, rue Massenet, 16e.

2948 Au travail. — 6.000 fr.
2949 Paysage. — 2.000 fr.

MIAULET (William) — 1908 — né à Nîmes. — 10, rue de Buci, 6e.

2950 Un lavoir en Provence. — 600 fr.
2951 Le clown chez les poupées. — 800 fr.

MICHAUT (Angel) — 1925 — né à Paris. — 55, rue Claude-Bernard, 5e.

2952 Voluptueuse. — 2.000 fr.
2953 Nivea. — 800 fr.

MICHEL (Edmond) — 1929 — né à Gennevilliers. — 89, boulevard d'Epinay, Gennevilliers (Seine).

2954 L'orage. — 2.000 fr.
2955 Nature morte. — 4.000 fr.

MICHEL (Henry) — 1930 — né à Alger. — 19, villa Duthy, 14e.

2956 Saint-Georges-de-Didonne, phare et rochers de Vallière. — 800 fr.
2957 Vieilles tanneries à Pontivy (Morbihan). — 500 fr.

MICHELB (Louis) — 1930 — né à Paris. — 90, avenue des Batignolles, Saint-Ouen (Seine).

2958 La permission de détente. — 10.000 fr.
2959 La tentation de saint Antoine. — 6.000 fr.

MICHEL-JEAN (Hubert) — 1926 — né à Paris. — 6, impasse Bardou, 15e.

2960 L'orage monte. — 500 fr.
2961 Brume. — 500 fr.

MIGETTE-PÉRARD (Anne-Marie) — 1926 — née à Avesnelles (Nord). — 17, rue Félix-Faure, Enghien (S.-et-O.).

2962 Portrait. — 1.500 fr.
2963 Nature morte de ma fille. — 600 fr.

MIGOT (Georges) — 1921 — né à Paris. — 6, rue Sedaine, 11e.

2964 Route du cimetière de Villemeux (E.-et-L.). — 1.500 fr.
2965 Maison, Villemeux. — 1.500 fr.

MIKENAS (Juozas) — 1929 — né en Lithuanie — Lithuanien. — Royal-Card. Hôtel, 1, rue des Ecoles, 5e.

2966 Le loup (sculpture). — 3.000 fr.
2967 Composition (fresque). — 1.000 fr.

MIKOUMO (Shonozuké) — 1930 — né à Kyoto — Japonais. — Chez M. Hattori, S. A. Mitsubishi, 144, av. des Champs-Elysées, 8e.

2968 Portrait.
2969 Une étude de paysage. — 2.000 fr.

MILCENT (Aimé) — 1927 — né à Paris. — 45, rue Saint-Denis, Asnières (Seine).

2970 Comme « tite » mère, rouge et noir. — 4.000 fr.
2971 Famille du sabotier. — 4.000 fr.

MILEVSKI (Vitoldo) — 1927 — né à Riga — Polonais. — 20, rue Ramey, 18e.

2972 Coucher de soleil à Menton (Côte d'Azur). — 2.500 fr.
2973 Au clair de lune à Antibes (Côte d'Azur). — 2.500 fr.

MILLARD (Ernest) — 1905 — né à Paris. — 7, boul. Arago, 13e.

2974 A Camaret (aquarelle). — 600 fr.
2975 Mer basse à Camaret (aquarelle). — 600 fr.

MILLER (Eugénie) — 1928 — née à Pétrograd — Russe. — 117, rue Saint-Dominique, 7e.

2976 Jour de fête. — 2.000 fr.
2977 Les cimes. — 1.000 fr.

MILLET (Mme Géraldine) — 1925 — née à Providence (Etats-Unis). — 100, rue d'Assas, 6e.

2978 La petite couturière. — 2.000 fr.

MILLINGEN (Mlle Cora Van) — 1930 — née à Alexandrie — Anglaise. — 5, villa Flore, avenue Mozart, 16e.

2980 Nu. — 600 fr.
2981 Nu. — 600 fr.

MILLOT (Eugène) — 1906 — né à Paris. — 6, rue de Fécamp, 12e.

2982 Nu au soleil. — 2.000 fr.
2983 Nu au soleil. — 2.000 fr.

MILOCH (Enrico) — 1930 — né à Trieste — Italien. — 56, rue du Capitaine-Marchal, 20e.

2984 Porto istriano. — 1.500 fr.
2985 Porto istriano. — 1.500 fr.

MINHARD (Germaine) — 1930 — née à Paris. — 13, rue de la Croix-Faubin, 11e.

2986 L'immortel bois vendéen. — 10.000 fr.
2987 Paysage franco-suisse. — 7.000 fr.

MIRKA (José) — 1912 — née à Paris. — 3, rue Blaise-Desgoffe, 6e.

2988 En Morvan, crépuscule d'hiver. — 1.500 fr.
2989 En Morvan, reflets d'hiver dans le Garrat. — 1.500 fr.

MITRINOVITCH (Dragutin) — 1930 — né à Prijedar — Yougoslave. — 14, rue de la Pépinière, Bourg-la-Reine (Seine).

2990 Paysage de Sanary-sur-Mer. — 2.500 fr.
2991 Paysage de Montmartre. — 3.000 fr.

MITSUI (Yoshitaro) — 1930 — né à Tokio (Japon) — Japonais. — 96-98, Grande-Rue, Bry-sur-Marne (Seine).

2992 Paysage. — 1.500 fr.
2993 Paysage. — 700 fr.

MOC-GEO — 1930 — né à Lausanne. — 10, r. Maria-Deraismes, 17e.

2994 Pavillon du Lac. — 500 fr.
2995 Pavillon de la Cascade. — 500 fr.

MODESTI (Dominique-Nonce) — 1928 — né à Alger. — 4, rue Génin, Saint-Denis (Seine).

2996 Neige. — 2.500 fr.
2997 Peinture. — 1.800 fr.

MOGNIAT-DUCLOS (Bertrand) — 1926 — né à Sedan. — 9, rue Campagne-Première, 14e.

2998 Jour de fête. — 10.000 fr.
2999 Repos. — 1.000 fr.

MOHRIEN (Achille) — 1907 — né à Paris. — 1 *bis*, rue Saint-Gilles, 3e.

3000 Bois de sapins le soir. — 1.000 fr.
3001 Sortie de la chapelle Sainte-Anne, Saint-Tropez (Var). — 1.500 fr.

MOISANT (Georges) — 1925 — né à Tours (I.-et-L.). — 1, place du Général-Chanzy, Vitry-sur-Seine (Seine).

3002 Tartanes toulonnaises, port de Saint-Tropez (Var). — 1.000 fr.
3003 Au Cap Brun, le Rocher de Sainte-Marguerite près Toulon (Var). — 1.200 fr.

MOLDOVAN (Sacha) — 1930 — né à Kishieneif (Russie) — Américain. — 36, avenue de Châtillon, 14e.

3004 Portrait. — 1.500 fr.
3005 Paysage. — 3.000 fr.

MOLOSTVOFF (Boris) — 1928 — né à Kazan — Russe. — 59, avenue de la Marne, Asnières (Seine).

3006 Maquette, saint Michel et le dragon (plâtre). — Appartient à l'auteur.
3007 Tête de saint Michel (plâtre). — Appartient à l'auteur.

MONCEAUX (Mlle Sabine) — 1930 — née à Bergues (Nord). — 47, rue de Verrières, Antony (Seine).

3008 La Rance et Saint-Servan. — 800 fr.
3009 La Rance. — 800 fr.

MONDAIN (Jean) — 1923 — né à La Chapelle-Rousselin (M.-et-L.). — 55, quai des Grands-Augustins, 6e.

3010 Le vieux puits. — 2.000 fr.
3011 Le Roc de l'Aigle, Ajaccio. — 1.200 fr.

MONDIN (Yvonne) — 1921 — née à Condom (Gers). — 40, rue Denfert-Rochereau, 5e.

3012 La ménagère. — 2.000 fr.
3013 Nature morte. — 1.500 fr.

MONGINOT (Charlotte) — 1925 — née à Paris. — 50, rue Vercingétorix, atelier 31, 14e.

3014 Les glands (terre cuite). — 4.000 fr.
3015 Maternité (terre cuite). — 3.000 fr.

MONMÉLIEN (Édouard) — 1920 — né à Paris. — 66, Grande-Rue, Flers-de-l'Orne.

3016 Barques de pêche (aquarelle). — 300 fr.
3017 Marine (aquarelle). — 300 fr.

MONNIEZ (Charles) — 1929 — né à Lys-lez-Launoy (Nord). — Villa « Corot », 2, rue d'Arcueil, 14e.

3018 Portrait.
3019 Portrait.

MONNOT (Maurice) — 1914 — né à Paris. — 12, avenue Eugène-Carrière, Gournay-sur-Marne (S.-et-O.).

3020 Les récureuses. — 6.000 fr.
3021 Les repasseuses. — 6.500 fr.

MONTAL (Louis-Alexandre) — 1920 — né à Cahors. — 128 *ter*, boulevard de Clichy, 18e.

3022 Le moulin du Saut (Haut-Quercy). — 5.000 fr.
3023 Chemin des Fontenelles, Triel. — Collection M.

MONTEIL (Louis-Jacques) — 1920 — né à Paris. — Barbizon (Seine-et-Marne).

3024 Peinture. — 3.000 fr.
3025 Peinture. — 3.000 fr.

MONTJEAN (André) — 1930 — né à Mont-de-Marsan. — 19, rue de l'Orangerie, Versailles (S.-et-O.).

3026 Intérieur de la cathédrale de Chartres. — 500 fr.
3027 Intérieur de la cathédrale de Chartres. — 300 fr.

MONTMEROT (Albert) — 1921 — né à Autun. — 35, boulevard Pasteur, 15e.

3028 Paysage de l'Autunois. — 6.000 fr.
3029 Peinture. — 2.000 fr.

MORANTIN (Louis-Robert) — 1930 — né à Saint-Nazaire. — 6, rue Lekain, 16e.

3030 Une vitrine contenant cinq objets d'art maritime : *a*) Naufrage. — 1.500 fr. ; *b*) Au Pôle Nord. — 2.000 fr. ; *c*) Marine. — 1.500 fr. ; *d*) Caravelle. — 2.000 fr. ; *e*) Brick goëlette. — 1.500 fr.
3031 Vitrine : Christophe Colomb en Amérique (ensemble de trois caravelles). — 3.000 fr.

MORAS (Paul-Albert) — 1921 — né à Bordeaux. — A Molosmes, par Tonnerre (Yonne).

3032 Peinture. — 600 fr.
3033 Peinture. — 500 fr.

MOREAU (Albert) — 1927 — né à Doyet (Allier). — 89, rue de Bagnolet, 20e.

3034 Puychatonnain (Allier). — 500 fr.
3035 Rue de Torcy (Seine-et-Marne). — 500 fr.

MOREAU (Gaston-Auguste) — 1911 — né à Paris. — 20, rue Pierre-Corby, Clamart (Seine).

3036 Ce crime : la guerre ! Le vampire, les fauteurs de guerres ; la mère ; le profiteur ; le mutilé. — 15.000 fr.
3037 La Dordogne à Beaulieu (Corrèze). — 1.800 fr.

MOREAU (Henri) — 1928 — né à Sens. — 30, Clos-le-Roi, Sens (Yonne).

3038 Projet d'escalier décoratif. — Vendu.
3039 Projet d'une entrée de musée. — Vendu.

MOREAU (Serge-Henri) — 1922 — né à Saint-Mihiel (Meuse). — 45, boulevard Lefebvre, 15e.

3040 Le petit pressoir. — 4.000 fr.
3041 Nature morte à la mandoline. — 2.500 fr.

MOREAU-MESSY (Jacques) — 1928 — né au Blanc (Indre). — 1, rue Leclerc, 14e.

3042 Jour de fête.
3043 Peinture.

MOREIGNE-GEORGESON (Mlle Christine) — 1928 — née à Paris — Américaine. — 11 *bis*, rue Schœlcher.

3044 Peinture.
3045 Peinture.

MOREL (Alexandre) — 1930 — né à Argenteuil. — 60, rue Vallier, Levallois-Perret (Seine).

3046 Tapisserie-fourrure. — 4.000 fr.

MOREL-BAKER (Maurice) — 1928 — né à Boulogne-sur-Seine. — 62, rue Escudier, Boulogne-sur-Seine.

3047 Peinture. — 150 fr.
3048 Effet de neige. — 600 fr.

MORÈRE (René-Jean-Marie) — 1930 — né à Paris. — 106, rue de la Pompe, 16e.

3049 Femme à la robe rouge. — 4.000 fr.
3050 Nu couché. — 3.000 fr.

MORET (Marcel) — 1926 — né à Abbeville (Somme). — 20, rue des Trois-Frères, 18e.

3051 Le vieux moulin. — 1.200 fr.
3052 L'allée. — 1.000 fr.

MORETTI (Luigi) — 1912 — né à Venise — Italien. — 83, rue de la Tombe-Issoire, 14e.

3053 Venise, Bacino S.-Marco. — 3.000 fr.
3054 Venise, Pescherior (Grand Canal). — 3.000 fr.

MORI (Camilo) — 1930 — né à Valparaiso (Chili) — Chilien. — 19, rue Daguerre, 14e.

3055 Peinture. — 2.000 fr.
3056 Peinture. — 1.000 fr.

MORIANNY (Emilie) — 1927 — née à Liége. — 56, boulevard de Clichy, 18e.

3057 Fleurs. — 450 fr.
3058 Fleurs. — 300 fr.

MORIN (Fernand) — 1906 — né à Saint-Aubin-de-Baubigné (Deux-Sèvres). — 25, rue Turgot, 9e.

3059 La moisson, Pouzauges (Vendée). — 3.000 fr.
3060 Paysage du Poitou. — 1.300 fr.

MORIN (René) — 1927 — né à La Rochelle. — 14, rue Jacquemont, 17e.

3061 La Rochelle, l'entrée du port la nuit. — 3.000 fr.
3062 Provins, la Tour de César. — 1.000 fr.

MORIN-JEAN — 1920 — né à Paris. — 33 *bis*, boulevard de Clichy, 9e.

3063 Paysage. — 2.500 fr.
3064 Nature morte. — 1.800 fr.

MORLOT (Jean) — 1930 — né à Paris. — Combs-la-Ville (S.-et-M.).

3065 Ty-Gouarde (Bretagne). — 2.300 fr.
3066 Les ajoncs (Bretagne). — 2.300 fr.

MOROSOF (Cyrille) — 1927 — né à Mohilew (Russie) — Russe. — 1, avenue de la Gare, Meudon-Val-Fleury (S.-et-O.).

3067 Projet de la décoration d'une église.
3068 Costumes et décors de théâtre.

MORSCIO (Jean) — 1930 — né à Dolceacqua — Italien. — 9, rue Biscarra, Nice (Alpes-Maritimes).

3069 La fleur de Nice. — 2.500 fr.
3070 Chrysanthèmes au vase d'Alsace. — 3.000 fr.

MORSE-RUMMEL (Frank) — 1920 — né à Berlin — Anglais. — 6, rue Nicolo, 16e.

3071 Une madone des neiges. — 50.000 fr.
3072 Femme au sein nu. — 15.000 fr.

MORTIER (Robert) — 1913 — né à Nice. — 55, rue de Lille, 7e.

3073 Peinture.
3074 Peinture.

MORTIMER-GRONOW (Alexis-Tudor) — 1907 — né à Paris. — 26, rue Washington, 8e.

3075 Dahlias. — 1.000 fr.
3076 Tulipes, perroquet et marguerites. — 700 fr.

MOSTYN (George) — 1929 — né à Rome (Italie) — Anglais. — 1, square de Port-Royal, 15, rue de la Santé, 13e.

3077 Nu. — 3.000 fr.
3078 Baigneurs dans la Saône. — 2.000 fr.

MOUCHET (Henri) — 1930 — né à Montluçon (Allier). — 40, rue Mellaise, Niort (Deux-Sèvres).

3079 Le marais poitevin (bois gravé en couleurs). — 350 fr.
3080 Vieux moulins de Meaux (bois camaïeu). — 150 fr.

MOUCHET-LOTTE (Madeleine) — 1930 — née à Niort. — 25, rue du 4-Août, Niort (Deux-Sèvres).

3081 Portrait de l'auteur. — 1.000 fr.
3082 Un quai sur l'Océan. — 1.000 fr.

MOUCHOT (Georges) — 1922 — né à Paris. — 18, av. Bosquet, 7e.

3083 Dans la montagne d'Airée, la route de Huelgoat à Morlaix. — 1.800 fr.
3084 Marée montante (Finistère). — 1.800 fr.

MOUGIN (Eugène-Marcel) — 1929 — né à Paris. — 316, rue Saint-Jacques, 14e.

3085 Coucher de soleil sur Notre-Dame. — 1.200 fr.
3086 Église Saint-Blaise. — 500 fr.

MOULLADE-CLAIR (Marcelle) — 1929 — née à Nantes. — 24, rue du Rôle, Brunoy (S.-et-O.).

3087 Portrait.
3088 L'escalier fleuri. — 600 fr.

MOUTIER (Victor) — 1929 — né à Monte-Carlo. — 12, rue du Capitaine-de-Bresson, Gap (Hautes-Alpes).

3089 Auto-portrait.
3090 Baigneuses. — 16.000 fr.

MUGNIER-SERAND (René) — 1930 — né à Paris. — 22, rue du Moulin-de-Pierres, Clamart (Seine).

3091 Orée d'un sous-bois, Clamart. — 1.000 fr.
3092 Vers Chalais-Meudon, Clamart. — 1.200 fr.

MUGUET (Georges) — 1927 — né à Moissy-Cramayel (S.-et-M.). — Hameau Boileau, 38, rue Boileau, 16e.

3093 Le héros (bronze). — 65.000 fr.
3094 Bourdelle, maître d'œuvre (bronze ou pierre). — 30.000 fr.

MUHLENEN (Max de) — 1924 — né à Berne — Suisse. — Bruckfeldstrasse 10, Berne (Suisse).

3095 Peinture. — 1.500 fr.
3096 Peinture. — 1.500 fr.

MUHSAM (Fritz) — 1930 — né à Hambourg — Allemand. — 12, rue Emile-Deutsch-de-la-Meurthe, 14e.

3097 Portrait de M. E... — 6.000 fr.
3098 Nature morte. — 4.000 fr.

MULINEN (Mlle Eléonore de) — 1923 — née à Berne (Suisse) — Suissesse. — 11, rue Dedouvre, Gentilly (Seine).

3099 Peinture.
3100 Peinture.

MULLER (Jean) — 1927 — né à Granges (Suisse) — Suisse. — 16, rue Chanzy, Viroflay (S.-et-O.).

3101 Jongleur de drapeau. — 1.500 fr.
3102 Versailles. — 1.000 fr.

MURIQUE (Alfred) — 1927 — né à Versailles. — 6, route de Clamart, Vanves (Seine).

3103 Thoniers au port. — 900 fr.
3104 Coin de port à l'île d'Yeu. — 500 fr.

MUSSARD (Henry) — 1928 — né à Choisy-le-Roi. — 6, place de l'Eglise, Choisy-le-Roi (Seine).

3105 Route de la Corniche. — 1.500 fr.
3106 La Baule. — 900 fr.

MUSSET (André) — 1930 — né à Moulins (Allier). — 54, rue Tiquetonne, 2e.

3107 Rochers de moules à Houlgate (aquarelle). — 500 fr.
3108 Le Pont-Marie (aquarelle). — 500 fr.

MUSSON (Mlle Suzanne) — 1923 — née à Paris. — 51, rue de la Pompe, 16e.

3109 Remiremont (dessin). — 800 fr.
3110 Saint-Dié (Vosges) (dessin). — 800 fr.

MYNGE (Gunnar) — 1929 — né à Copenhague — Danois. — Kollemosevej 12, Holte (Danemark).

3111 Peinture.
3112 Peinture.

MYR (Marcel) — 1926 — né à Buxy (S.-et-L.). — 50, rue de Rennes, 6e.

3113 Etude pour l'Ecole du clair de lune. — 5.000 fr.
3114 Etude pour l'Ecole du clair de lune. — 1.000 fr.

1930 - CATALOGUE - 1930

SERVICE DES VENTES
A L'EXPOSITION

Tous les ouvrages mentionnés au présent catalogue sont offerts au public aux prix désignés par les artistes **sans interposition d'aucun intermédiaire.**

Ces prix ne subissent aucune majoration. Les acquisitions sont **exemptes de tous droits, taxes ou impôts.**

MM. les visiteurs trouveront au Secrétariat de l'Exposition tous renseignements concernant la vente des œuvres exposées.

L'Administration de la Société se charge d'aviser les artistes des ventes effectuées ainsi que de la transmission des offres qui pourraient être faites en vue de la réalisation des commandes ou de l'acquisition des ouvrages exposés.

Les bureaux du Secrétariat et du Service de Vente se trouvent près de la sortie de l'Exposition, aux deux extrémités de la galerie de l'Horloge.

N

NOTES

NAGORSKI (André) — 1922 — né à Vaucresson. — 9, rue Montcalm, 18°.

3115 Devant l'objectif. — 2.500 fr.

NAI (Maki) — 1927 — né à Hiroshimashi — Japonais. — 11, rue Daguerre, 14°.

3117 Paysage. — 4.000 fr.
3118 Paysage. — 4.000 fr.

NAILLOD (Charles) — 1907 — né à Paris. — 56, rue de Douai, 9°.

3119 Jeune fille nue. — 1.800 fr.
3120 Portrait de Mme G... de Chartres. — Appartient à Mme la colonelle G...

NANCEL (Reine) — 1925 — née à Tracy-le-Mont. — 9, rue Campagne-Première, 14°.

3121 Peinture.
3122 Peinture.

NANJO (Kazuo) — 1929 — né au Japon — Japonais. — 49, boulevard de Vaugirard, 15°.

3123 Peinture. — 1.200 fr.
3124 Peinture. — 1.200 fr.

NARDUS (Anne-Alida-Léa) — 1922 — née à Arnouville. — 49, rue des Montibœufs, 20°.

3125 Composition, d'après Mlle Brigitte Heilm. — 4.500 fr.
3126 L'allumeuse. — 800 fr.

NASSIVET (Paul) — 1929 — né à Nantes. — 1, rue du Calvaire, Nantes (Loire-Inférieure).

3127 Peinture. — 500 fr.
3128 Etude. — 500 fr.

NAUD (Corentin) — 1930 — né à Paris. — 13, rue de Liége, 9°.

3129 Sous-bois à Gargilesse (Indre). — 1.000 fr.
3130 Paysage à Gargilesse (Indre). — 1.000 fr.

NAULEAU (André) — 1930 — né à La Roche-sur-Yon. — Rue Ferrer, La Roche-sur-Yon (Vendée).

3131 L'ancien quartier d'Ecquebouille (peinture). — 500 fr.
3132 La Vendée (dessin au lavis). — 500 fr.

NAU TOY (Armand) — 1925 — né à Sartrouville. — 34, rue de Seine, Sartrouville (Seine-et-Oise).

3133 Illuesas, tableau plastique n° I-c (abstraitisme). — 300 fr. l'exemplaire.
3134 Héroïc-Harmonie, fragment S-4 (abstraitisme). — 400 fr. l'exemplaire grand format; 200 fr. l'exemplaire format moyen.

NAZE (Mlle Suzy) — 1929 — née à Paris. — 11, rue Saint-Guillaume, 7e.

3135 La Lande. — 3.500 fr.
3136 Paysage. — 2.000 fr.

NEILLOT (Louis) — 1920 — né à Vichy (Allier). — 2, passage de Dantzig, 15e.

3137 La rue Ravignan à Montmartre. — Appartient au docteur Gornouec.
3138 Peinture. — 6.000 fr.

NEMES (Joseph de) — 1926 — né à Nagyvarad (Hongrie). — Hongrois. — 91, rue de Prony, 17e.

3139 Portrait d'un Sirdar.
3140 Un port breton. — 2.000 fr.

NÉRÉE-GAUTIER (Jane) — 1920 — née à Bordeaux. — 12, rue Louis-David, 16e.

3141 Fleurs. — 800 fr.
3142 Nature morte. — 1.000 fr.

NÉRON (Auguste) — 1921 — né au Puy (Haute-Loire). — 37, avenue de Gennevilliers, Colombes (Seine).

3143 Les hortensias. — 4.000 fr.
3144 Fleurs. — 2.500 fr.

NESSI (Marie-Lucie di) — 1930 — née à Paris — Suisse. — 43, rue de Constantinople, 8°.

3145 Mon amie. — Appartient à l'auteur.
3146 Une femme. — 1.200 fr.

NEVEU (Edmond) — 1926 — né à Pouilly-sur-Loire (Nièvre). — 52, rue Vasco-de-Gama, 15°.

3147 Nu. — 3.500 fr.
3148 Après le bain. — 3.500 fr.

NIBOR (Adolphe-Yann) — 1906 — né àParis. — 67, avenue des Gobelins, 13°.

3149 Intérieur, éplucheuses de pommes. — 1.700 fr.
3150 Intérieur, prunes et raisins. — 1.700 fr.

NICK (Gaston) — 1926 — né à Champagnac-le-Vieux (Haute-Loire). — 11, rue de Meaux, 19°.

3151 Peinture. — 3.000 fr.
3152 Eaux-fortes-illustrations.

NICOLAS (Gaston) — 1927 — né à Paris. — 27, rue Claude-Bernard, 5°.

3153 Peinture.
3154 Peinture.

NICOLAS (Georges-Marcel) — 1930 — né à Millau (Aveyron). — 18, rue Balagny, 17°.

3155 Les remparts. — 1.500 fr.
3156 Au seuil du Souk. — 1.100 fr.

NIER (Alphonse) — 1923 — né à Thiers (Puy-de-Dôme). — 34, rue d'Arthelon, Meudon-Val-Fleury (Seine-et-Oise).

3157 L'automne à Versailles, Nymphe et Amour. — 2.500 fr.
3158 L'automne à Versailles, Vénus de Médicis. — 2.500 fr.

NIGAUD (Paul-Louis) — 1921 — né à Digoin (Saône-et-Loire). — 35, boulevard Pasteur, 15ᵉ.

3159 Paysage d'été en Bourgogne. — 2.500 fr.
3160 Paysage de l'Avallonnais. — 1.500 fr.

NIKOLSKY (Eugène) — 1930 — né à Moscou — Russe. — 25, rue Jacob, 6ᵉ.

3161 Nature morte. — 2.000 fr.
3162 Nature morte. — 1.500 fr.

NILOUSS (Pierre) — 1924 — né à Odessa (Russie). — 1, rue Jacques-Offenbach, 16ᵉ.

3163 Peinture.
3164 Peinture.

NILSSON (Gunnar) — 1929 — né à Karlskrona (Suède) — Suédois. — 46, rue Hippolyte-Maindron, 14ᵉ.

3165 Une mère.
3166 « Troll » et femme.

NIQUET (Marcel) — 1922 — né à Poses (Eure). — Poses (Eure).

3167 Paysage. — 1.200 fr.
3168 Peinture. — 1.000 fr.

NIVERT (Georgette) — 1925 — née à Lorient. — 18, rue Leconte-de-Lisle, 16ᵉ.

3169 Nonchalance. — 5.000 fr.
3170 Femme au chat. — 4.000 fr.

NOEL (Albert) — 1930 — né à Paris. — 54, rue Damrémont, 18ᵉ.

3171 Matin. — 900 fr.
3172 Sous-bois. — 1.500 fr.

NOEL (Robert) — 1928 — né à Montfermeil (S.-et-O.). — 10, rue Jacquemont, 17ᵉ.

3173 Crécy-sur-Morin. — 1.600 fr.
3174 Le vieil Esbly. — 900 fr.

NOISIER (Louis) — 1926 — né à Tavaux-Pontséricourt (Aisne). — 17, rue Pelleport, 20ᵉ.

3175 Nu au lit. — 1.000 fr.
3176 Clocher natal, Tavaux (Aisne). — 500 fr.

NOITON (Gabriel) — 1926 — né à Paris. — 18, avenue de la Prospérité, La Varenne-Saint-Hilaire (Seine).

3177 Orphée le Charmeur. — 3.000 fr.
3178 Les délices de la navigation aérienne. — 3.000 fr.

NOIZEUX (Henri) — 1926 — né à Paris. — 55, avenue Michel-Bizot, 12ᵉ.

3179 Rue Mouffetard, Paris. — 550 fr.
3180 Eguisheim (Alsace). — 550 fr.

NONAT (Roger) — 1928 — né à Paris. — 61, boulevard de Ménilmontant, 11ᵉ.

3181 Poleymieux, lavoir. — 800 fr.
3182 Nature morte. — 600 fr.

NORDAU (Mᵐᵉ Maxa) — 1923 — née à Paris. — 42, rue Fontaine, 9ᵉ.

3183 Nu. — 1.800 fr.
3284 Yéménite. — 2.500 fr.

NORGEU (Louis) — 1930 — né à Paris. — 27, boulevard des Italiens, 2ᵉ.

3185 Paysage à Bretenoux (Lot). — 1.000 fr.
3186 Figure. — 1.000 fr.

NORMANDIN (Yvonne) — 1923 — née à Paris. — 24, rue de Bondy, 10ᵉ.

3187 Le fripier juif. — 1.000 fr.
3188 L'oracle. — 700 fr.

NOURRIGAT (Emile) — 1910 — né à Maraussan (Hérault). — 59, rue du Plateau, Châtillon-sous-Bagneux (Seine).

3189 L'enlèvement. — 3.000 fr.
3190 La fontaine. — 1.200 fr.

NOWINA-SROCZYNSKI (Louis-Boleslas) — 1928 — né à Andrinople — Polonais. — 178, avenue Victor-Hugo, 16e.

3191 Fleurs. — 1.500 fr.
3192 Fleurs. — 3.000 fr.

NOYER (Suzanne) — 1928 — né à Dieulefit (Drôme). — 62, rue Boursault, 17e.

3193 La route. — 800 fr.
3194 Maison villageoise. — 1.000 fr.

NUQ (Mlle Madeleine) — 1928 — née à Vic-sur-Cère. — 1, boulevard Gallieni, Aulnay-sous-Bois (Seine-et-Oise).

3195 Paysage. — 500 fr.
3196 Etude. — 400 fr.

0

1930 - CATALOGUE - 1930

SERVICE DES VENTES
A L'EXPOSITION

Tous les ouvrages mentionnés au présent catalogue sont offerts au public aux prix désignés par les artistes **sans interposition d'aucun intermédiaire.**

Ces prix ne subissent aucune majoration. Les acquisitions sont **exemptes de tous droits, taxes ou impôts.**

MM. les visiteurs trouveront au Secrétariat de l'Exposition tous renseignements concernant la vente des œuvres exposées.

L'Administration de la Société se charge d'aviser les artistes des ventes effectuées ainsi que de la transmission des offres qui pourraient être faites en vue de la réalisation des commandes ou de l'acquisition des ouvrages exposés.

Les bureaux du Secrétariat et du Service de Vente se trouvent près de la sortie de l'Exposition, aux deux extrémités de la galerie de l'Horloge.

OBERKAMPF DE DABRUN (Roger) — 1920 — né à Lyon. — 3, rond-point de Normandie, Versailles (Seine-et-Oise).

3197 Le puits de Saint-Tropez. — 6.000 fr.
3198 Jour d'automne. — 6.000 fr.

OFFNER (Gratianne) — 1926 — née à Saint-Germain-en-Laye. — 77, rue Labat, 18e.

3199 Étude. — 1.000 fr.
3200 Étude. — 800 fr.

OGI (Gertrud) — 1930 — née à Berlin — Japonaise. — 20, rue Hoche, Châtillon-sous-Bagneux (Seine).

3201 Jeune fille.
3202 Nature morte.

OGI (Shigeru) — 1929 — né à Tokio — Japonais. — 20, rue Hoche, Châtillon-sous-Bagneux (Seine).

3203 Portrait.
3204 Paysage.

OGUI (Motoi) — 1928 — né à Tokio — Japonais. — Route de la Ronce, Voulangis (Seine-et-Marne).

3205 Paysage de Crécy. — 2.000 fr.
3206 Paysage de Voulangis. — 3.500 fr.

OGUISS (Takanori) — 1929 — né à Tokio — Japonais. — 103, rue de Vaugirard, 6e.

3207 Peinture.
3208 Peinture.

OKA (Shikanosuké) — 1926 — né à Tokio — Japonais. — 12, rue Mouton-Duvernet, 14e.

3209 Nature morte. — 1.500 fr.
3210 Paysage. — 2.300 fr.

OKADA (Minoru) — 1924 — Japonais. — La Gaude (Alpes-Marit.).

3211 Peinture.
3212 Peinture.

OKANOUYE (Riu) — 1926 — née à Tokio — Japonaise. — 11, rue Daguerre, 14e.

3213 Peinture.
3214 Peinture.

OKOLOW (Malvina) — 1927 — née à Asker (Norvège) — Norvégien. — 19, rue des Prêtres-Saint-Germain-l'Auxerrois, 1er.

3215 Peinture. — 3.000 fr.
3216 Paysage. — 1.500 fr.

OLIVEDA (Christiane-Georgette) — 1929 — née à Paris. — 38, rue Boulard, 14e.

3217 Marché en Provence. — 800 fr.
3218 Vendanges. — 800 fr.

OLYVE (Victor) — 1926 — né à Bargues (Nord) le 15 octobre 1864, décédé le 23 février 1929, à Paris. — S'adresser à Mme Vve Olyve, chez M. Mallet, 205, rue de Charenton, 12e.

EXPOSITION POSTHUME

3219 13 brisé, fétiche. — 2.000 fr.
3220 Paysage breton. — 300 fr.

OMELCENKO (Pierre) — 1929 — né à Poltava (Ukraine) — Ukrainien. — 7, impasse du Rouet, 14e.

3221 Panneau décoratif (glace). — 2.500 fr.
3222 Panneau décoratif (glace). — 2.000 fr.

OMER (François) — 1923 — né à Avignon (Vaucluse). — 9, rue Campane, Avignon, et 24, place Clemenceau (atelier), Avignon (Vaucluse).

3223 La cruche jaune, nature morte. — 1.500 fr.
3224 Le couvert de l'artiste, nature morte. — 3.000 fr.

OMORI (Keisouké) — 1930 — né à Kobé — Japonais. — 228, rue de Vaugirard, 15e.

3225 Printemps. — 2.000 fr.
3226 Automne. — 2.000 fr.

ONOFREI (Michel) — 1930 — né à Husi — Roumain. — 14, rue Fermat, 14e.

3227 Tête de femme (pierre). — 5.000 fr.
3228 Tête de femme (pierre). — 6.500 fr.

ORANT (Marthe) — 1926 — née à Poissy. — 155, rue de Vaugirard, 15e.

3229 Fenêtre sur la rue. — 2.500 fr.
3230 Fenêtre sur le jardin. — 2.500 fr.

ORAOVATZ (Georges) — 1929 — né en Serbie — Yougoslave. — 7, impasse de l'Astrolabe, 15e.

3231 Portrait de A. Bourdelle. — 5.000 fr.
3232 Portrait de Tolstoï. — 4.000 fr.

ORGERET (Emile) — 1930 — né à Meaux (Seine-et-Marne). — 119, rue Didot, 14e.

3233 Mare du Bois Barbeau (S.-et-M.). — 750 fr.
3234 Partie de cartes au dortoir. — 2.000 fr.

ORLANDINI (Gustavo) — 1930 — né à Venise — Italien. — 50, rue de Varenne, 6e.

3235 La peur de vieillir. — 800 fr.
3236 Prépare-toi ! — 800 fr.

ORLOWSKI (Boleslaw) — 1930 — né à Lublin — Polonais. — 54, avenue de Wagram, 17e.

3237 Tentateur. — 2.000 fr.
3238 Le désir. — 1.500 fr.

ORTION (Jules) — 1927 — né à San-Francisco, Californie (Etats-Unis). — 124, Grande-Rue, à Nogent-sur-Marne (Seine).

3239 Lever du jour boulevard des Batignolles. — 900 fr.
3240 La Seine au Pont-Neuf. — 800 fr.

OTOMASI (Mlle Odette) — 1930 — née à Marseille (B.-du-R.). — 24, rue Victor-Massé, 9e.

3241 Vieille rue corse. — 1.000 fr.
3242 La rue des balcons à Bastia (Corse). — 1.200 fr.

OUDART (Émile) — 1930 — né à Lille. — 35, r. de La Villette, 19ᵉ.

3243 Saint-Cloud, automne. — 600 fr.
3244 Pont-Marie, Paris. — 600 fr.

OURY (Louis) — 1922 — né à Montauban (T.-et-G.). — 69, rue Froidevaux, 14ᵉ.

3245 Sous les oliviers millénaires, Menton. — 3.000 fr.
3246 Vue de Garavan-Le Paradou. — 3.000 fr.

OUSODA (Katumi) — 1929 — né à Tokio — Japonais. — 14, cité Falguière, 15ᵉ.

3247 Jeune fille attendant... — 4.500 fr.

P

NOTES

PACETTI (Jean) — 1928 — né à Sarnano (Manche) — Italien. — 5, rue Collettes, 17°.

3248 Peinture.
3249 Peinture.

PACOUIL (Georges) — 1927 — né à Paris. — 18, rue Philippe-Hecht, 19°.

3250 Inauguration. — 3.500 fr.
3251 Peinture. — 1.800 fr.

PAGANINI (Remo) — 1926 — né à Milan (Italie). — 86, avenue Ledru-Rollin, 12°.

3252 La Creuse à Yzeures (I.-et-L.). — 2.000 fr.
3253 La Creuse, Le Blanc (Indre). — 2.000 fr.

PAJOR (Paul) — 1927 — né à Boglar — Hongrois. — 50, avenue des Ternes, 17°.

3254 Chrysanthèmes. — 1.500 fr.
3255 La baie du mont Saint-Michel, vue du Jardin des Plantes d'Avranches. — 700 fr.

PAJOT (René) — 1921 — né à Paris. — 3, rue Vercingétorix, 14°, 7, rue Corneille, Angoulême (Charente).

3256 Tête de jeune fille (sculpture) (pierre et marbre poli). — 5.500 fr.
3257 Violoniste (statuette céramique). — 600 fr.

PANGALOS-PICARD (Marie-Yvonne) — 1922 — née à Bruxelles — Belge. — 62, boulevard de Clichy, 18°.

3258 Portrait. — 8.000 fr.
3259 Fleurs. — 4.000 fr.

PAPAGEORGE (Aristide) — 1928 — né à Alexandrie (Egypte) — Grec. — 9, rue Campagne-Première, 14°.

3260 Nu couché. — 3.000 fr.

PARDIAC — 1928 — né à Royan. — 99, rue de Vaugirard, 6°.

3261 Paysage, l'Eure à Nogent-le-Roi.
3262 Nature morte.

PARENT (Gaston) — 1930 — né à Saint-Mandé (Seine). — 22, avenue Pierre-Ier-de-Serbie, 16e.

3263 Maquillage. — Appartient à l'auteur.
3264 Nature morte. — Appartient à l'auteur.

PARIS (Robert) — 1928 — né à Boulogne-sur-Seine. — 29, rue Coquillière, 1er.

3265 Matinée de septembre. — 1.000 fr.
3266 Soir. — 600 fr.

PARIZOT (Mme Lily) — 1926 — née à Paris. — 9, rue Bochart-de-Saron, 9e.

3267 Paris (aquarelle). — 1.500 fr.
3268 Paysage (peinture). — 3.000 fr.

PAROT (Pierre) — 1929 — né à Villefavard (Haute-Vienne). — 2, rue Caron, Malakoff (Seine).

3269 Physique et chimie. — 1.500 fr.
3270 Cocktails. — 3.000 fr.

PARRA (Ginés) — 1927 — né à Zurgena — Espagnol. — 4, rue du Texel, 14e.

3271 Bohème. — 3.000 fr.
3272 Bohème. — 4.000 fr.

PARSONS (Theophilus) — 1930 — né aux U.S.A. — Américain. — Maison d'Alziari, Saint-Paul (Alpes-Maritimes).

3273 Jeune fille de Saint-Paul. — 6.000 fr.
3274 Un ancien jardin Saint-Paul. — 8.000 fr.

PASCAL (Leopold) — 1924 — né à Morlaix. — 34, rue Dupleix, 15e.

3275 Le bassin à Morlaix. — 5.000 fr.
3276 Bouquet. — 2.500 fr.

PASCAL (Pierre) — 1926 — né à Paris. — 2, boulevard Charles-Goffaux, à Aubergenville (Seine-et-Oise).

3277 Chrysanthèmes (aquarelle). — 550 fr.
3278 Chrysanthèmes simples (aquarelle). — 350 fr.

PASCALIS (Mme Louise) — 1926 — née à Paris. — 32, avenue Pierre-Ier-de-Serbie, 16e.

3279 Les dindons blancs.
3280 Enfant à l'orange.

PASSA (Guillaume) — 1927 — né à Noves. — Noves (Bouches-du-Rhône).

3281 L'église de Sainte-Marie-de-la-Mer, Camargue. — 500 fr.
3282 Notre-Dame-de-Pitié à Noves (B.-du-R.). — 500 fr.

PASTRE (Gaston) — 1920 — né à Paris. — 9, rue Férou, 6e.

3283 La route d'Alençon à Sées (aquarelle). — 1.000 fr.
3284 Rue à Meudon (aquarelle). — 1.000 fr.

PATE (Mlle Bernadette) — 1929 — née à Charleville (Ardennes). — 9, rue Cortambert, 16e.

3285 Roses jaunes. — 600 fr.
3286 Nature morte. — 450 fr.

PATOUREAU (Eve) — 1926 — née à Port-Marly. — 32, boulevard Richard-Lenoir, 11e.

3287 Azalée rouge. — 800 fr.
3288 Pommes rouges. — 600 fr.

PATRIARCHE (Gustave) — 1930 — né à Suresnes. — 10, rue de la Grande-Chaumière, 6e.

3289 Composition sur un cosy. — 800 fr.
3290 Peinture. — Appartient à l'auteur.

PAULEMILE-PISSARRO — 1905 — né à Eragny (Oise). — 11, rue du Square-Carpeaux, 18e.

3291 La Lieure à Rosay (Eure). — 6.000 fr.
3292 Printemps en Normandie. — 2.500 fr.

PAUL-MANCEAU (Dr G.) — 1904 — né à Loches (I.-et-L.). — 12, rue de Bellechasse, 7e.

3293 Portrait. — Appartient au modèle.
3294 Paysage breton. — 2.800 fr.

PAUL-PREYAT — 1926 — né à Paris. — 12, r. François-Guibert, 15e.

3295 Portrait de M. J. Châtaigner (bronze).
3296 Portrait du peintre Pierre Wagner (plâtre).

PAULTRE (Georges) — 1906 — né à Châteaudun. — 68, rue Lhomond, 5e.

3297 La belle au bois dormant.
3298 Cendrillon.

PAXTON (Joséphine) — 1930 — née à Sydney (Australie) — Britannique. — 60 Gordon Mansions, Francis St. Londres, W. CI.

3299 Une marchande de fleurs, Londres. — 1.400 fr.
3300 Nu. — 1.200 fr.

PEAN (René) — 1921 — né à Paris. — 80, rue Taitbout, 9e.

3301 Danseuse rose. — 3.500 fr.
3302 Danseuse (le cygne). — 3.500 fr.

PECHAUBES (Eugène) — 1920 — né à Pantin (Seine). — 151, rue de Belleville (pavillon 5), 19e.

3303 Ecurie. — 1.000 fr.
3304 Labour. — 2.500 fr.

PEGURIER (Auguste) — 1922 — né à Saint-Tropez (Var). — 9, rue Falguière, 15e.

3305 La procession, Saint-Tropez. — 10.000 fr.
3306 Sortie de messe à Notre-Dame de Nice. — 6.000 fr.

PELISSON-MALLET (Jeanne) — 1924 — née à Royan (Ch.-Inf.). — 22, avenue Mozart, 16e.

3307 Plage. — 4.000 fr.
3308 Nature morte. — 3.000 fr.

PELLEN (Paul) — 1930 — né à Brest. — 28, rue Gare, Laval (Mayenne).

3309 Bords de la Mayenne. — 800 fr.
3310 Vieux château de Laval. — 1.200 fr.

PELLERIER (Maurice) — 1911 — né à Paris. — 15, rue Alphonse-Daudet, 14°.

3311 Douarnenez, marine (peinture). — 2.500 fr.
3312 Douarnenez, marine (aquarelle). — 1.500

PELLETIER (Pierre-Jacques) — 1897 — né à Clermont-Ferrand (P.-de-D.). — 9, rue Bochart-de-Saron, 9°.

3313 Paris vu du haut de Montmartre. — 9.000 fr.
3314 Paysage. — 6.000 fr.

PELLETIER-ROMAN (Juliette) — 1930 — née à Paris. — 30, boulevard-du-Temple, 11°.

3315 Le Béguinage de Bruges. — 800 fr.
3316 Paysage normand. — 600 fr.

PENZYNA (Gustave) — 1920 — né en Pologne. — 16, rue du Saint-Gothard, 14°.

3317 Un paravent en noyer de France, à trois feuilles (sculpté et patiné). — 50.000 fr.
3318 Fleurs (peinture). — 3.000 fr.

PÈPE (Marcel) — 1926 — né à Autun (S.-et-L.). — 34, rue de la Grille, Autun (S.-et-L.).

3319 Ourson (plâtre). — 4.000 fr.

PERCHAT (Roger) — 1924 — né à Paris. — 37, rue de Fontenay, Le Plessis-Robinson (Seine).

3320 Etude. — 2.000 fr.
3321 Etude.

PERCHERON (Mlle Louise) — 1930 — née à Suresnes (Seine). — 85, avenue du Roule, Neuilly-sur-Seine.

3322 Soleil couchant sur Dinard (aquarelle). — 900 fr.
3323 Environs de Meulan (Seine-et-Oise) (aquarelle). — 900 fr.

PEREBEINISSE (Vasil) — 1930 — né à Kiew — Ukrainien. — 13, quai des Grands-Augustins, 7°.

3324 Nature morte. — 5.000 fr.
3325 Portrait. — 1.500 fr.

PERELMAN (Morduch) — 1929 — né à Horodziej (prov. de Minsk). — 21, rue Vauquelin, 5e.

3326 Eve. — 10.000 fr.
3327 Job. — 8.000 fr.

PEREZ-BOSCH (Mme Lila) — 1928 — née à Buenos-Aires (Argentine). — 17, rue de Miromesnil, 8e.

3328 Peinture.
3329 Peinture.

PERGIER (Antoine) — 1930 — né à Saint-Etienne (Loire). — 8, rue des Bois, Houilles (Seine-et-Oise).

3330 Le vieux canot. — 1.000 fr.
3331 Le pêcheur. — 1.000 fr.

PERILLARD (Jules) — 1920 — né à Lausanne — Suisse. — 7, rue de Lancry, 10e.

3332 Paysage à la Badaudière (S.-et-O.). — 1.200 fr.
3333 Paysage à la Badaudière (S.-et-O.). — 1.500 fr.

PERITCH (Jefto) — 1926 — né à Gacko — Yougoslave. — 34, rue Gambetta, Malakoff (Seine).

3334 Femme nue. — 2.000 fr.
3335 Nature morte. — 1.500 fr.

PERNOUD (Louis) — 1923 — né à Lagnieu (Ain). — 1, rue de Strasbourg, Asnières (Seine).

3336 Paysage. — 800 fr.
3337 Effet d'eau. — 800 fr.

PERONNE (Henri-Louis) — 1920 — né à Paris. — 24, rue Montgolfier, à Pantin (Seine).

3338 Peinture.
3339 Peinture.

PEROT (Maurice) — 1927 — né à Puteaux. — 21, rue Gambetta, Puteaux (Seine).

3340 Paysage du Doubs. — 1.500 fr.
3341 Paysage du Doubs. — 1.000 fr.

PERPREUIL — 1930 — née à Saint-Mandé. — 1, rue Boulard, 14e.

3342 Femme assise. — 1.500 fr.
3343 Fruits. — 600 fr.

PERRACHON (Pierre) — 1930 — né à Charly (Rhône). — « Pont-loup », 12, faubourg du Pont, Moret-sur-Loing (Seine-et-Marne).

3344 La Cadière d'azur (rue). — 1.800 fr.
3345 « Pont-Loup ». — 4.700 fr.

PERRET (Jean) — 1920 — né à Lyon. — 235, rue du Faubourg-Saint-Honoré, 8e.

3346 Paysage. — 2.000 fr.
3347 Paysage. — 2.000 fr.

PERRETTE (Paul-Emile) — 1920 — né à Clamecy (Nièvre). — 35, rue de Liége, 8e.

3348 Anémones. — 1.200 fr.
3349 Effet de nuages. — 1.200 fr.

PERRIN (Paul) — 1925 — né à Paris. — 8, rue Emile-Gilbert, 12e.

3350 Bédouine. — 500 fr.
3351 Danseuses Ouled-Naïl. — 600 fr.

PERRIN (Simone) — 1928 — née à Pouilly-sur-Loire. — 3, rue Guillaumot, 12e.

3352 Sous le vieux buis. — 1.000 fr.
3353 Portrait de Mlle P... — 500 fr.

PERRIN-MAXENCE (Henri) — 1909 — né à Saint-Etienne. — 3, rue Boissonade, 14e.

3354 Route du Galibier. — 4.000 fr.
3355 La Fileuse à Crozant (Creuse). — 3.000 fr.

PERRON (dit PIERRE) (Jean) — 1930 — né au Creusot. — 4, rue du Commandant-Léandri, 15e.

3356 « L'X » à mon frère (dessin aquarellé) (sous-verre). — 9.000 fr.
3357 Un sabre (dessin aquarellé) (sous-verre). — 1.500 fr.

PERROT (Nell) — 1924 — née à Genève — Suisse. — Chambéry, Genève (Suisse).

3358 Sur le divan. — 1.600 fr.
3359 Rue à Collioure. — Pas à vendre.

PERS (Gunnat) — 1923 — Kila — Suédois. — 97, rue Compans, 19e.

3360 Peinture.
3361 Peinture.

PETIT (Jeanne-Andhrée) — 1920 — née à Couilly (Seine-et-Marne). — 59, rue Nollet, 17e.

3362 En Alsace, paysage. — 1.150 fr.
3363 En Alsace, paysage. — 1.150 fr.

PETIT-BON (Bernard-Lucien) — 1926 — né à Issoudun (Indre). — 28, rue Montgallet, 12e.

3364 Peinture.
3365 Peinture.

PETIT-BON (Suzanne) — 1928 — née à Paris. — 5, avenue Odette, Fontenay-sous-Bois (Seine).

3366 Femme au livre. — 1.500 fr.
3367 Paysage, Joinville. — 1.200 fr.

PETITJEAN (Hippolyte) — 1891 — né à Mâcon (S.-et-L.) en 1854, décédé à Paris le 18 septembre 1929. — S'adresser à Mme Vve Petitjean, 5, villa du Parc-Montsouris, 26, rue Nansouty, 14e.

EXPOSITION POSTHUME

3368 Baigneuse au bord du lac (1902). — 6.000 fr.
3369 Paysage, Banyuls (1903). — 10.000 fr.
3370 Femmes se reposant (1909). — 15.000 fr.
3371 Donzy, le Mont Epinay (1911). — 5.000 fr.
3372 Baigneuse (1912). — 6.000 fr.
3373 Paysage, Donzy-le Perthuis (1916). — 5.000 fr.
3374 Vénus (1921). — Pas à vendre.
3375 Consolatrice (1923). — 6.000 fr.
3376 Baigneuses (1924) (dessin au crayon noir). — 2.500 fr.
3377 La coquetterie ou le miroir (1924) (dessin à la sanguine et au crayon noir). — 2.500 fr.

3378 Femmes nues dans un paysage (1928). — 8.000 fr.
3379 Femmes nues (1929). — 8.000 fr.
3380 Dessin (fusain). — 300 fr.
3381 Dessin (fusain). — 300 fr.
3382 Dessin (fusain). — 300 fr.
3383 Dessin (fusain). — 300 fr.

PETITJEAN-FURET (Armand) — 1920 — né à Paris. — 26, rue Léecluse, 17e.

3384 La Vierge du Doubs, au saut de la rivière (*elle implore les Forces suprêmes du grand Inconnu de faire cesser cet énorme charnier humain, août* 1918) (fragment en lavis-détrempe). — Appartient à Mlle Y. V. de P.

PETRILLY (Henri) — 1920 — né à Florence (Italie) — Italien. — 41, avenue de Paris, à Vincennes (Seine).

3385 Convoitise (groupe de canards) (bronze art moderne). — 3.500 fr.
3386 Levrier russe (faïence art moderne). — 300 fr.

PETRONILLE (Jean) — 1930 — né à Montauban. — 45, rue Gay-Lussac, 5e.

3387 Paris, Notre-Dame dans le brouillard. — 1.200 fr.
3388 Brassac (Dordogne), l'église. — 1.200 fr.

PEYRET-LAVIALLE (Mme Rosalie) — 1927 — née à Marseille. — 14, rue Soufflot, 5e.

3389 Etude. — 1.200 fr.
3390 Château de Pétrarque à Vaucluse. — 400 fr.

PHILASTRE (Noëmi) — 1922 — née à Saïgon (Cochinchine). — 20, rue Visconti, 6e.

3391 Le bonze bleu. — 1.200 fr.
3392 Le fauteuil au soleil. — 700 fr.

PHILIPPON (André) — 1927 — né à Saint-Galmier (Loire). — 14, avenue Dupuytren, Arcueil (Seine).

3393 Paysage (Maine-et-Loire). — 1.500 fr.
3394 Paysage (Maine-et-Loire). — 1.500 fr.

PHILLIPS (Miss Bertha) — 1896 — née à New-York (U.S.A.) — Américaine. — 34, rue de Seine, 6°.

3395 Portrait de Mme de K... — 1.000 fr.
3396 La violoniste, C. Lucas. — 1.000 fr.

PIAUX (Léon) — 1929 — né à Paris. — 41, rue Talière, Saint-Cloud (Seine-et-Oise).

3397 Descente sur Menton (A.-M.). — 1.200 fr.
3398 Lac de l'Eychauda (Hautes-Alpes). — 1.500 fr.

PICARD (Olivier) — 1922 — né à Bruxelles — Belge. — 9, rue Froidevaux, 14°.

3399 Danseuses. — 1.000 fr.
3400 Nature morte. — 1.000 fr.

PICARD (Roger) — 1927 — né à Nesle-Normandeuse (Seine-Inférieure). — 22, rue Pierre-Giffard, Saint-Denis (Seine).

3401 Marine (peinture).
3402 Dessin.

PICHOT (Marie-Louise) — 1930 — née à Rouen. — 11, place Emile-Goudeau, 18°.

3403 Jardin.
3404 Jardin.

PIERRE (André) — 1929 — né à Chartres (Eure-et-Loir). — 41, rue Alain-Chartier, 15°.

3405 Pastel, Chartres atmosphère. — 1.200 fr.
3406 Crucifixion (carton de fresque). — 2.500 fr.

PIERRE-ŒHLER (Marthe) — 1930 — née à Strasbourg. — 41, rue Alain-Chartier, 15°.

3407 Leda (décor mural). — 1.500 fr.

PIERRET (Auguste) — 1922 — né à Paris. — 42, boulevard Saint-Germain, 5°.

3408 Bretagne.
3409 Bretagne.

PIERRO (Anne) — 1930 — née en Bulgarie. — Italienne. — 2, rue Wurtz, 13ᵉ.

3410 Composition. — 3.000 fr.
3411 Peinture. — 3.000 fr.

PIERROT — 1922 — née à Paris. — 11, r. du Cardinal-Lemoine, 5ᵉ.

3412 Peinture. — 1.000 fr.
3413 Peinture. — 1.200 fr.

PIETRI (Albert) — 1926 — né à Joinville-le-Pont. — 52 *bis*, avenue Gallieni, Joinville-le-Pont (Seine).

3414 L'écuyère en jaune (portrait de Mˡˡᵉ Edmonde Guy).
3415 Peinture. — 1.000 fr.

PIETSZCH (Mˡˡᵉ Marie-Andrée) — 1927 — née à Paris. — 9, rue Troyon, 17ᵉ.

3416 Espagnole. — 700 fr.
3417 Nature morte. — 500 fr.

PIKELNA (Stera) — 1928 — née à Lodz. — 13 *bis*, rue Thibaud, 14ᵉ.

3418 Nature morte. — 1.200 fr.
3419 Nature morte. — 800 fr.

PINAL (Fernand) — 1911 — né à Bruyères-et-Montbérault (Aisne). — 3, villa Brune, 14ᵉ.

3420 Le moulin de Pléhérel. — 2.500 fr.
3421 Nu. — 2.000 fr.

PINEAU (Alexandre) — 1929 — né à Paris. — Villa Elise, avenue du Cimetière, Clamart (Seine).

3422 La route. — Appartient à M. Alfred Lapointe.
3423 Le bal au Communal à Vic-sur-Cère. — 2.500 fr.

PINEL (Mˡˡᵉ Marie-Louise) — 1927 — née à Paris. — 24, boulevard Barbès, 18ᵉ.

3424 Peinture.
3425 Peinture.

PION (Fernande) — 1924 — née à Charenton (Seine). — 20, rue Claude-Lorrain, 16e.

3426 Portrait d'enfant. — Pas à vendre.
3427 Bébé savoyard au berceau. — 1.500 fr.

PIONNIER (Louis) — 1928 — né à Bonneval (Eure-et-Loir). — 23, rue Davy, 17e.

3428 Fleurs. — 500 fr.
3429 Perroquets. — 500 fr.

PIP (Pierre) — 1926 — né à Combressol (Corrèze). — 22, avenue Jacqueminot et rue de Porto-Riche, à Meudon.

3430 Port de Douarnenez. — 400 fr.
3431 Les Plomarc'h, baie de Douarnenez. — 400 fr.

PIPARD-ROGERIE (Charles-Jules) — 1926 — né à Paris. — 88, rue de Ménilmontant, 20e.

3432 Le colin, nature morte. — 600 fr.
3433 Les côtes noires (Haute-Marne). — 400 fr.

PIQUERA (Mlle Jenny) — 1925 — née à Paris. — 27, boulevard de la Villette, 10e.

3434 Fleurs. — 500 fr.
3435 Fleurs. — 500 fr.

PIQUET (Maurice) — 1930 — né à Lille (Nord). — « La Cigalette », La Valette-du-Var (Var).

3436 Le mazet dans la montagne. — 2.000 fr.
3437 Vieux mas provençal à l'automne. — 2.000 fr.

PIRONIN (Mme Hortense-J.) — 1926 — né à Thiers (Puy-de-Dôme). — 3, rue des Poitevins, 6e.

3438 Le pont de Seychal à Thiers. — 1.200 fr.
3439 Paysage breton. — 1.000 fr.

PITOISET (Léo) — 1929 — né à Evreux (Eure). — 5, rue Falguière, 5e.

3440 L'entrée du clos. — 2.000 fr.
3441 Le chemin. — 2.000 fr.

PLANAS (Pau) — 1920 — né à Barcelone — Espagnol. — 81, rue Belliard, 18e.

3442 Paysage.
3443 Nature morte.

PLANCIC (Georges) — 1929 — né à Starigrad — Yougoslave. — Galerie de Seine, 10 *bis*, rue de Seine, 6e, et 33, rue St-Jacques, 5e.

3444 Composition. — 3.500 fr.
3445 Nature morte. — 3.000 fr.

PLANSON (André) — 1923 — né à La Ferté-sous-Jouarre. — 9, rue Campagne-Première, 14e.

3446 Jour de fête, régates à La Ferté. — 6.000 fr.
3447 Nu pensif. — 1.800 fr.

PLANTEY (Madeleine) — 1927 — née à Avignon. — 14, rue Laurencin, Lyon, 2e (Rhône).

3448 Femme aux violettes. — 1.800 fr.
3449 Nu. — 2.000 fr.

PLAT (Joseph) — 1922 — né à Montrésor (Indre-et-Loire). — Saint-Amand (Cher).

3450 Dédaigneuse (pastel). — 1.000 fr.
3451 La promenade (pastel). — 1.000 fr.

PLATON-ARGYRIADÈS — 1925 — né à Marseille (Bouches-du-Rhône). — 10, avenue de la Porte-de-Ménilmontant, 20e.

3452 Une vitrine contenant des *Poèmes d'ameublement* en verre (émaux grand feu) : vases, coupes, plats, flacons, etc. — A partir de 200 fr. (s'adresser au bureau de vente).

PLAZA (Marcelle) — 1923 — née à Blidah (Algérie). — 19, rue Gustave-Lambert, téléph. : 338, Garches (Seine-et-Oise).

3453 Fleurs. — 800 fr.
3454 Nu. — 1.200 fr.

PLAZA-FERRAND (Marcial) — 1924 — né à Santiago du Chili — Chilien. — 19, r. Gustave-Lambert, tél. : 338, Garches (S.-et-O.).

3455 Souvenir, nu. — 1.800 fr.
3456 Le billet doux. — 1.800 fr.

POILLERAT (Gilbert) — 1927 — né à Mer (L.-et-C.). — 9, rue François-Gérard, 16e.

3457 Jour de fête. — 1.000 fr.
3458 Peinture. — 1.000 fr.

POISSON (Paul) — 1923 — né à Paris. — 125, rue de Rome, 17e.

3459 Marine. — 2.500 fr.
3460 L'en-cas, nature morte. — 2.000 fr.

POLAC (Alexandre) — 1929 — Petrova — Roumain. — 146, rue du Chemin-Vert, 11e.

3461 Figure.
3462 Nature morte.

POLEZ (Georges) — 1924 — né à Onnaing (Nord). — 54, rue Lhomond, 5e.

3463 Paysage de la Drôme. — 5.000 fr.
3464 Nature morte. — 2.000 fr.

POLIAKOFF (Nicolas) — 1926 — Russe. — Académie Lhote, 18, rue d'Odessa, 14e.

3465 Peinture.
3466 Peinture.

POMMEY (Jean-Jules) — 1913 — né à Lyon. — 98, Grande-Rue, à Créteil (Seine).

3467 Sur les falaises d'Ault (Somme). — 1.200 fr.
3468 Le bras du Chapitre à Créteil. — 1.200 fr.

POMPEY (Francisco) — 1925 — né à Puebla de Guzman (Huelva) — Espagnol. — 22, rue Daguerre, 14e.

3469 Vue panoramique de Madrid. — 5.000 fr.
3470 Eglise Saint-Germain de Charonne, Paris. — 3.000 fr.

PONCELET (Andrée) — 1930 — née à Mulhouse. — 15, rue Parmentier, Chelles (Seine-et-Marne).

3471 Paysage (aquarelle). — 500 fr.
3472 Paysage (aquarelle). — 300 fr.

PONCELET (Maurice-Georges) — 1924 — né à Mulhouse. — 52, rue Vercingétorix, 14e.

3473 Trois compères.
3474 La récolte. — 3.000 fr.

PONCIN (Marcel) — 1925 — né à Paris. — 5, rue de Bagneux, 6e.

3475 Portrait (pastel).
3476 Portrait (dessin).

PONGE (Jeanne) — 1927 — née à Versailles. — 8, rue des Soupirais, Sèvres (Seine-et-Oise).

3477 Nu. — 1.000 fr.
3478 La Seine après grosse pluie (Pont-Royal). — 1.000 francs.

PONS (Marthe) — 1930 — née à Paris. — 174, r. de Vaugirard, 15e.

3479 Cuivre et fleurs (étude). — 1.200 fr.
3480 Un coin d'Aubin (S.-et-O.). 800 fr.

POPEA (Elena) — 1923 — née en Roumanie — Roumaine. — 33, avenue Duquesne, 7e.

3481 Peinture. — 1.600 fr.
3482 Peinture. — 1.200 fr.

POPELIN (Magdeleine) — 1924 — née à La Pacaudière (Loire). — 31, rue de l'Entrepôt, 10e.

3483 La rue de la Pêcherie, à Montargis (peinture). — 8.000 fr.
3484 Paysage à l'aquarelle. — 1.200 fr.

PORACCIA (Piero) — 1929 — né à Turin — Italien. — 33, rue Claude-Bernard, 5e.

3485 Peinture.
3486 Peinture.

PORTAL (Emile) — 1913 — né à Marseille. — 103, rue de Ménilmontant, 20e.

3487 Francine. — 1.500 fr.
3488 La côte basque à Saint-Jean-de-Luz. — 1.000 fr.

PORTEU (Gontran) — 1921 — né à Rennes (Ille-et-Vilaine). — 13, marché des Capucins, Marseille.

3489 Paysage. — 1.400 fr.
3490 Paysage. — 1.400 fr.

PORTNOFF (Michel) — 1930 — né à Elisabetgrad — Russe. — 5, rue Kléber, Vanves (Seine).

3491 Fête populaire. — 5.000 fr.
3492 Composition. — 5.000 fr.

POSCH (Ida) — 1928 — née à Paris. — 3, cour de Rohan, 6e.

3493 Les fruits. — 1.500 fr.
3494 Pékinois. — 500 fr.

POTTIER (René) — 1923 — né à Beaugency (Loiret). — 91, rue du Parc, cité-jardins du Plessis-Robinson (Seine).

3495 Le cimetière de Tréboul. — 6.000 fr.
3496 La charmille. — 2.500 fr.

POUYAUD (Robert) — 1926 — né à Paris. — Molly Sabata, Sablons (Isère).

3497 Peinture. — 10.000 fr.
3498 Peinture. — 10.000 fr.

PRESTON (Angulo) — 1928 — né à Brooklyn, New-York (U.S.A.) — Américain. — 3, rue Louis-Blanc, Bellevue (S.-et-O.).

3499 Peinture.
3500 Peinture.

PREVAL (André) — 1921 — né à Paris. — 6, rue Aumont-Thiéville, 17e.

3501 Chevaux. — 1.500 fr.
3502 Vaches. — 1.500 fr.

PRÉVILLE (Andrée) — 1913 — née à Paris. — 5, rue José-Maria-de-Hérédia, 7e.

3503 Anémones. — 650 fr.
3504 Fleurs dans un vase persan. — 650 fr.

PRÉVOST (Georges) — 1928 — né à Paris. — 19, rue Chassagnolles, Les Lilas (Seine).

3505 Paysage. — 1.500 fr.
3506 Intérieur. — 1.500 fr.

PRÉVOST (Raymond) — 1928 — né à Orléans (Loiret). — 30, rue Jeanne-d'Arc, Orléans (Loiret).

3507 Neige à Cauterets. — 1.000 fr.
3508 Effet du soir dans la vallée d'Argelès. — 800 fr.

PRÉVOST-RAGAZ (Marguerite) — 1929 — née à Beaumontel (Eure). — 83, rue de Préaux, Darnétal-lès-Rouen (Seine-Inférieure).

3509 Nature morte. — 700 fr.
3510 Fleurs. — 800 fr.

PRINTEMPS (Yvonne) — 1923 — née à Paris. — 27, rue Titon, 11e.

3511 L'île aux lapins (Côtes-du-Nord). — 250 fr.
3512 Les Sept Iles. — 125 fr.

PRODHON (Emile-Auguste) — 1901 — né à Paris. — 25, rue des Vinaigriers, 10e.

3513 Dahlias. — 600 fr.
3514 Fleurs et fruits. — 600 fr.

PROST (Gaston) — 1911 — né à Paris. — 62, rue de Rennes, 6e.

3515 La bonne pipe. — 1.000 fr.
3516 Le port de Toulon. — 1.000 fr.

PROTEAU (Eugène) — 1926 — né à Paris. — 5, rue Mizon, 15e.

3517 La rue Galande. — 500 fr.
3518 Le pont Marie. — 450 fr.

PROUST (Maurice-Louis) — 1930 — né à Paris. — 2, rue Robert-Planquette, 18ᵉ.

3519 Vigne-vierge d'automne. — 500 fr.
3520 Le vieux château. — 2.000 fr.

PRUGENT (André) — 1930 — né à Peugueux (Dordogne). — 3, rue de la Clarté, Périgueux (Dordogne).

3521 Les noyers, soleil d'hiver. — 1.000 fr.
3522 Au petit jour. — 1.000 fr.

PRUNET (Roger) — 1928 — né à Paris. — 191, rue du Faubourg-Poissonnière, 9ᵉ.

3523 Homme debout (sculpture émaillée). — 1.500 fr.
3524 Femme debout (sculpture émaillée). — 1.500 fr.

PRUNIER (Marcel) — 1923 — né à Paris. — 75, rue Jules-Lecesne, Le Havre (Seine-Inférieure).

3525 Peinture. — 1.000 fr.
3526 Peinture. — 1.000 fr.

PRYAS — 1924 — né à Bordeaux. — 8, boulevard de Vaugirard, 15ᵉ.

3527 Figure décorative.
3528 Buste (portrait).

PUJOL (Eugène-Jean) — 1928 — né à Carbonne (Haute-Garonne). — 7, cours Vaxis, à Cahors (Lot).

3529 Le pont de Saint-Georges, à Cahors. — 2.000 fr.
3530 Vue sur le Lot à Cahors. — 2.000 fr.

PYLIANE (Georges) — 1930 — né à Chamaret (Drôme). — 31, avenue du Maréchal-Foch, Lyon, 6ᵉ.

3531 Lac Yovet (Haute-Savoie). — 800 fr.
3532 Les chalets de Villy et le Mont Blanc. — 1.500 fr.

Q

1930 - CATALOGUE - 1930

SERVICE DES VENTES
A L'EXPOSITION

Tous les ouvrages mentionnés au présent catalogue sont offerts au public aux prix désignés par les artistes **sans interposition d'aucun intermédiaire.**

Ces prix ne subissent aucune majoration. Les acquisitions sont **exemptes de tous droits, taxes ou impôts.**

MM. les visiteurs trouveront au Secrétariat de l'Exposition tous renseignements concernant la vente des œuvres exposées.

L'Administration de la Société se charge d'aviser les artistes des ventes effectuées ainsi que de la transmission des offres qui pourraient être faites en vue de la réalisation des commandes ou de l'acquisition des ouvrages exposés.

Les bureaux du Secrétariat et du Service de Vente se trouvent près de la sortie de l'Exposition, aux deux extrémités de la galerie de l'Horloge.

QUENAY (Albert) — 1930 — né à Lille. — 56, rue de Seine, 6°.

3533 Etude. — 800 fr.
3534 Paris, rue de l'Abbaye (eau-forte). — Chaque épreuve, 150 fr.

QUERCY (Janie) — *1926* — 61, rue du Cardinal-Lemoine, 5°.

3535 Nu. — 800 fr.
3536 Nu. — 800 fr.

QUESNEL (Robert) — 1906 — né à Paris. — 278 boulevard Raspail, 6°.

3537 Paysage. — 10.000 fr.
3538 Paysage. — 2.000 fr.

QUESNEVILLE (Camille) — 1929 — né à Paris. — 104, rue Lepic, 18°.

3539 La Vallée (Morvan). — 600 fr.
3540 Bouquet. — 500 fr.

QUINQUARLET-QUIGNOLOT (Cécile) — 1921 — née à Aix-en-Othe. — 92, avenue des Ternes, 17°.

3541 Sous la lune (Provence) (pastel). — 1.000 fr.
3542 Paris-Lumières (pastel). — 1.800 fr.

QUINTON (Edmond) — 1922 — né à Saint-Maur. — 5 *bis*, avenue Charles-Floquet, Parc-Saint-Maur (Seine).

3543 Pâturage à Island (Yonne) (peinture). — 2.400 fr.
3544 Environs d'Avallon (dessin aquarellé). — 1.500 fr.

QUOY (Léon-Louis) — 1929 — né à Mennecy (S.-et-O.). — 34, boulevard Marbeau, 16°.

3545 Clocher de Toulx-Sainte-Croix (Creuse). — 400 fr.
3546 Vieille chaumière creusoise. — 400 fr.

NOTES

R

RABBIONE (Camille) — 1923 — né à San Damiano d'Asti — Italien. — 12, place de la République, Le Perreux-sur-Marne.

3547 Etude.
3548 Figure.

RABINEL (Aimée) — 1930 — née à Nîmes (Gard). — 74, boulevard National, Vincennes (Seine).

3549 Paysage, Nîmes. — 800 fr.
3550 Paysage, Aujargues (Gard). — 800 fr.

RACHER (Georges) — 1925 — né à Bar-le-Duc (Meuse). — 16, rue Taylor, 10°.

3551 Sur les bords du lac des Rousses (Jura). — 500 fr.
3552 Les foins. — 400 fr.

RAGEADE (André) — 1927 — né à Chatou (Seine-et-Oise). — 58, rue Jules-Lefebvre, à Amiens (Somme).

3553 Peinture. — 2.300 fr.
3554 Peinture. — 1.000 fr.

RAGUIN (Mme Carmen) — 1928 — née à Arthies (S.-et-O.). — 114, avenue de Suffren, 15°.

3555 Le Mont Saint-Michel (peinture). — 500 fr.
3556 Coin de jardin (pastel). — Appartient à Mme R...

RAHTJEN (Bella) — 1930 — née en Californie — Américaine. — 7, rue Girardon, 18°.

3557 Les Halles. — 2.000 fr.
3558 Notre-Dame, l'aube. — 1.000 fr.

RAIGHASSE (Pierre) — 1929 — né à Montreuil-sous-Bois (Seine). — 27, rue Rochebrune, Montreuil-sous-Bois (Seine).

3559 Noël. — 2.500 fr.
3560 Le Gave à Argelès. — 2.000 fr.

RAINGO-PELOUSE (Germain) — 1912 — né à Paris. — 17, rue Campagne-Première, 14°.

3561 Novembre (paysage). — 8.000 fr.
3562 Paysage (Seine-et-Oise). — 1.000 fr.

RALU (Jeanne) — 1927 — née à Levallois (Seine). — 113 *bis*, rue Fazillau, Levallois (Seine).

3563 Peinture. — 900 fr.
3564 Peinture. — 900 fr.

RAMEAU (Maurice) — 1921 — né à Paris. — 20, avenue du Bois-de-Boulogne, Clamart.

3565 Après son bain (nu). — 2.800 fr.
3566 La Porte de Fleury, paysage d'automne. — 900 fr.

RAMIREZ (Antoine) — 1930 — né à Malaga — Espagnol. — 13•, boulevard de Clichy, 18e.

3567 Léda. — 5.000 fr.
3568 Nu. — 3.000 fr.

RAMOND (Paul) — 1905 — né à Toulouse. — 3, place Intérieure-Saint-Michel, Toulouse (Haute-Garonne).

3569 Pommier fleuri à Fuilla (Pyrénées-Orientales). — 1.500 fr.
3570 Le Canigou l'hiver à Villefranche-de-Conflent (Pyrénées-Orientales). — 1.500 fr.

RANDOING (Léon) — 1929 — né à Paris. — 10, rue de Maistre, 18e.

3571 Grisy-les-Plâtres (Seine-et-Oise). — 1.000 fr.
3572 Paysage mexicain. — 1.200 fr.

RAVOT (Camille) — 1920 — né à Villenauxe (Aube). — 8, rue Danton, Vanves (Seine).

3573 La Cité de Carcassonne, soir d'été. — 2.800 fr.
3574 Le pont d'Espalion (Aveyron). — 2.600 fr.

RAYMOND (Charles) — 1921 — né à Paris. — 16, rue de Sidi-Brahim, 12e.

3575 Porquerolles (Var), la rade. — 2.000 fr.
3576 Nu de femme. — 2.500 fr.

RAYMOND (Jean) — 1930 — né à Saint-Emilion (Gironde). — 27, avenue Jean-Jaurès, Chauny (Aisne).

3577 Impression d'automne, parc de Follembray. — 2.500 fr.
3578 Forêt de Compiègne. — 2.000 fr.

RÉAL (Daniel) — 1904 — né à Guitres (Gironde). — 12 *bis*, villa Bocquet, 19ᵉ.

3579 Marine, côte du Raz. — 1.500 fr.
3580 Thoniers à Concarneau. — 1.500 fr.

REBEILLARD (Mme Cydalise) — 1925 — née à Paris. — 9, rue de Nesles, 6ᵉ.

3581 Le matin au Pont-Neuf, laveuses et chiffonniers. — 5.000 fr.
3582 Mon fils Jacques et perspective d'un coin du vieux Paris, vu d'une de mes fenêtres. — 10.000 fr.

RÉCULON (Joanny) — 1930 — né à Paris. — 125, rue Blomet, 15ᵉ.

3583 Nature morte (aquarelle). — 400 fr.
3584 Nature morte (aquarelle). — 400 fr.

REDIER (Gaston) — 1930 — né à Paris. — 24 *ter*, rue Marthe-Edouard, Meudon (S.-et-O.).

3585 Chaumières à Saint-Léonard-des-Bois (Sarthe). — 500 fr.
3586 Baie de Méjean (Toulon). — 500 fr.

REDIER (Mme Germaine) — 1930 — née à Sannois (S.-et-O.). — 24 *ter*, rue Marthe-Edouard, Meudon (S.-et-O.).

3587 L'église de Saint-Léonard-des-Bois (Sarthe). — 500 fr.
3588 Lucéram (Alpes-Maritimes). — 500 fr.

REDKO (Clément) — 1928 — né à Kholm — Ukrainien. — 33, rue Croulebarbe, 13ᵉ.

3589 Vainqueur, combat de boxe. — 10.000 fr.
3590 Ajax et Britte. — Vendu.

REDOLFI (Robert) — 1930 — né à Paris. — 21, rue Lécuyer, Saint-Ouen (Seine).

3591 Sympathie (statuette bois). — 4.000 fr.

REELFS (Loe) — 1930 — né à Amsterdam — Hollandais. — 1e Hermersshaet 111, Amsterdam (Hollande).

3592 Portrait de l'artiste. — Appartient à l'auteur.
3593 Rhododendrons. — 2.000 fr.

REGNIER (André) — 1920 — né à Paris. — 3, rue d'Avron, 20e.

3594 Barque. — 700 fr.
3595 Etude P. P.

REGNIER (Maurice) — 1924 — né à Saint-Cloud. — 30, boulevard de Charonne, 20e.

3596 Estampes. — 60 fr.
3597 Dans le Sud algérien. — 175 fr.

REIGUER (Léo) — 1929 — né à Niort (Deux-Sèvres). — 9, rue Bachelet, 18e.

3598 Vieilles maisons à Hyères. — 2.000 fr.
3599 Antibes, boulevard des Fronts de mer. — 2.000 fr.

REIMANS (Richardus) — 1910 — Hollandais. — 65, boulevard Arago, 13e.

3600 Chat. — 500 fr.
3601 Chat. — 500 fr.

REINHARD (Firmin, dit Nimrif) — 1930 — né à Paris. — 196, rue Legendre, 17e.

3602 Bois de Lignières (Yonne). — 900 fr.
3603 Rue du Baux, Roffey (Yonne). — 1.000 fr.

REITZ (Charles) — 1921 — né à Paris. — 51, rue Ramey, 18e.

3604 Les cuivres. — 700 fr.
3605 Peinture. — 500 fr.

REMSON (Georges) — 1925 — né à Rance (Belgique). — 229, rue du Faubourg-Saint-Martin, 10e.

3606 Intérieur normand. — 900 fr.
3607 Coin de cellier. — 600 fr.

RÉMY (Maurice) — 1930 — né au Perreux (Seine). — 13, boulevard de La Tour-Maubourg, 7e.

3608 Le Sacré-Cœur. — 2.500 fr.
3609 Le bal nègre. — 2.500 fr.

RENAUCOURT (Henry de) — 1930 — né à Paris. — 17, rue de Saint-Senoch, 17e.

3610 Le vieux moulin (peinture). — 2.000 fr.
3611 Credo (gravure à l'eau-forte). — 800 fr.

RENAUD (Madeleine) — 1929 — née à Laon (Aisne). — Bois-Joli, Soisy-sous-Montmorency (S.-et-O.).

3612 Roses (aquarelle). — 750 fr.
3613 Œillets (aquarelle). — 650 fr.

RENAULT (André-Louis) — 1925 — né à Paris. — 29, quai des Grands-Augustins, 6e.

3614 Environs de Biarritz. — Appartient à l'auteur.
3615 Une vieille cour. — 475 fr.

RENEFER (Raymond) — 1909 — né à Betheny. — 63, rue Lemercier, 17e.

3616 La Seine à Fin-d'Oise. — 6.000 fr.
3617 La Seine à Asnières. — 6.000 fr.

RENÉ-JUSTE (J.-C.) — 1902 — né à Paris. — 95, rue de Seine, 6e.

3618 Neige d'Alsace.
3619 Bords de la Thür.

RENNESSON (André) — 1922 — né à Sedan (Ardennes). — 16, rue Furtado-Heine, 14e.

3620 Galatée. — 2.500 fr.
3621 Léda. — 1.700 fr.

RENOT (Louis) — 1923 — né à Paris. — 117, boulevard de Champigny, La Varenne-Saint-Hilaire (Seine).

3622 Peinture.
3623 Peinture.

RETAUX (Jean-François) — 1928 — né à Clamart. — 61, avenue de Suffren, 7e.

3624 Un jour de fête. — 5.000 fr.
3625 Le préféré. — 4.000 fr.

RETIF (Maurice) — 1912 — né à Sancoins (Cher). — 32, rue de l'Orne, 15e.

3626 Peinture.
3627 Peinture.

REUCHLIN-LUCARDIE (Henriette) — 1928 — née à Rotterdam — Hollandaise. — 7, rue Labrouste, 15e.

3628 Mulâtresse. — 14.000 fr.
3629 Le lac dans la forêt. — 6.000 fr.

REYMOND (Carlos) — 1905 — né à Paris. — 8 *bis*, avenue Percier, 8e.

3630 Cour des Myrtes (Grenade). — 3.000 fr.
3631 Jardin de Machuca (Grenade). — 3.000 fr.

REYMOND-DE BROUTELLES (Maurice) — 1904 — né à Genève. — 26, rue Vavin, 6e.

3632 Composition. — 900 fr.
3633 Portrait.

REYNAUD (André) — 1925 — né à Paris. — 23, r. Victor-Massé, 9e.

3634 Moret (aquarelle). — 600 fr.
3635 Paris (aquarelle). — 500 fr.

RHEIMS (Mlle Lucie) — 1930 — née à Paris. — 96, boulevard Pereire, 17e.

3636 Etude de Christ. — 700 fr.
3637 Les moqueuses. — 1.200 fr.

RIBAULT (Jean) — 1930 — né à Paris. — 46 *bis*, rue Caulaincourt, 18e.

3638 Porquerolles (Var), la rade. — 2.500 fr.
3639 Moret-sur-Loing. — 1.500 fr.

RIBEAUCOURT (Jules) — 1905 — né à Maubeuge (Nord). — 5, rue Nobel, 18e.

3640 Paysage. — 2.500 fr.
3641 Marine. — 2.500 fr.

RICHARD (Georges) — 1930 — né à Paris. — 5, r. Delambre, 14e.

3642 Château suisse et Mont Blanc. — 1.500 fr.
3643 Au bord du lac. — 1.200 fr.

RICHARD (Hélène) — 1925 — née à Mauron (Morbihan). — 17, avenue de Messine, 8e.

3644 Peinture. — 1.100 fr.
3645 Peinture. — Appartient à l'auteur.

RICHE (Louis) — 1914 — né à Paris. — 35, rue de la Tombe-Issoire, 14e.

3646 Au jardin. — 500 fr.
3647 Une rue de Verneuil. — 600 fr.

RIOUX (Henri) — 1906 — né à Bois-Colombes (Seine). — 32, rue Gabrielle, 18e.

3648 Paysage. — 3.000 fr.
3649 Paysage. — 3.000 fr.

RISCHMANN (Gaston) — 1930 — né à Paris. — 17, rue Saint-Gilles, 3e.

3650 Une vitrine contenant :

Deux grands vases bronze avec applications d'argent et d'or. — 960 fr. l'un ; deux coffrets à cigarettes, gainés, bronze applications argent et or. — 610 fr. l'un ; un vase bronze et argent patiné aux acides. — 600 fr.

RIVEL (Mlle Colette) — 1929 — née à Paris. — 165, rue de la Pompe, 16e.

3651 Portrait de jeune fille. — Prêté.
3652 Vieilles maisons de la Cité. — 600 fr.

RIVOT (Paul) — 1929 — né à Bligny-sur-Ouche (Côte-d'Or). — 32, avenue du Drapeau, Dijon (Côte-d'Or).

3653 Route de Plombières à Dijon, les Tunnels. — 800 fr.
3654 Une entrée de Bligny-sur-Ouche (Côte-d'Or). — 600 fr.

ROBERT (S.-Paul) — 1930 — né à Vevey — Suisse. — 7, rue du Lac, Vevey, Vaud (Suisse).

3655 Paysage. — 1.500 fr.
3656 Étude de torse. — 1.500 fr.

ROBERT-LE-NOIR — 1922 — né à Paris. — Chessy, près Lagny (Seine-et-Marne).

3657 Le comique Grock à l'Empire (peinture). — 800 fr.
3658 Un cadre d'illustrations.

ROBERT-REM (Mlle Raymonde) — 1926 — née à Paris. — 35-37, rue Le Marois, 16e.

3659 Dahlias et coloquintes. — 800 fr.
3660 Pivoines blanches. — 800 fr.

ROBERTY (André) — 1905 — né à Paris. — 59, rue Caulaincourt, 18e.

3661 Saint-Tropez, vue de la citadelle. — 3.500 fr.
3662 Le Moulin des Huttes (Nord). — 1.800 fr.

ROBILLOT (Henriette-Marie) — 1929 — née à Tours (I.-et-L.). — 163 *bis*, rue de Vaugirard, 15e.

3663 Scènes de la vie de saint Rémy (cartons de vitrail). — Appartiennent à l'auteur.
3664 Scènes de la vie de saint Rémy (cartons de vitrail). — Appartiennent à l'auteur.

ROBIN (Maurice) — 1903 — né à Paris. — 19, quai St-Michel, 5ᵉ.

3665 Bords de Seine (dessin).
3666 Bords de Seine (dessin).

ROBINET (Eugène) — 1930 — né à Sèvres. — 34 *bis*, rue de la Villa, Sèvres (S.-et-O.).

3667 Une vue du parc de Saint-Cloud. — 1.500 fr.
3668 Les bords de la Seine au Bas-Meudon. — 1.500 fr.

ROBINSON (Alexandre) — 1922 — né aux Etats-Unis — Américain. — 235, rue du Faubourg-Saint-Honoré, 8ᵉ.

3669 Peinture.
3670 Peinture.

ROBLIN (Jules) — 1911 — né à Paris. — 73, boulevard Richard-Wallace, Neuilly (Seine).

3671 Le bassin Bérigny, à Fécamp. — 2.000 fr.
3672 Lilas. — 1.400 fr.

ROCHAT (Charles) — 1923 — né à Lausanne — Suisse. — 18, rue de Saint-Simon, 7ᵉ.

3673 Peinture. — 600 fr.
3674 Peinture. — 600 fr.

ROCHEL (Marcel) — 1930 — né au Havre. — Ancien chemin de Rouen, Darnétal (Seine-Inférieure).

3675 Bretagne. — 750 fr.
3676 Crépuscule en Rhuys. — 750 fr.

ROCLE (Margaret) — 1930 — née à Watkins (Etats-Unis) — Américaine. — Equitable Trust Co., 41, rue Cambon, 1ᵉʳ.

3677 Portrait. — 12.000 fr.
3678 Etude. — 2.000 fr.

ROCLE (Marius) — 1930 — né à Bruxelles — Américain. — Equitable Trust Co., 41, rue Cambon, 1ᵉʳ.

3679 Paysage. — 5.000 fr.
3680 Nature morte. — Appartient à l'auteur.

RODDE (Colette) — 1929 — née à Aigrefeuille (Charente-Inférieure). — 5, rue Monsieur, 6e.

3681 Portrait. — 800 fr.
3682 Etude. — 800 fr.

RODEZ (Nina) — 1921 — née à Pétrograd — Russe. — 7, rue Belloni, atelier 24, 15e.

3683 Portrait d'une Andalouse. — 800 fr.
3684 Nature morte. — 900 fr.

RODIONOFF (Vladimir) — 1930 — né à Moscou — Russe. — 22, rue de Buci, 6e.

3685 Gentilhomme. — 5.000 fr.
3686 Thermidor. — 8.000 fr.

RODO (Ludovic). — Voir : LUDOVIC-RODO.

RODRIGUE (Marcelle) — 1928 — née à Paris. — 30, avenue de Laumière, 19e.

3687 Nature morte (aquarelle).
3688 Paysage (aquarelle).

ROGER (Charles) — 1926 — né à Paris. — 51, r. des Martyrs, 9e.

3689 Peinture. — 2.000 fr.

ROGER (Mme Gabrielle) — 1923 — née à Paris. — 4, quai du Port-Marchand, Toulon (Var).

3690 Les captives. — 600 fr.
3691 Transit. — 500 fr.

ROGER-CHRETIEN (Paul) — 1924 — né à Saint-Pierre-Quiberon (Morbihan). — 10, rue Hermel, 18e.

3692 Gethsémani ou la Consolation imprévue. — 600 fr.
3693 Judas ! (panneau pour décorer une église rénovée de la Cité Future). — 1.000 fr.

ROHMER (Eugène) — 1927 — né à Benfeld (Alsace). — 50, boulevard Saint-Germain, 5e.

3694 Le Crey à Prauthoy (H.-M.). — 1.000 fr.
3695 Eglise de Montsaugeon (H.-M.). — 800 fr.

ROIMARMIER (Charlotte) — 1927 — née à Limoges. — 23, rue de la Paix, La Flèche (Sarthe).

3696 Chrysanthèmes. — 1.200 fr.
3697 Bégonias. — 800 fr.

ROMANE-MUSCULUS (Paul) — 1929 — né à Montluçon. — 5, rue Monsieur, 7ᵉ.

3698 Fez-Pont Beïn-El-Moudoun. — 2.000 fr.
3699 Marrakech-Bab Doukkala. — 2.000 fr.

ROMANET (Ernest) — 1922 — né à Paris. — 12, avenue du Bel-Air, 12ᵉ.

3700 Les quatre rues (Chablis). — 3.500 fr.
3701 Les ormes (Chablis). — 3.500 fr.

ROMEAU (Marguerite) — 1921 — née à Paris. — 20, rue Pierre-Corby, Clamart (Seine).

3702 Fleurs. — 3.000 fr.
3703 Fleurs. — 3.000 fr.

RONNE (Georges) — 1925 — né à Saumur. — 77, boulevard Saint-Marcel, 13ᵉ.

3704 Peinture. — 1.200 fr.
3705 Peinture. — 600 fr.

RONSIN (Pierre) — 1928 — né à Paris. — 13, rue Rodier, 9ᵉ.

3706 Paysage. — 3.000 fr.
3707 Portrait. — 2.000 fr.

ROSENBERG-COUDERC (Mme) — 1928 — née à Paris. — A Catus (Lot).

3708 Peinture.
3709 Peinture.

ROSOVA-MOSALEVSKY (Valentine) — 1930 — née en Russie — Russe. — 24 *ter*, rue des Champs, Asnières (Seine).

3710 Portrait. — 1.500 fr.
3711 Parc. — 1.500 fr.

ROSSI (Joseph) — 1920 — né à Plaisance — Italien. — Avenue du Béarn, Villeparisis (S.-et-M.).

3712 Paysage de banlieue. — 4.000 fr.
3713 Paysage de banlieue. — 4.000 fr.

ROSSI (Pierre) — 1927 — né à Toulon (Var). — Rue des Ecoles, — Ollioules (Var).

3714 Gitanes. — 1.200 fr.
3715 Coin de classe. — 800 fr.

ROSSIGNOL (Lily) — 1930 — né à Paris. — 48, r. Michel-Ange, 16°.

3716 Nature morte. — 500 fr.
3717 Sous l'azalée rose. — 600 fr.

ROSSIGNOL (Paul) — 1930 — né à Valenciennes (Nord). — 1, rue de l'Ancienne-Comédie, 6°.

3718 La ridée sur le port. — 1.500 fr.
3719 Femme à sa toilette. — 2.000 fr.

ROSSINSKY (Michel) — 1929 — né à Yalta (Russie) — Russe. — 15, rue de la Mairie, Vanves (Seine).

3720 Vieilles halles. — 1.000 fr.
3721 La tour médiévale. — 500 fr.

ROTH (Francis) — 1930 — né à Paris. — 6, rue St-Rustique, 18°.

3722 Etude de nu. — 800 fr.
3723 Monéteau (Yonne). — 800 fr.

ROUART (Philippe) — 1930 — né à Paris. — 5, boulevard du Montparnasse, 6°.

3724 Nu. — 2.000 fr.
3725 Nature morte. — 1.000 fr.

ROUART (Simone-Alain) — 1930 — née à Chartres. — 39, rue de Bagnolet, 20°.

3726 Le Père-Lachaise. — 2.500 fr.
3727 Clairefontaine. — 2.000 fr.

ROUBAUD (Jean) — 1920 — né à Marseille. — 154, avenue du Pont-d'Epinay, Gennevilliers (Seine).

3728 La ferme aux cyprès. — 4.000 fr.
3729 Rivage ensoleillé. — 3.000 fr.

ROUBAUD (Mme Noële) — 1920 — née à Marseille. — 12, rue de Seine, 6e.

3730 Georges Clemenceau. — Appartient à l'auteur.
3731 Jeune homme à la pipe. — 1.500 fr.

ROUBAUDO (Georges) — 1929 — né à Antibes. — 4, place Macé, Antibes (Alpes-Maritimes).

3732 Antibes. — 4.000 fr.
3733 Marine. — 3.000 fr.

ROUBTZOFF (Alexandre) — 1930 — né à Saint-Pétersbourg. — 33, rue Al-Djazira, Tunis (Tunisie).

3734 Paysage de Tunisie. — 600 fr.
3735 Etude. — 13.000 fr.

ROUCHI (Nino) — 1930 — né à Milan — Italien. — 172, rue de Vanves, 14e.

3736 New-York (paysage). — 3.000 fr.
3737 New-York (paysage). — 2.000 fr.

ROUMAGNAC (Rogé) — 1930 — né à Vierzon. — 54, rue de Patay, 13e.

3738 Préparatifs. — 350 fr.
3739 Bourdelle. — 350 fr.

ROUMY (Edouard) — 1924 — né à Sivry-Courtry (S.-et-M.). — 12, boulevard des Peupliers, Draveil (S.-et-O.).

3740 Clair de lune (tapisserie peinte, fond de lit). — 3.500 fr.

ROUQUAYROL (Georges) — 1912 — né à Villefranche (Rhône). — 36 *ter*, rue de La Tour-d'Auvergne, 9e.

3741 Fleurs. — 3.000 fr.
3742 Les élèves des sœurs à Libreville. — 3.000 fr.

ROURE (Auguste) — 1907 — né à Avignon. — 3, rue Noël-Biret, Avignon (Vaucluse).

3743 Paysage en Vaucluse. — 1.000 fr.
3744 La pointe de l'Esquillon (Côte d'Azur). — 1.000 fr.

ROUSSEAU (Francis) — 1929 — né à Pont-d'Ouilly (Calvados). — 8, rue Coypel, 13e.

3745 Peinture. — 800 fr.
3746 Nature morte. — 700 fr.

ROUSSEAU (Louis-Jean) — 1930 — né à Saint-Maixent (Deux-Sèvres). — 11, rue Lepic, 18e.

3747 La Grenouillière. — 1.600 fr.
3748 Entrée de château. — 1.600 fr.

ROUSSEAU (Marcel) — 1930 — né à Nevers (Nièvre). — 130, rue de Flandre, 19e.

3749 Le paquebot *France*. — 1.500 fr.

ROUSSELLE (Georges) — 1930 — né à Paris. — 12, rue Chapu, 16e.

3750 Chaumière à Colleville (Seine-Inf.). — 1.500 fr.
3751 Moulin à Baigneville (Seine-Inf.). — 1.500 fr.

ROUSSELLE-LEPAGE (Madeleine) — 1926 — née à Charenton. — 102, boulevard Diderot, 12e.

3752 Etude (pastel). — Pas à vendre.
3753 Etude (pastel). — Appartient à M. Maxime Lauet.

ROUSTAN (Emile) — 1902. — 24, rue Mayet, 6e.

3754 Nature morte. — 4.000 fr.
3755 Peinture. — 4.000 fr.

ROUVIN (Amédée) — 1927 — né à Saint-Brieuc (Côtes-du-Nord). — 28, rue du Four, 6e.

3756 Saint-Cast (C.-du-N.) (aquarelle). — 500 fr.
3757 La Tech près du Boulou (P.-O.) (aquarelle). — 500 fr.

ROUX (Charles-Léon-Louis) — 1929 — né à Nevers (Nièvre). — 14, via Cassiodoro, Rome (Italie).

3758 Marche funèbre. — 8.000 fr.
3759 Prières. — 4.000 fr.

ROUX-CHAMPION (Joseph) — 1901 — né à Chaumont (Haute-Marne). — 35, rue de Turenne, 3e.

3760 Paysage de la Haute-Marne (aquarelle). — 700 fr.
3761 Paysage de la Haute-Marne (aquarelle). — 700 fr.

ROUX-FABRE (Emile) — 1928 — né à Marseille. — Rue Morère, 14e.

3762 Vallon de Port-Royal (aquarelle). — 800 fr.
3763 Magny-le-Hameau (S.-et-O.) (aquarelle). — 600 fr.

ROY (Fernand) — 1910 — né à Paris. — 33, rue de la Cour-des-Noues, 20e.

3764 Les neiges éternelles. — 3.500 fr.
3765 Coucher de soleil (Jura). — 1.000 fr.

ROZET (Geneviève) — 1930 — née à Salins (Jura). — 117, boulevard Jourdan, 14e.

3766 La campagne comtoise (gravures sur bois, burin). — Prix selon les dimensions des gravures : 25 fr., 30 fr., 35 fr.
3767 Tête de femme, paysages (gravures sur bois, canif et burin). — Prix selon les dimensions des gravures : 20 fr., 45 fr., 60 fr.

ROZMAINSKY (Vladimir) — 1928 — né à Tiflis (Caucase) — Russe. — 58, rue Michel-Ange, 16e.

3768 Leda (peinture). — 3.000 fr.
3769 Sépia (aquarelle). — 1.000 fr.

RUA (Madeleine) — 1923 — née à Saint-Germain. — 9, rue Campagne-Première, 14e.

3770 Chanteurs au Paralello, Barcelone.
3771 Acrobate.

RUAZ (Emile de) — 1908 — né à Paris. — 8, rue Gager-Gabillot, 15°.

3772 Etude. — 800 fr.
3773 Etude. — 3.000 fr.

RUFF (Mlle Emma) — 1930 — née à Paris. — 25, rue Pierre-Guérin, 16°.

3774 Fleurs. — 3.000 fr.
3775 Un marché. — 980 fr.

RUFFIN (Mlle Andrée) — 1929 — née à Dijon. — 21, rue du Château, Asnières (Seine).

3776 A Montparnasse. — 900 fr.
3777 Buste de jeune fille. — Appartient à l'auteur.

RUGEL (Marcel) — 1929 — né à Bry-sur-Marne. — 20, rue d'Eaubonne, Sannois (S.-et-O.).

3778 Vieille rue à Saint-Servan. — 700 fr.
3779 La Seine à la Frette. — 600 fr.

RUMMEL. — Voir : MORSE-RUMMEL.

RUPPRECHT (Charles) — 1925 — né à Paris. — 11, rue Christiani, 18°.

3780 Ru de Mello, automne. — 1.000 fr.
3781 Vieilles maisons à Mello. — 800 fr.

RYBACH (Issachar) — 1929 — né à Vilno — Russe. — 32, rue de l'Orne, 15°.

3782 Peinture.
3783 Peinture.

RYLSKY — 1925. — 38, rue de Moscou, 8°.

3784 Peinture. — 2.500 fr.
3785 Peinture. — 9.000 fr.

S

SAAF (Eric) — 1893 — né en Suède — Suédois. — Gouvieux (Oise).

3786 Première neige. — 4.000 fr.
3787 La rivière. — 5.000 fr.

SABBAGH (G.-H.) — 1920 — né à Alexandrie (Egypte) — Français. — 10, rue Philibert-Delorme, 17e.

3788 Paysage.
3789 Portrait.

SABINO (Marius) — 1926. — 17, rue Saint-Gilles, 3e.

3790 Une vitrine contenant diverses pièces en verre (objets d'art). — Voir prix au bureau de vente.
3791 Une vitrine contenant diverses pièces en verre (objets d'art). — Voir prix au bureau de vente.

SABINSKY (Eduard) — 1930 — Autrichien. — Eroicagasse no 10, Vienne, 19 (Autriche).

3792 Lever du soleil. — 400 fr.
3793 Coucher du soleil. — 600 fr.

SABOURAUD (Emile) — 1925 — né à Paris. — 8, rue de Milan, 9e.

3794 Portrait.

SABOURDIN (Raoul) — 1927 — né à Paris. — 92, rue du Dessous-des-Berges, 13e.

3795 Moulin de Rochops, bords de l'Yerre. — 1.000 fr.
3796 Matin d'automne, Montgeron. — 700 fr.

SABY (Pierre) — 1930 — né à Pommard. — 18, avenue de La Bourdonnais, 7e.

3797 En rêve. — 10.000 fr.
3798 Tension diplomatique. — 25.000 fr.

SACHS (Mlle Simone) — 1929 — née à Paris. — 78 *bis*, avenue Henri-Martin, 16e.

3799 Nu. — Appartient à l'auteur.
3800 Fleurs. — Appartient à l'auteur.

SAGE (François) — 1928 — né à Biaches-Saint-Waast (P.-de-C.). — 7, place des Victoires, Cosne (Nièvre).

3801 La rue des Lombards, Paris. — 400 fr.
3802 Le canal à Bourges. — 700 fr.

SAGEAT (Robert) — 1924 — né à Paris. — 40, rue Durantin, 18e.

3803 Nature morte. — 500 fr.
3804 Fruits. — 350 fr.

SAGET (Yves) — 1929 — né à Paris. — 12, r. de l'Assomption, 16e.

3805 Village de Montauban, vallée de Luchon. — 500 fr.
3806 Dans la vallée de Luchon. — 500 fr.

SAGLIO (Edouard) — 1927 — né à Versailles. — 10 *bis*, rue Vavin, 6e.

3807 Walluschka (collection E. Alexander). — Pas à vendre.
3808 Béatrice (collection A. Alexander). — Pas à vendre.

SAILLANT (Georges) — 1927 — né à Paris. — 2, rue du Cardinal-Lemoine, 5e.

3809 Peinture.
3810 Peinture.

SAIN DE HEERS (Emilie) — 1907 — née à Nanterre (Seine). — 80, rue Taitbout, 9e.

3811 Antique maison à Capri. — 5.000 fr.
3812 Pergola ensoleillée, Capri. — 3.500 fr.

SAINRICE — 1927 — né à Gap (Hautes-Alpes). — 34, rue des Boulangers, 5e.

3813 Falaises de la Manche, effet du soir. — 1.000 fr.
3814 Coucher de soleil, Mazargues (Manille). — 1.000 fr.

SAINT-ANGE — 1923 — né à Neuilly-sur-Seine. — 8, rue Meissonier, 17e.

3815 Africaine. — 2.000 fr.
3816 Marionnette javanaise. — 2.000 fr.

SAINT-DELIS (René de) — 1905 — né à Saint-Omer (P.-de-C.). — Etretat (Seine-Inférieure).

3817 Port de Honfleur. — 400 fr.
3818 Départ pour la pêche. — 350 fr.

SAINTE-LUCE (Marie-Alcina de) — 1926 — née au château d'Epluches (S.-et-O.). — 2, rue Gutenberg, Parc des Princes, Boulogne-sur-Seine.

3819 Portrait du biologiste René Quinton (1866-1925) (peinture). — Appartient à Mlle E. Quinton.
3820 Les collines de l'Ic (aquarelle). — 1.500 fr.

SAINT-MARTIN (Henry de) — 1920 — né à Paris. — 107, avenue Henri-Martin, 16e.

3821 Le Mont-Cœlius à Rome. — 1.500 fr.
3822 Villa d'Este à Tivoli. — 1.000 fr.

SAINT-REMY (Mme Claire de) — 1927 — née à Reims. — 20, rue Pierre-Curie, 5e.

3823 Lac de Gaube. — 4.000 fr.
3824 Calvaire de Saint-Briac. — 4.000 fr.

SAINT-SAENS (Marc) — 1925 — né à Toulouse. — 4, rue de l'Armorique, 15e.

3825 Portrait du Dr D...

SAKATA (Kadzuo) — 1923 — né à Okayama — Japonais. — 15, rue Hégésippe-Moreau, 18e.

3826 Etude. — 1.500 fr.
3827 Etude. — 800 fr.

SALDO (Robert) — 1924 — né à Menton. — 35, rue de Seine, 6e.

3828 Paysage. — 600 fr.
3829 Bois gravé. — Appartient à l'auteur.

SALEN (Suzanne) — 1929 — née à New-York. — 49, avenue de La Motte-Picquet, 15e.

3830 Nu. — 3.000 fr.
3831 Fleurs. — 1.500 fr.

SALMON (Fernand) — 1926 — né à Paris. — 65, boulevard Verd-de-Saint-Julien, Meudon (S.-et-O.).

3832 Honfleur, la Lieutenance. — 1.500 fr.
3833 Les bords de la Loire, la forge. — 800 fr.

SALMON (Simone) — 1927 — née à Courbevoie (Seine). — 65, boulevard Verd-de-Saint-Julien, Meudon (S.-et-O.).

3834 Honfleur. — 1.500 fr.
3835 Honfleur, le clocher de Sainte-Catherine. — 1.500 fr.

SALNELLE (Jean-Marie) — 1925 — né à Bernay. — 16, rue des Charrettes, Bernay (Eure).

3836 La transfiguration (projet de mosaïque gemmée).
3837 Aux morts de la paroisse de X (projet de mosaïque gemmée).

SALOMON (Gabrielle) — 1925 — née à Châlons-sur-Marne. — 19, rue Meynadier, 19ᵉ.

3838 Paysage. — 250 fr.
3839 Paysage. — 250 fr.

SAMSON (Gustave) — 1903 — né à Granville (Sociétaire décédé). — S'adresser à Mᵐᵉ Samson, 63, r. des Juifs, à Granville (Manche).

EXPOSITION POSTHUME

3840 Nature morte.

SANAHUJA (François) — 1923 — né à Lérida — Espagnol. — 10, rue du Four-d'Amont, Foix (Ariège).

3841 Matinée de mai. — Appartient à M. Joseph Portet.
3842 Les tours de Foix, vues de Journiés. — Appartient à M. Joseph Portet.

SARABEN (Julien) — 1923 — né au Havre. — 72, boulevard du Petit-Change, Périgueux (Dordogne).

3843 Marine. — 2.500 fr.
3844 Nature morte. — 1.800 fr.

SARDIN (Albert) — 1902 — né à Arcis-sur-Aube. — 9, rue Falguière, 15°.

3845 Hortensia. — 1.500 fr.
3846 Le Seine au Bas-Meudon. — 1.000 fr.

SARDOU-KELLER (Juliette) — 1920 — née à Paris. — Vaulaville, Tour-en-Bessin (Calvados).

3847 Terreneuvas à Saint-Servan. — 1.500 fr.
3848 Barques à Port-en-Bessin. — 500 fr.

SARROUY (Marius) — 1926 — né à Béziers (Hérault). — 4, rue Fernand-Labori, 18°.

3849 La Butte Montmartre. — 1.500 fr.
3850 Dans le bois. — 800 fr.

SAUTIN (René) — 1921 — né à Montfort-sur-Risle. — Les Andelys (Eure).

3851 Petit-Andely, novembre. — 2.500 fr.
3852 Risle maritime, neige. — 3.000 fr.

SAUTOUR (Olivier) — 1930 — né à Pompadour (Corrèze). — 23, avenue des Deux-Gares, Vincennes (Seine).

3853 L'ovale. — 3.000 fr.
3854 Naturalisme. — 500 fr.

SAUVAGE-SCHULER (Mme) — 1930 — née à Nancy. — 188 *bis*, boulevard Pereire.

3855 Peinture.
3856 Peinture.

SAUVAYRE (Maurice) — 1920 — né à Paris. — 22, rue Tourlaque, 18°.

3857 Le village. — 1.600 fr.
3858 La roulotte au village. — 1.800 fr.

SAUVE (Paul) — 1928 — né à Paris. — 68, rue Gilbert-Romme, Riom (Puy-de-Dôme).

3859 Peinture.
3860 Peinture.

SAVIGNAT (Lucie) — 1925 — née à Paris. — 15, rue Saint-Didier, 16e.

3861 Cascade de Lutour. — 800 fr.
3862 Rochers au cap Frehel. — 600 fr.

SAYET (Emile-Didier) — 1925 — né à Alluy (Nièvre). — 23, rue de la Sablière, 14e.

3863 Un des plus jolis coins du Morvan, La Javotte. 2.500 fr.
3864 Effet de neige. — 1.600 fr.

SCHAETZEL (Mme May) — 1927 — née à New-York — Américaine. — 19, quai Voltaire, 7e.

3865 Hortensias et roses.
3866 Pivoines devant la fenêtre.

SCHAPOCHNIKOFF (Léon) — 1928 — né à Rostov-sur-Don (Russie) — Russe. — 13, rue Théodore-Deck, 15e.

3867 Coin de salon de Mme B... à Paris. — Appartient à Mme B...
3868 Intérieur de Mme B... à Paris. — Appartient à Mme B...

SCHARDNER (Roger) — 1929 — né à Paris. — 42 *bis*, rue Sedaine, 11e.

3869 Perplexité! — 1.500 fr.
3870 Strasbourg, le pont du Corbeau et la cathédrale. — 2.000 fr.

SCHLEIFER (Savely) — 1928 — né à Odessa — Russe. — 6, rue Coustou, 18e.

3871 La fauchaison. — 4.000 fr.
3872 Les fleurs. — 2.000 fr.

SCHLIENGER (Victor) — 1930 — né à Lyon. — 129, rue Legendre, 17e.

3873 Beaulieu (Dordogne) (aquarelle). — 500 fr.
3874 « Le Lapin Agile », Montmartre (aquarelle). — 300 fr.

SCHMID (Guillaume) — 1925 — né à Zurich — Suisse. — 36, avenue de Châtillon, 14e.

3875 Peinture.
3876 Peinture.

SCHMITT (Hellmut) — 1930 — né à Brombourough (Angleterre) — Allemand. — Chez Wiesdorf, 26 von Helmholzstr., Cologne (Allemagne).

3877 Casablanca. — 2.000 fr.
3878 Portrait. — 5.000 fr.

SCHNEIDER (Fernand) — 1929 — né à Paris. — 15, rue du Télégraphe, Juvisy-sur-Orge (S.-et-O.).

3879 Paysage de la Creuse (peinture). — 3.000 fr.
3880 Gravures. — 250 fr.

SCHNEIDER (Rudolf-Eduard) — 1929 — né à Pilsen — Tchécoslovaque. — 235, rue du Faubourg-Saint-Honoré, 8e.

3881 Jeunesse. — 6.000 fr.
3882 Portrait de Mme Clayton Sponsler. — Propriété privée.

SCHOEN (Daniel) — 1905 — né à Mulhouse. — 11, place de Bordeaux, Strasbourg (Bas-Rhin).

3883 Vue de Strasbourg. — 6.000 fr.
3884 Environs de Strasbourg. — 3.500 fr.

SCHŒNGRUN (Mme Alice) — 1926 — née à Lille. — 19, avenue Victor-Hugo, 16e.

3885 Nature morte, fruits et cuivre. — 4.000 fr.
3886 Roses blanches. — 1.200 fr.

SCHOMBERG-SZYMBERSKA (Mme Sophie de) — 1924 — née à Varsovie (Pologne) — Polonaise. — 6, quai d'Orléans, 4e.

3887 Composition. — 2.500 fr.
3888 La Seine. — 2.500 fr.

SCHOOP (Ulrich) — 1929 — né à Cologne — Suisse. — 19, rue Daguerre, 14ᵉ.

3889 Paca et son petit (pierre). — 3.500 fr.
3890 Ile de Bali (plâtre). — 5.000 fr.; en bronze. — 12.000 fr.

SCHOTSMANS (Étienne-Jean) — 1930 — né à Lille. — 137, rue de la Bassée, Lille (Nord).

3891 Jardin. — 4.500 fr.
3892 Nature morte. — 1.500 fr.

SCHURMANN (Max) — 1922 — né à Ctyrtok na Ostrove — Tchécoslovaque. — A Nitra (Tchécoslovaquie).

3893 Peinture.
3894 Peinture.

SCHREIBER (Georges-Edouard) — 1906 — né à Paris. — 3, rue Jules-César, 12ᵉ.

3895 Castelnau, vu de Biars (Lot). — 1.500 fr.
3896 La Dordogne à Thézel (Corrèze). — 3.000 fr.

SCHUSTER (Berthe) — 1928 — née à Paris. — 51, avenue de Malakoff, 16ᵉ.

3897 Nature morte. — 900 fr.
3898 Fleurs. — 500 fr.

SCHWANEBACH (Olga-Régina de) — 1930 — née à Wilno (Pologne) — Polonaise. — 3, rue Joseph-Bara, 6ᵉ.

3899 Le Croisic (aquarelle). — 500 fr.
3900 Le Croisic (aquarelle). — 500 fr.

SCHWANEBACH (Théodore de) — 1908 — né à Wilno (Pologne) — Polonais. — 3, rue Joseph-Bara, 6ᵉ.

3901 Saint-Guenolé. — 12.000 fr.
3902 La grande marée. — 8.000 fr.

SCHWARTZ (Manfred) — 1930 — né à Lodz — Américain. — Chez M. Kosloff, 19, rue Vaugelas, 15ᵉ.

3903 Peinture.
3904 Peinture.

SCHWARZ (Fraude) — 1930 — né à Ratibor — Allemand. — 6, rue Armand-Moisant, 15e.

3905 Portrait par l'auteur. — 2.500 fr.
3906 Fleurs. — 2.500 fr.

SCOSSA-BAGGI (Marcel) — 1929 — né à Paris. — 26 *bis*, rue Didot, 14e.

3907 La loi d'airain. — Appartient à M. Serge.
3908 Impression. — 700 fr.

SCOTT (Léo) — 1925 — née à Paris — Anglaise. — 39, rue Pergolèse, 16e.

3909 Nature morte. — 600 fr.
3910 Nature morte. — 600 fr.

SCOTT (Mme Lillian) — 1928 — née à Québec (Canada) — Canadienne. — Hôtel Lutétia, 43, boulevard Raspail, 6e.

3911 A Concarneau.
3912 A Rouen.

SCOUFLAIRE (Mlle Emilie) — 1928 — née à Hautmont (Nord). — 236, rue de la Croix-Nivert, 15e.

3913 Femme cousant à la fenêtre. — 2.000 fr.
3914 Portrait de femme. — Pas à vendre.

SEAILLES (Paul) — 1902 — né à Douai (Nord). — 8, rue du Puits-de-l'Ermite, 5e.

3915 Tête de femme. — 800 fr.
3916 Tête de jeune fille. — 800 fr.

SEBILLOT (Paul-Yves) — 1927 — né à Dinan (Côtes-du-Nord). — 142, rue Pelleport, 20e.

3917 Coucher de soleil à Venise. — 950 fr.
3918 Dans l'oasis de Tozeur (Tunisie). — 950 fr.

SEIGNOBOS (Marcel) — 1926 — né à Pouzin (Ardèche). — 11, rue du Lac, Lyon III.

3919 Nature morte au pot blanc. — 800 fr.
3920 Nature morte. — 1.100 fr.

SELMERSHEIM-DESGRANGE (Jeanne). — 1909 — née à Paris. — 14, rue de l'Abbaye, 6e.

3921 Nature morte. — 1.100 fr.
3922 Fleurs. — 600 fr.

SEMENOFF (Anna) — 1923 — née à Montreux. — 15, avenue du Président-Wilson, 16e.

3923 Lucifer (sculpture) (plâtre). — 6.000 fr.
3924 Portrait de Maria del Villars (peinture). — 6.000 fr.

SENCHET (Victor) — 1922 — né à Toulon. — 12, r. de la Mare, 20e.

3925 Toulon, dans la colline. — 500 fr.
3926 Toulon, le port. — 500 fr.

SENEZ (Mlle Suzanne) — 1930 — née à Pommiers (Aisne). — 20, rue Servandoni, 6e.

3927 Dijon, l'usine à gaz. — 1.000 fr.

SERGUEEFF (Basil) — 1928 — né à Poltava — Russe. — 6, rue Daviel, 13e.

3928 Le triptyque. — 1.500 fr.
3929 Saint-Demetrius de Salonique. — 2.000 fr.

SERLET (Ferdinand) — 1921 — né à Paris. — 111, rue du Faubourg-Saint-Antoine, 11e.

3930 Pillards à l'affût d'une caravane. — 400 fr.
3931 Le marchand d'esclaves. — 300 fr.

SERMAISE-PERILLARD — 1912 — né à Paris. — 7, rue de Lancry, 10e, et la Badaudière-Breuillet (S.-et-O.).

3932 Nu. — 1.200 fr.
3933 Nature morte aux poires. — 1.000 fr.

SERRE (Robert-Antoine) — 1926 — né à Saint-Romain (Côte-d'Or). 11, rue du Square-Carpeaux, 18e.

3934 Trois-mâts italien. — 2.000 fr.
3935 Port de Corse. — 1.200 fr.

SERREPUY (Jean) — 1907 — né à Pierrelate (Drôme). — 9, avenue Faidherbe, Asnières (Seine).

3936 Clair de lune. — 1.200 fr.
3937 Paysage. — 1.200 fr.

SEVAISTRE (Pierre) — 1914 — né à Paris. — 9, rue Falguière, 15ᵉ.

3938 Le départ du cochon. — 1.700 fr.
3939 Paysage. — 1.000 fr.

SEVEAU (Georges) — 1910 — né à Poitiers (Vienne). — 91, rue de l'Amiral-Mouchez, pavillon nᵒ 4, 13ᵉ.

3940 Le Pont-Neuf. — 2.000 fr.
3941 Au Luxembourg. — 2.000 fr.

SEYDOUX (Edith) — 1929 — née au Câteau. — 26, avenue de Villiers, 17ᵉ.

3942 Paysage. — 750 fr.
3943 Paysage. — 600 fr.

SEZAKI (Harono) — 1930 — né à Kobé (Japon) — Japonais. — 7, impasse du Rouet, 14ᵉ.

3944 Paysage. — 1.000 fr.
3945 Paysage. — 1.000 fr.

SGARD (Jean) — 1930 — né à Abbeville. — 41, rue de la Boucherie, Abbeville (Somme).

3946 Le Hourdel. — 1.500 fr.
3947 La rue de Ponthieu à Saint-Valéry-sur-Somme. — 1.500 fr.

SICARD-CERRINA (Marguerite) — 1920 — née à Lyon. — 61, rue Froidevaux, 14ᵉ.

3948 Village pyrénéen. — 1.000 fr.
3949 La vallée d'Ascou. — 700 fr.

SICHES (Suzanne) — 1928 — née à Laon (Aisne). — 1, avenue Béatrice, Villeneuve-le-Roi (S.-et-O.).

3950 Les Campanules. — 500 fr.
3951 Le bois Saint-Martin près de Château-Thierry (Aisne). — 500 fr.

SIGNAC (Paul) — 1884 — né à Paris. — 14, rue de l'Abbaye, 6e.

3952 Thoniers en armement à l'Ile-aux-Moines.
3953 Port de Quimper.

SILIPRANDI (Louis) — 1926 — né à Novellara (Emilie) — Italien. — 132, rue du Faubourg-Poissonnière, 10e.

3954 Peinture. — 500 fr.
3955 Paysage. — 500 fr.

SIMON (Georges-Alphonse) — 1921 — né à Noisy-le-Grand (Seine-et-Oise). — 9, rue Madeleine, Saint-Ouen (Seine).

3956 Peinture.
3957 Peinture.

SIMON (Jeanne) — 1927 — née à Paris. — 7, cité Odiot, 34, rue Washington, 8e.

3958 Intérieur d'église. — 600 fr.
3959 Intérieur d'église. — 600 fr.

SIMON (Maxime) — 1906 — né à Paris. — 37, rue Brûlée, Goussainville (S.-et-O.).

3960 Peinture. — 2.500 fr.
3961 Peinture. — 1.000 fr.

SIMONNEAU (Marguerite) — 1930 — née à Sainte-Flaive-des-Loups (Vendée). — 137, rue de Vaugirard, 15e.

3962 Espagnole. — 700 fr.
3963 Nature morte. — 600 fr.

SIMONNET (Georges) — 1920 — né à Pleurs (Marne). — 172, rue Cardinet, 17e.

3964 En forêt, fin d'hiver. — 4.500 fr.
3965 L'aube à Anglure. — 3.000 fr.

SIMONNET (Thérèse) — 1930 — née à Paris. — 33, rue de Longchamp, 16e.

3966 Peinture. — 1.500 fr.
3967 Peinture. — 2.000 fr.

SIMONETTI (Thomas) — 1930 — né à Zoppe di Belluno (Italie) — Italien. — Saint-Thibault, près Lagny (S.-et-M.).

3968 Cadorine (Italie). — 2.000 fr.
3969 Village des Dolomites. — 1.500 fr.

SINS (Emile) — 1926 — né à Mulhouse (Haut-Rhin). — 5, boulevard Montmartre, 2e.

3970 L'heure de la sieste à Sitges (Espagne). — 2.000 fr.
3971 Etude de fleurs — 1.500 fr.

SIOUX (Marguerite-Miette) — 1928 — née à Paris. — 10, rue Laferrière, 9e.

3972 Pierrot perplexe (pastel). — 300 fr.
3973 Le dernier masque (fusain-aquarelle). — 300 fr.

SIVADE (André) — 1910 — né à Nice. — 93, rue de Maubeuge, 10e.

3974 Le ciel. — 1.500 fr.
3975 La terre. — 1.500 fr.

SLOAN (Franck) — 1930 — né à Nogent-sur-Marne. — Bahia, Marrakech (Maroc).

3976 Les bateleurs, place Djemaa el Fna. — 1.500 fr.
3977 Paysage marocain. — 1.000 fr.

SMETANA (Léopold) — 1912 — né à Tonnerre (Yonne). — 2, rue des Alpes, Sainte-Savine (Aube).

3978 Lavoir à Tonnerre. — 1.500 fr.
3979 Fleurs. — 600 fr.

SMITH (May-Aimée) — 1928 — née à Manchester — Anglaise. — Atelier 4, 22, rue Tourlaque, 18e.

3980 Le marché. Toulon (dessin). — 300 fr.
3981 La vieille nounou (dessin). — 300 fr.

SMOLIN (Nat-C.) — 1930 — né à New-York — Américain. — 18 *bis*, rue Denfert-Rochereau, 14e.

3982 Tête « Héroïc » (bronze). — 15.000 fr.
3983 L'enchaînée (bronze). — 20.000 fr.

SOHEK (Louis) — 1920 — né à Paris. — 14, rue Saint-Lazare, 9e.

3984 Peinture.
3985 Etude.

SOICHOT (Maurice) — 1925 — né à Dijon. — 14, boulevard National, Marseille.

3986 Lavandières. — 1.200 fr.
3987 Marché à l'Isle-sur-Sorgue. — 1.000 fr.

SOLOGOUB (Leonid) — 1928 — né à Eisk. — 451, Bezuidenhout, La Haye (Hollande).

3988 Christ. — 15.000 fr.
3989 Christ et Pécheresse. — 15.000 fr.

SOMVEILLE (Léon) — 1907 — né au Chesne (Ardennes). — 19, avenue Alphonse-Bordereau, Chelles (S.-et-M.).

3990 La neige sur les toits. — 600 fr.
3991 Paysage d'automne. — 600 fr.

SON (Johannès) — 1890 — né à Lyon. — 30, rue Fontaine, 9e.

3992 Matinée à Semur au pont Pinard (Côte-d'Or).
3993 Pont de Sospel (A.-M.), le soir.

SONDEREGGER (Ernest) — 1920 — né à Thusis — Suisse. — 13 *bis*, quai de la Seine, La Frette (S.-et-O.).

3994 Portrait de Honoré Daumier (gravure sur bois). — 100 fr.
3995 Le portement de croix (gravure sur bois). — 300 fr.

SORDELL-MARIANI (Mme Jane) — 1927 — née à Niort (Deux-Sèvres). — 2, rue Gramme, 15e.

3996 Les cyprès. — 1.000 fr.
3997 Les oliviers. — 1.000 fr.

SOSSON (Henri) — 1910 — né à Paris. — 67, rue Marianne-Colombier, Bagnolet (Seine).

3998 Paysage. — Appartient à Mme G...
3999 Paysage. — 400 fr.

SOTTAS (Solange) — 1930 — née à Chambéry. — 47, avenue Bosquet, 7e.

4000 Vieilles faïences, nature morte. — 1.500 fr.
4001 Cruche en verre, nature morte. — 1.000 fr.

SOUDANT (Charles) — 1928 — né à Paris. — 2, passage Dantzig, 15e.

4002 Portrait de Mme Jean Pelletier (sculpture).
4003 Enfant au singe (sculpture). — Prix suivant matière.

SOUGAWARA (Seizocent) — 1926 — né à Sakata (Japon). — 11, rue Guénégaud, 6e.

4004 Tête de femme (sculpture) (laque sur bois). — 8.500 fr.
4005 Tête d'homme (masque sculpté sur laque). — 2.000 fr.

SOUGEZ (Madeleine) — 1920 — née à Bordeaux. — 17, rue Paul-Albert, 18e.

4006 Jour de fête. — 12.000 fr.
4007 L'arlequin tricolore. — 7.000 fr.

SOULAGES (Louis) — 1930 — né à Albi. — 10, rue d'Engueysse, Albi (Tarn).

4008 La maison jaune à Simorre. — 600 fr.
4009 Cyprès. — 500 fr.

SOULL'ARD (Louis) — 1901 — né à Saint-Lô (Manche). — 16, rue Brave-Rondeau, La Rochelle.

4010 Pointe de l'île à Rolleboise (S.-et-O.). — 800 fr.
4011 L'heureux mortel à Angoulins-sur-Mer (Charente-Inférieure). — 800 fr.

SOURY (Gustave) — 1924 — né à Paris. — 18, rue du Caire, 2e.

4012 Lionne (peinture). — 450 fr.
4013 Zèbre (dessin). — 275 fr.

SOUZOUKI (Ruytchi) — 1923 — né à Tokio — Japonais — 12, rue Mouton-Duvernet, 14ᵉ.

4014 Piano et chant. — 2.500 fr.
4015 Deux dames. — 1.500 fr.

SPINNEWYN (Suzanne) — 1930 — née à Paris. — 20, rue Denfert-Rochereau, 5ᵉ.

4016 Champ de blé au soleil couchant. — 500 fr.
4017 Le bouquet. — 300 fr.

SPOLIANSKY (Iechiel) — 1924 — né à Melitopol (Russie) — Russe. — 95, rue du Faubourg-Saint-Honoré, 8ᵉ.

4018 Peinture. — 2.500 fr.
4019 Peinture. — 2.500 fr.

STALHAND (Mᵐᵉ Marguerite) — 1928 — née à Paris. — 30, rue de Condé, 6ᵉ.

4020 Peinture. — 600 fr.
4021 Composition. — 600 fr.

STANLEY — 1925 — né à Manchester (Angleterre) — Anglais. — 26, rue Tholozé, 18ᵉ.

4022 Les Halles (peinture). — 700 fr.
4023 L'Hôtel de Ville (aquarelle). — 600 fr.

STECK (Léo) — 1923 — né à Berne — Suisse. — 54, rue de Seine, 6ᵉ.

4024 Trois stations d'un chemin de croix (cadre à trois panneaux. — Ne se vendent pas séparément. Panneaux séparés seront exécutés sur commande.
4025 Trois stations d'un chemin de croix (cadre à trois panneaux. — Ne se vendent pas séparément. Panneaux séparés seront exécutés sur commande.

STEPHANESCO-AREPHY (Gabriel) — 1929 — né à Bucarest — Roumain. — 24, rue If. Constantine, Bucarest (Roumanie).

4026 Peinture.
4027 Peinture.

STERKERS (Robert) — 1925 — né à Paris. — 19, rue Mora, Enghien-les-Bains (S.-et-O.).

4028 Bretagne. — 5.000 fr.

STILLER (Vic) — 1920 — né à Mandalay (Birmanie) — Anglais. — 78, rue La Fayette, 9ᵉ.

4029 L'église de Montigny-sur-Loing. — 2.500 fr.
4030 Les bords du Loing à Nemours. — 2.500 fr.

STRACQUADAINI (Vito) — 1930 — né à Kairouan (Tunisie) — Italien. — 51, rue Blanche, 9ᵉ.

4031 Cercle chromatico-sentimental.
4032 L'émotivisme (dyptique).

STRECKER (Paul) — 1927 — né à Mayence — Allemand. — 59, avenue de Saxe, 7ᵉ.

4033 Peinture.
4034 Peinture.

STREGLIO (Mˡˡᵉ Josée) — 1924 — née à Groscavallo (Italie). — 24, rue Dauphine, 6ᵉ.

4035 Effet de soleil (Yonne). — 600 fr.
4036 Paysage de la Haute-Savoie. — 800 fr.

STREIFF (Maurice) — 1929 — né à Auch (Gers). — 5, boulevard Beaumarchais, 4ᵉ.

4037 Kid K.-O. boxeur. — 1.600 fr.
4038 Peinture sud-algérien. — 1.600 fr.

SUBRA (Simone) — 1927 — née à Paris. — 37, avenue Victor-Emmanuel-III, 8ᵉ.

4039 El monte di Signori. — 1.500 fr.
4040 Golfe de Porto. — 1.500 fr.

SUDRE (André) — 1925 — né à Argenton-sur-Creuse (Indre). — 68, rue du Faubourg-Saint-Martin, 10ᵉ.

4041 Métro. — 400 fr. sans le cadre.
4042 Oriental. — 200 fr.

SUMIDA (Jean) — 1926 — né à Roanne (Loire). — 67, rue Rochechouart, 9e.

4043 Saint-Maurice-sur-Loire. — 1.500 fr.
4044 Une rue à Riom. — 1.000 fr.

SURINGAR (Maud) — 1928 — Hollandaise. — 21, rue de la Convention, 15e.

4045 Effet du matin à Cassis. — 1.000 fr.
4046 L'Armençon à Semur. — 1.000 fr.

SUTRA (Joseph) — 1929 — né à Massat (Ariège). — 12, rue Maitre-Albert, 5e.

4047 Statue de Henri IV, à Paris. — 600 fr.
4048 Notre-Dame de Paris. — 800 fr.

SWANZY (Mlle Mary) — 1920 — née à Dublin — Irlandaise. — Chez Lucien Lefebvre-Foinet, 19, rue Vavin, 6e.

4049 Composition. — 2.000 fr.
4050 Composition. — 2.000 fr.

SYLVIAC (François) — 1930 — né à Boissy-Saint-Léger (S.-et-O.) — Américain. — 55, rue du Faubourg-Montmartre, 9e.

4051 Un ravin (département de Vaucluse). — 225 fr.
4052 Paysage (département de Vaucluse). — Appartient à M. Charles-F. Squibb.

SYNDICA (Mme Anthoula) — 1929 — née à Salonique — Anglaise. — 2, place de la Madeleine, 8e.

4053 La danse des marionnettes (bronze). — 7.500 fr.
4054 Mère et son enfant (marbre). — 3.700 fr.

SYPIORSKI (Antoine de) — 1930 — né à Saint-Dizier (Haute-Marne). — 1, avenue Singer (29, rue Singer), 16e.

4055 Enigme. — 40.000 fr.
4056 Portrait du Docteur-Professeur agrégé Louis Portes. — Appartient au Prof. Portes.

SYROVY (Joseph). — 1911 — né en Tcécoslovaquie — Tchécoslovaque. — 37, rue Lamarck, 18ᵉ.

4057 Confidences (Bretagne). — 3.000 fr.
4058 Pêcheurs (Bretagne). — 2.500 fr.

SZMUSZKOWICZ (Nechama) — 1928 — née à Mir (Pologne) — Polonaise. — 47, boulevard Saint-Marcel, 13ᵉ.

4059 L'arbre. — 2.500 fr.
4060 Légumes. — 2.000 fr.

SZVATEK (Aurél) — 1930 — née à Arad — Hongroise. — 1, Blomfield Trescent, Hurlingham Studios, London-Paddington W. 2.

4061 Portrait du Dʳ R., — Appartient au Dʳ Rees.
4062 Après-midi d'été. — 15.000 fr.

NOTES

T

1930 - CATALOGUE - 1930

SERVICE DES VENTES
A L'EXPOSITION

Tous les ouvrages mentionnés au présent catalogue sont offerts au public aux prix désignés par les artistes **sans interposition d'aucun intermédiaire**.

Ces prix ne subissent aucune majoration. Les acquisitions sont **exemptes de tous droits, taxes ou impôts.**

MM. les visiteurs trouveront au Secrétariat de l'Exposition tous renseignements concernant la vente des œuvres exposées.

L'Administration de la Société se charge d'aviser les artistes des ventes effectuées ainsi que de la transmission des offres qui pourraient être faites en vue de la réalisation des commandes ou de l'acquisition des ouvrages exposés.

Les bureaux du Secrétariat et du Service de Vente se trouvent près de la sortie de l'Exposition, aux deux extrémités de la galerie de l'Horloge.

TABACOFF (Ivan) — 1930 — né à Sofia — Bulgare. — 1, rue Léopold-Robert, 14e.

4063 Portrait d'un jeune officier français (peinture).
4064 Portrait d'un Hindou (pastel). — 2.000 fr.

TAKANO (Shojiro) — 1929 — né à Tokio — Japonais. — 11, rue Daguerre, 14e.

4065 La tête (plâtre). — 300 fr.
4066 Étude (plâtre).

TAKASAKI (Takeshi) — 1928 — né à Tokio — Japonais. — 11, rue Daguerre, 14e.

4067 Peinture. — 4.500 fr.
4068 Peinture. — 4.500 fr.

TALADOIRE (Marius) — 1928 — né à Gattières (Alpes-Maritimes). — 41, rue Gambetta, Montreuil-sous-Bois (Seine).

4069 Paysage, neige. — 600 fr.
4070 Vue de Semur-en-Auxois. — 500 fr.

TALIBON (Louis) — 1930 — né à Tours (I.-et-L.). — 77 *bis*, rue Legendre, square Nicolay, pavillon 7, 17e.

4071 En Touraine, Chinon. — 1.000 fr.
4072 Le Chêne des Fées, Fontainebleau. — 800 fr.

TALLICHET (Mme Simone) — 1924 — née à Genève — Suisse. — « El Sol », Socoa (Basses-Pyrénées).

4073 Sculpture.
4074 Sculpture.

TAMIRIANTZ (Vartoohy) — 1927 — née à Philippople — Arménienne. — 4, rue Lamblardie, place Daumesnil, 12e.

4075 Peinture. — 3.000 fr.
4076 Peinture. — 3.000 fr.

TANAKA (Yasushi) — 1923 — né au Japon — Japonais. — 70 *bis*, rue Notre-Dame-des-Champs, 6e.

4077 Nu aux fleurs. — 9.000 fr.
4078 Repos. — 7.500 fr.

TARDIEU (René) — 1926 — né à Paris. — 13, avenue Félix-Faure, 15e.

4079 Dessin. — 800 fr.
4080 Dessin. — 800 fr.

TARTE (Mlle Juliette) — 1930 — née à Saint-Denis (Seine). — 52, rue Douy-Delcupe, Montreuil-sous-Bois (Seine).

4081 Monsieur sans-gêne. — 150 fr.
4082 Maladresse. — 150 fr.

TASSY (Charles) — 1930 — né à Paris. — 7, allée Thérèse, La Varenne-Saint-Hilaire (Seine).

4083 Portrait. — 2.500 fr.
4084 Fleurs. — 2.000 fr.

TASTEMAIN (Maurice) — 1922 — né à Caen. — 137, rue de Sèvres, 6e.

4085 Nature morte, pivoines. — 1.500 fr.
4086 Nature morte, tulipes. — 1.500 fr.

TASTEMAIN (Yvonne) — 1922 — née à Paris. — 137, rue de Sèvres, 6e.

4087 Nature morte. — 1.200 fr.
4088 Nature morte. — 1.300 fr.

TAVERNIER (Julien-Louis) — 1920 — né à Paris. — 6, rue Jouvenet, 16e.

4089 Baigneuse. — 5.000 fr.
4090 Vénus. — 6.000 fr.

TAYAR (Henriette) — 1930 — née à Paris. — 12, rue de l'Epinette, Saint-Mandé (Seine).

4091 Le rire et la mélancolie. — 100 fr.
4092 Méduse. — 100 fr.

TAYLOR (Bertha-Fanning) — 1930 — née à New-York — Américaine. — 75, rue Madame, 6e.

4093 Le repos (portrait). — 3.000 fr.
4094 Paysage. — 800 fr.

TCHECO-POTOCKA (Alexandra) — 1927 — née en Ukraine — Russe. — 23, boulevard Pasteur, 15e.

4095 Tchinngize-Khan (peinture). — 5.000 fr.
4096 Une vitrine contenant des porcelaines (compositions) :
Un grand plat. — 1.000 fr. ; deux plats. — 400 fr. chaque ; un vase. — 1.000 fr.

TCHIN-TCHIN (Seifoun) — 1930 — né à Formosa — Japonais. — 11 *bis*, rue Schœlcher, 14e.

4097 Paysage.
4098 Portrait de femme.

TEGNER (Elna) — 1930 — née à Copenhague — Danoise. — 22, avenue de la Gare-Fleury, Meudon (S.-et-O.).

4099 Le vieux port. — 1.500 fr.
4100 Marine. — 1.000 fr.

TEHO (Jean) — 1930 — né à Calais. — 2, rue de l'Hôtel-de-Ville, Arles-sur-Rhône (Bouches-du-Rhône).

4101 Paysage (peinture). — 2.000 fr.
4102 Paysage (aquarelle). — 1.000 fr.

TELLIER (Eugène) — 1926 — né à Amiens. — 2, rue Brancas, Sèvres (S.-et-O.).

4103 Parc de Saint-Cloud. — 1.500 fr.
4104 Pont-Neuf. — 1.500 fr.

TEN-EYCK (John-A.) — 1926 — Américain. — Shippan Point, Stamford, Conn. (U.S.A.).

4105 Nature morte. — 3.500 fr.
4106 La maison blanche. — 5.000 fr.

TERNAND (Marthe) — 1924 — née à Paris. — 6, rue d'Estrées, 7ᵉ.

4107 Peinture. — 1.800 fr.
4108 Peinture. — 1.500 fr.

TESSIER (Mˡˡᵉ Marie-Claire) — 1928 — née à Paris. — La Grangette, chemin de Villepreux, Vaucresson (S.-et-O.).

4109 Baigneuse. — 3.800 fr.
4110 Paysage. — 250 fr.

TEXCIER (Jean) — 1920 — né à Rouen. — 4, rue Leneveux, 14ᵉ.

4111 L'échafaudage.
4112 L'homme endormi.

THÉNARD (Georges-Eugène) — 1920 — né à Paris. — 1, rue Jean-Marie-Jégo, 13ᵉ.

4113 Paysage. — 1.000 fr.
4114 Paysage. — 600 fr.

THEULIER DE SAINT-GERMAIN (Charles) — 1927 — né à Bordeaux. — 157, rue du Faubourg-Saint-Honoré, 8ᵉ.

4115 Une ferme sous la neige. — 800 fr.
4116 Le château de l'Aubraie. — 500 fr.

THEVENET (Pierre) — 1921 — né à Bruges. — 12, r. Séguier, 6ᵉ.

4117 La Seine, Saint-Cloud. — Appartient à la Collection G. Giffaut.
4118 La Cité. — Appartient à la Collection J. Ladurée.

THÉVENIN (Robert) — 1928 — né à Paris. — 64, boulevard Diderot, 12ᵉ.

4119 Le matin, paysage. — 600 fr.
4120 Fleurs. — 500 fr.

THEVENOT (Adrien) — 1922 — né à Rougemont-le-Château (Belfort). — 18, rue des Plantes, 14ᵉ.

4121 Nu.

THIBERGE (Paul) — 1930 — né à Méru (Oise). — 30, rue de la Croix, Nanterre (Seine).

4122 Aquarelle. — 800 fr.
4123 Aquarelle. — 500 fr.

THIÉBAUT (Laurence) — 1930 — née à Béziers. — 7, rue de la Terrasse (place des Cordeliers), Castelnaudary (Aude).

4124 Un groupe de trois poupées occitanes en terre cuite, intitulé : Plaisir et chagrin d'amour. — 300 fr. le groupe ou 100 fr. la poupée.
4125 Une série de trois buvards gravés et peints. — 200 fr. chaque.

THIÉRY (Eugène) — 1928 — né à Rethel (Ardennes). — 53, rue Saint-André-des-Arts, 6ᵉ.

4126 Le porche de l'église Saint-Nicolas, Rethel (Ardennes).
4127 Paysage.

THIÉVENT (Jean-Jules) — 1929 — né à Tramelan. — Boulevard de Ménilmontant, 20ᵉ.

4128 Sacré-Cœur de Montmartre. — 2.200 fr.
4129 Syphilis. — 1.500 fr.

THILLET (Henri) — 1927 — né à Brion (Vienne). — A Mirebeau (Vienne).

4130 Ruines de l'Abbaye des Chasteliers (Ile de Ré). — 500 fr.
4131 Pins de la Côte Sauvage (Ile de Ré). — 500 fr.

THIOLLIÈRE (Raymond) — 1920 — né à Roanne (Loire), le 23 janvier 1881. Décédé à Saint-Leu-Taverny le 26 juillet 1929. — S'adresser à Mme veuve Thiollière, 153, rue Saint-Martin, 3e.

EXPOSITION POSTHUME

4132 Marine.
4133 Paysage.
4134 Paysage.
4135 Paysage.
4136 Paysage.
4137 Nature morte.
4138 Nature morte à la mappemonde.
4139 Marine.
4140 Marine.
4141 Nature morte à l'accordéon.
4142 Portrait de Thiollière à la guitare (eau-forte).
4143 Les barques (eau-forte).
4144 Le port (gravure sur bois originale tirée à 30 exemplaires sur Japon).
4145 Etude de tête (gravure sur bois).
4146 Etude d'après Elie Richard (gravure sur bois).
4147 Gravures sur bois ayant servi à l'illustration de *La vie inquiète*, de Jean Hermelin.
4148 Gravures sur bois ayant servi à l'illustration de 12 chansons anciennes recueillies par Raymond Thiollière.
4149 Un cadre de quatre gravures sur bois.
4150 Un cadre de plusieurs gravures sur bois.
4151 Etude de nu (crayon).
4152 Etude de nu (crayon).
4153 Le Port (dessin original pour la gravure sur bois).
4154 Etude de tête (dessin original pour la gravure sur bois).
4155 Barques à Paimpol (crayon).
4156 Une vitrine contenant :

Quatre gravures sur bois et à l'eau-forte destinées à l'illustration des *Litanies de la rose*, de Rémy de Gourmont; un exemplaire de douze chansons anciennes recueillies par Raymond Thiollière et illustrées de gravures sur bois; gravures sur bois pour *Images de Paris;* bois gravés originaux.

THIRION (Roger) — 1930 — né à Paris. — 10 *bis*, r. Chaligny, 12ᵉ.

4157 Automne à Cernay. — 600 fr.
4158 Port de Pornic. — 600 fr.

THIRIOT (Pierre) — 1923 — né à Étain (Meuse). — Clermont-en-Argonne (Meuse), et 129, rue de l'Université, 7ᵉ.

4159 Poissons-voiles (panneau décoratif). — 3.000 fr.
4160 L'arc-en-ciel (maquette de rideau brodé pour un music-hall). — Appartient à Mme N. G. G.

THOMANN (Clara) — 1930 — née à Zurich — Suisse. — Freiestrasse n° 175, Zurich VII (Suisse).

4161 Buste de Mme de S... — Appartient à C. T...
4162 Buste de jeune femme. — 700 fr.

THOMAS (Jean-François) — 1920 — né à Guéméné-Penfao. — 28, rue Pigalle, 9ᵉ.

4163 Peinture.
4164 Peinture.

THOMAS (Pierre) — 1929 — né à Versailles. — 1 *bis*, rue Rameau, Versailles (S.-et-O.).

4165 Une rue de Carnac (Morbihan) (aquarelle). — 450 fr.
4166 Lilas fleuris à Versailles (aquarelle). — 400 fr.

THOMSEN (René) — 1921 — né à Paris. — 11 *bis*, rue des Saules, 18ᵉ.

4167 Portrait de M. A. K... Appartient à M. K...
4168 Paysage des environs de Paris.

THORNDIKE (Charles) — 1910 — né à Paris — Américain. — 26, rue Friant, 14ᵉ.

4169 Peinture.
4170 Peinture.

TIMAR (Emeric) — 1928 — né à Budapest — Hongrois. — 12, rue de la Harpe, 5e.

4171 L'artiste par lui-même. — 6.000 fr.
4172 Peinture. — 7.500 fr.

TINAT (Paul) — 1929 — né à Paris. — 5, square du Croisic, 15e.

4173 Paysage, marine. — 500 fr.
4174 Paysage, la Tour Eiffel. — 500 fr.

TINCHANT (Lucien) — 1924 — né à Paris. — 6, villa Collet, 14e.

4175 L'Hay-les-Roses, vue sur la roseraie. — 3.000 fr.
4176 Choux d'hiver. — 350 fr.

TIRMAN (Henriette) — 1906 — née à Charleville (Ardennes). — 22, rue de l'Yvette, 16e.

4177 Figure.
4178 Bouquet.

TODA (Kaïtéki) — 1926 — né à Tokio — Japonais. — 14, cité Falguière, 15e.

4179 Aigle. — 25.000 fr.
4180 Singe. — 4.000 fr.

TOHNO (Yaçouo) — 1925 — né à Tokio — Japonais — 19 *bis*, rue La Quintinie, 15e.

4181 Peinture.
4182 Peinture.

TOIRMEN (André) — 1926 — né à Paris. — 38, rue de l'Université, 7e.

4183 L'église du Petit-Andely. — 1.200 fr.
4184 La Seine près des Andelys. — 1.000 fr.

TOLSTOI (Zénaïde de) — 1927 — née à Novotcherkask — Russe. — 6, rue Guy-de-Maupassant, 16e.

4185 L'étude (peinture). — 3.000 fr.
4186 Une aquarelle. — 1.000 fr.

TONNELIER (Suzanne) — 1930 — née à Verdun. — 64, rue de Turenne, 3e.

4187 Lilas doubles. — 400 fr.
4188 Pivoines et marguerites. — 300 fr.

TONY-PICHON — 1922 — né à Ayn (Savoie). — 71, boulevard Barbès, 18e.

4189 Nature morte. — 2,000 fr.
4190 Le lac d'Aiguebelette (Savoie). — 1,500 fr.

TORCY (Mlle Antoinette de) — 1930 — née à Beaune (Côte-d'Or). — 33, rue de la Préfecture, Dijon (Côte-d'Or).

4191 Peinture.
4192 Peinture.

TOURNIER (Charles-Eugène) — 1924 — né à Paris. — 25, rue de l'Annonciation, 16e.

4193 Nature morte (peinture). — 250 fr.
4194 Ancien presbytère, Blanc-Mesnil (S.-et-O.) (aquarelle). — 200 fr.

TOURNIOL (Mlle Renée) — 1930 — née à Limoges. — 51, avenue de Pontaillac, Royan (Charente-Inférieure).

4195 Cimetière à Kairouan. — 2.000 fr.
4196 Village Chleuh (Atlas marocain). — 650 fr.

TOURTEAU (Eugène) — 1927 — né à La Suze (Sarthe). — 49, rue Ducouëdic, 14e.

4197 Constantinople, mosquée du Sultan Ahmed. — 4.500 fr.
4198 Constantinople, vieux quartier. — 3.000 fr.

TOUSSAINT (Henri) — 1927 — né à Osny (S.-et-O.). — 56, rue Charles-Chefson, Bois-Colombes (Seine).

4199 La place du Tertre. — 600 fr.
4200 L'usine. — 500 fr.

TOUZEAU (Olivier) — 1925 — né à Paris. — 102, rue Réaumur, 2e.

4201 Sommeil, nu. — 850 fr.
4202 Portrait de M. Bayle. — Pas à vendre.

TOUZON (Berthe) — 1928 — née à Aubervilliers (Seine). — 129, rue de Paris, Les Lilas (Seine).

4203 Portrait de la Doctoresse Rameaux-Vareille. — Pas à vendre.
4204 Paysage. — 1.000 fr.

TOZZI (Mario) — 1921 — né à Sunn (Lac Majeur) — Italien. — 44, rue de Rennes, 6e.

4205 Peinture.
4206 Peinture.

TRABUCCO (Mme Marie-Louise) — 1926 — née à Paris. — 6, villa Dupont, 16e.

4207 Danseuses. — 2.500 fr.
4208 Intérieur. — 1.000 fr.

TRAJAN-SAINT-INES (André-Michel) — 1930 — né à Sète (Hérault). — 83, boulevard de l'Hôpital, 13e.

4209 Montmartre, la basilique vue de la rue du Chevalier-de-la-Barre. — 30.000 fr.
4210 La Conciergerie, Palais de Justice et pont Napoléon. — 50.000 fr.

TRANNOY (Gabriel) — 1921 — né à Arras. — 42, rue Manin, 19e.

4211 Effet de soleil. — 1.800 fr.
4212 Sous-bois, Villeneuve. — 500 fr.

TRENQUALYE (Stéphane de) — 1928 — né à Khenchela (Algérie). — 56, rue Caulaincourt, 18e.

4213 Montmartre. — 3.500 fr.
4214 Paris. — 3.500 fr.

TRIBALLAT (Marthe) — 1913 — née à Flavigny (Cher). — 10, rue Lacretelle prolongée, 15°.

4215 La Mauresque. — 1.500 fr.
4216 Nature morte. — 1.000 fr.

TRIBEL (Charles) — 1920 — né à Mulhouse. — 200, avenue Ed.-Vaillant, Boulogne-sur-Seine.

4217 Paysage.
4218 Paysage.

TRIQUIGNEAUX (Louis) — 1910 — né à Paris. — 127, rue Notre-Dame-des-Champs, 6°.

4219 Vieux moulins.
4220 Paysage.

TROCHAIN (Fernand). — Voir : FERNAND-TROCHAIN.

TROCHEREAU DE LA BERLIÈRE (Henriette) — 1930 — née à Pougues-les-Eaux (Nièvre). — 22, rue de Naples, 8°.

4221 Leda. — 1,000 fr.
4222 Hortensias. — 1.000 fr.

TROLONG (René) — 1922 — né à Letteguives (Eure). — 126, rue de Tocqueville, 17°.

4223 La terrasse fleurie, Château de Versailles. — 600 fr.
4224 Ferme savoyarde (Samoëns). — 600 fr.

TROUBETZKAYA (Natalie) — 1930 — née à Smolensk — Russe. — 11 *bis*, rue Schœlcher, 14°.

4225 Portrait. — 25.000 fr.
4226 Peinture. — 3.000 fr.

TROUBLÉ (Paul) — 1926 — né à Meaux (S.-et-M.). — 9 *bis*, rue Demours, 17°.

4227 Eglise de Bouillancy (Oise). — 600 fr.
4228 Bouddha. — 1.200 fr.

TROUSSELLE (Gabriel) — 1925 — né à Folembray (Aisne). — 100, rue de Boston, Boulogne-sur-Seine (P.-de-C.).

4229 Paysage. — 1.000 fr.
4230 Nature morte. — 1.000 fr.

TRUC (Alfred) — 1921 — né à Constantine (Algérie). — 140, rue de Belleville, 20e.

4231 Survie. — 2.000 fr.
4232 Sainte face. — 1.000 fr.

TRUCHET (Victorin) — 1929 — né à Paris. — 29, avenue du Général-Michel-Bizot, 12e.

4233 Paysage d'Automne à Vers (Lot). — 1.500 fr.
4234 M. X. économe. — 1.200 fr.

TSAPLINE (Dimitry) — 1928 — né à Saratoff — Russe. — 53 *bis*, rue Boussingault, 13e.

4235 Une statue bois : Femme (sans socle).
4236 Une vitrine contenant neuf sculptures :
Un buste bois : Tête du sculpteur Bourdelle; une tête de femme (terre cuite); une tête d'homme (terre cuite); deux statuettes, femme (bois); une statuette, femme (pierre); une statuette, homme (pierre); un chat (pierre); une tête de chien (pierre).

TSOUROUTA (Hiroshi) — 1930 — né à Tokio — Japonais. — 34, rue Boussingault, 13e.

4237 Peinture. — 2.000 fr.
4238 Peinture. — 2.000 fr.

TURBEAUX (Albert) — 1926 — né à Saint-Quentin (Aisne). — 4, rue Robert-Turquan, 16e.

4239 La pergola abandonnée. — 800 fr.
4240 Sur la côte. — 800 fr.

TURIN (André) — 1904 — né à Paris. — 3, rue Cavallotti, 18e.

4241 San Troupé.
4242 La Somme.

TUSQUELLAS (Michel) — 1923 — né à Barcelone — Espagnol. — 3 *bis,* rue de la Mairie, Chennevières-sur-Marne (S.-et-O.).

4243 Portrait de jeune fille.
4244 Portrait de jeune fille.

NOTES

U

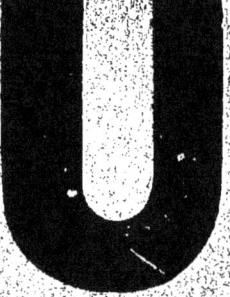

V

1930 - CATALOGUE - 1930

SERVICE DES VENTES
A L'EXPOSITION

Tous les ouvrages mentionnés au présent catalogue sont offerts au public aux prix désignés par les artistes **sans interposition d'aucun intermédiaire.**

Ces prix ne subissent aucune majoration. Les acquisitions sont **exemptes de tous droits, taxes ou impôts.**

MM. les visiteurs trouveront au Secrétariat de l'Exposition tous renseignements concernant la vente des œuvres exposées.

L'Administration de la Société se charge d'aviser les artistes des ventes effectuées ainsi que de la transmission des offres qui pourraient être faites en vue de la réalisation des commandes ou de l'acquisition des ouvrages exposés.

Les bureaux du Secrétariat et du Service de Vente se trouvent près de la sortie de l'Exposition, aux deux extrémités de la galerie de l'Horloge.

ULLMAN (Eugène-Paul) — 1920 — né à New-York — Américain. Beit es Salaam, boulevard Carnot prolongé, Nice (Alpes-Maritimes), et 24, rue Denfert-Rochereau, 6e.

4245 La chaise-longue. — 5.000 fr.
4246 Dans un logement. — 5.000 fr.

UNGIDOS (Raoul) — 1923 — né à Paris. — 8, rue La Boëtie, 8e, et « Le Désert », Gisors (Eure).

4247 Le chemin de la Lausse, Conques (Aveyron). — 1.200 fr.
4248 La chapelle Saint-Roch, Conques (Aveyron). — 1.200 fr.

URBAIN (Alexandre) — 1903 — né à Sainte-Marie-sur-Mer. — 21, quai de Bourbon, 4e.

4249 Neige et brume. — Appartient à M. Boudy.
4250 Peinture. — 4.000 fr.

URTIN (Paul) — 1930 — né à Grenoble. — 33 *bis*, boulevard de Clichy, 9e.

4251 Intérieur. — 3.000 fr.
4252 Intérieur. — 3.000 fr.

UTKÈS (Zelman) — 1926 — né à Bialystok — Russe. — 16, rue Henri-Regnault, Courbevoie (Seine).

4253 Paysage gris. — 2.000 fr.
4254 Hugo (portrait). — 2.000 fr.

UZELAC (Milivoj) — 1923 — né à Mostar — Yougoslave. — 4 *bis*, square Desnouettes, 15e.

4255 Portrait. — 5.000 fr.
4256 Paysage. — 3.000 fr.

VACHON (Alfred) — 1927 — né à Saint-Tropez. — Quai Suffren, Saint-Tropez (Var).

4257 Le bravadeur tropézien. — 1.800 fr.
4258 Magnolias, nature morte. — 800 fr.

VAL (Mme) — 1913. — 96, avenue des Ternes, 17e.

4259 Le vase blanc. — 3.500 fr.
4260 Melon d'Espagne. — 3.500 fr.

VALENS (Raphaël-Simon de) — 1924 — né à Paris. — 22, rue Turgot, 9e.

4261 Mare au couchant. — 1.200 fr.
4262 Ancien moulin sur l'Odon (Calvados). — 1.200 fr.

VALENSI (Henry) — 1907 — né à Alger. — 11, place de la Porte-de-Champerret, 17e.

4263 Les ballons d'Alsace (1920). — 5.000 fr.
4264 La Bretagne (1929). — 30.000 fr.

VALIÈRE (Mme Claire) — 1925 — née à Bruniquel (Tarn-et-Garonne). — 33, rue du Champ-de-Mars, 7e.

4265 Portrait de Mlle Denise B... — Pas à vendre.
4266 Baigneuse. — 4.000 fr.

VALLÉE (Ludovic) — 1903 — né à Paris. — 77, boulevard Saint-Marcel, 13e.

4267 La Falaise, Saint-Pierre-en-Port. — 1.500 fr.
4268 Nature morte. — 800 fr.

VAN DER LEEUW. — Voir : LEEUW.

VAN DONGEN (Mme Guus). — Voir : DONGEN.

VAN HOUTEN. — Voir : HOUTEN.

VARCOLLIER (Laure) — 1928 — née à Paris. — 3, rue de Grenelle, 6e.

4269 Nu. — 4.000 fr.
4270 Portrait tryptique. — Appartient à Mlle A. B...

VAREILLE (Liane) — 1921 — née à Saint-Vrain (S.-et-O.). — 25, rue Meslay, 3e.

4271 Falaises d'Yport. — 1.000 fr.
4272 Portrait. — 1.200 fr.

VARENNE (Antoine) — 1904 — né à Saint-Gervazy (P.-de-D.). — 12, place de l'Église, Pantin (Seine).

4273 Coin de marché (Bretagne). — 2.000 fr.
4274 Nu. — 1.500 fr.

VARENNE (Gaston) — 1912 — né à La Roche-sur-Yon (Vendée). — 31, rue de Turin, 8e.

4275 Vue sur la pointe d'Averne (Savoie). — 1.200 fr.
4276 Le mont Pourri (Savoie). — 1.200 fr.

VARESCO (Mlle Maud) — 1930 — née à Marmande (Lot). — 70, avenue de Clichy, 17e.

4277 Intimité. — 2.000 fr.
4278 Le tireur de cartes breton. — 1.000 fr.

VARNIER (André-Alexandre) — 1924 — né à Paris. — 32, rue de Courbevoie, La Garenne (Seine).

4279 La clairière. — 600 fr.
4280 Clair de lune. — 600 fr.

VASSEROT (Pierre-François) — 1920 — né à Poissy (S.-et-O.). — 11, rue Boissonade, 14e.

4281 La Rognouse, marine. — 5.000 fr.
4282 Le Pont-Neuf. — 3.000 fr.

VASSEUR (Robert) — 1920 — né à Ham (Somme). — 90, rue du Fort-de-l'Est, Saint-Denis (Seine).

4283 Intérieur. — 1.000 fr.
4284 Intérieur. — 250 fr.

VASTICAR (Germaine) — 1909 — née à Valenciennes (Nord). — 17, rue Angélique-Vérien, Neuilly (Seine).

4285 Madeleine et Loulou. — Appartient à l'auteur.
4286 Chevreuse. — 1.300 fr.

VASVARY (Joseph) — 1929 — né à Ludany — Hongrois. — 5, rue Tiers, 13e.

4287 Portrait. — Appartient à Mlle M.-L. Bancal.
4288 Portrait. — Appartient à l'auteur.

VAUDIN (Charles) — 1930 — né à Paris. — 1, rue Sully, Le Vésinet (S.-et-O.).

4289 La fin du solitaire (groupe sanglier et chiens) (sculpture). — Appartient à l'auteur.

VAUDOU (Gaston) — 1926 — né à Tours (I.-et-L.). — Corseaux, près Vevey (Suisse).

4290 Nu. — 1.600 fr.
4291 Chemin sous les pins. — 1.500 fr.

VAUFREYDAZ (Henri) — 1926 — né à Esches (Oise). — 9, rue Torricelli, 17e.

4292 Chemin du Yar (C.-du-N.). — 1.000 fr.
4293 Vieille maison servant d'étable (Normandie). — 800 fr.

VAUMOUSSE (Maurice) — 1928 — né à Rouen. — Galerie Sélection, 60, boulevard Malesherbes, 8e.

4294 Peinture.
4295 Peinture.

VAUQUELIN (Albert) — 1920 — né à Tilly-sur-Seulles (Calvados). — Villa des Plantes, 32 *bis*, rue des Plantes, 14e.

4296 Marché à Marseille. — 13.000 fr.
4297 Le port. — 3.500 fr.

VECHKE (Maxime) — 1928 — né à Kieff — Russe. — 18, rue Périer, Montrouge (Seine).

4298 Nature morte. — 1.500 fr.
4299 Portrait. — 1.500 fr.

VEILLET (Alfred) — 1905 — né à Ézy (Eure). — Rolleboise, par Bonnières-sur-Seine (S.-et-O.).

4300 La Cure à Saint-Père (Yonne). — 2.500 fr.
4301 Paysage. — 2.000 fr.

VELDE (Abraham Van) — 1928 — né à Zoeterwoude — Hollandais. — 2, sentier des Voisinoux, Bellevue (S.-et-O.).

4302 Nature morte. — 3.000 fr.
4303 Nature morte. — 3.000 fr.

VELDE (Gérard Van) — 1928 — né à Lisse — Hollandais. — 7, rue Edgar-Quinet, Malakoff.

4304 Tableau. — 3.000 fr.
4305 Tableau. — 3.000 fr.

VELIMIROVITCH (Mme Vouka) — 1929 — née à Pirote (Serbie) — Serbe. — 16, rue Olier, 15e.

4306 Le buste de S. E. Dr M. Spalazkevsteh, Ministre de Yougoslavie à Paris. — Pas à vendre.
4307 M. de Moro-Giafferri, avocat. — Pas à vendre.

VELLAY (Maurice) — 1911 — né à Paris. — 62, rue d'Amsterdam, 9e.

4308 Mlle « Kiki », reine de Montparnasse. — 1.500 fr.
4309 Atelier de peintre. — 1.500 fr.

VELTER (Marcel) — 1930 — né à Romilly-sur-Seine (Aube). — 28, rue Baudin, Noisy-le-Sec (Seine).

4310 Etude de nu (pastel). — 250 fr.
4311 Etude de nu (pastel). — 250 fr.

VENET (Gabriel) — 1922 — né à Saint-Quentin (Aisne). — 14, rue de Varize, 16e.

4312 Solitude (Côte-d'Or).
4313 Paysage d'hiver, Auteuil. — 1.000 fr.

VENTRILLON (Georges-Charles) — 1923 — né à Nancy. — Villa Belle-Rose, Ria (Pyrénées-Orientales).

4314 Peinture. — 3.500 fr.
4315 Peinture. — 2.500 fr.

VENTRILLON-HORBER (Ch.) — 1926 — né à Paris. — 249, rue Lecourbe, 15e.

4316 Portrait du Docteur P. Barragui. — Appartient au Docteur Barragui.
4317 Montigny-Marlotte.

VENTRILLON-LE-JEUNE — 1921 — né à Nancy. — 56, rue Charles-Keller, Nancy (M.-et-M.).

4318 Nu. — 3.000 fr.
4319 Portrait. — Appartient à Mme X.

VENZO (Mario) — 1929 — né à Rossano Veneto — Italien. — 68, rue de Turenne, 3e.

4320 Rustique. — 2.000 fr.
4321 Fleurs. — 800 fr.

VERDALLE (Jacques de) — 1925 — né à Auge (Creuse). — 6 *bis*, rue de la Terrasse, 17e.

4322 Soir d'automne en Creuse. — 450 fr.
4323 Souvenir de Paramé. — 500 fr.

VERDILHAN (André) — 1910 — né à Marseille. — 10, rue des Beaux-Arts, 6e.

4324 Zoé (peinture). — 6.000 fr.
4325 Buste du peintre Carle (sculpture).

VERDOU (Georges) — 1920 — né à Cabrerets (Lot). — 62, rue Monge, 5e.

4326 Paysage du Quercy. — 1.500 fr.
4327 Le Pharaon au nez cassé. — 2.000 fr.

VERECQUE (Amédée) — 1920 — né à Montauban. — 76, rue de Rennes, 6e.

4328 Paysage d'hiver. — 1.100 fr.
4329 Le viatique. — 800 fr.

VÉRITÉ (Madeleine) — 1929 — née à Pau (Basses-Pyrénées). — 9, square Delambre, 14e.

4330 Panneau décoratif en bois. — 10,000 fr.

VERNEROT (Mlle Camille) — 1926 — née à Paris. — 265, rue Saint-Denis, 2e.

4331 Grand'rue, Grisy-les-Plâtres (peinture). — 650 fr.
4332 Les tilleuls en hiver, Issoire (Puy-de-Dôme) (aquarelle). — 400 fr.

VERNEROT (Mlle Lise) — 1926 — née à Paris. — 265, rue Saint-Denis, 2e.

4333 Dahlias (aquarelle). — 450 fr.
4334 Zinnias (aquarelle). — 400 fr.

VERRIER (Louis) — 1924 — né à Arcueil (Seine). — 38, rue de l'Orne, 15e.

4335 Remparts à Vannes. — 850 fr.
4336 Rue Saint-Guénhaël à Vannes. — 600 fr.

VESVAL (Madeleine) — 1925 — née à Bricqueville (Manche). — 6, rue Aumont-Thiéville, 17e.

4337 La tasse d'argent. — 800 fr.
4338 Fruits et pichet. — 600 fr.

VIALADIEU (J.-M.) — 1928 — né à Vabre (Aveyron). — 11, rue de l'Union, Clichy (Seine).

4339 Peinture. — 1,000 fr.
4340 Peinture. — 1,000 fr.

VIALARD (Jean) — 1930 — né à Paris. — 28, rue Duris, 20e.

4341 Rue du Vieil-Hôpital à Sarlat (Digne) (peinture). — 900 fr.
4342 Les ustensils (poteries périgourdines) (dessin). — 400 fr.

VIALE (Jean) — 1928 — né à Lucciano (Corse). — 17, rue du Maréchal-Foch, Sannois (S.-et-O.).

4343 Ferme landaise près Dax. — 2.000 fr.
4344 Nature morte. — 1.500 fr.

VIALET (Louis) — 1926 — né à Gigny (S.-et-L.). — 8, rue du Faubourg-Saint-Denis, 10ᵉ.

4345 Labourage dans le Nivernais, d'après Rosa Bonheur. — Appartient à l'auteur.
4346 Chiens en arrêt. — Appartient à l'auteur.

VIARDOT (Georges) — 1924 — né à Paris. — 67, rue des Prairies, 20ᵉ.

4347 Complaisance, nu. — 2.500 fr.
4348 L'espiègle, nu. — 1.600 fr.

VIDAL-SALICHS (Agapit) — 1924 — né à Lloret de Mar — Espagnol. — 28, rue Cambronne, 15ᵉ.

4349 Peinture. — 10,000 fr.
4350 Peinture. — 10,000 fr.

VIE (Gabriel) — 1930 — né à Crécy (Somme). — 14, rue Ferdinand-Fabre, 15ᵉ.

4351 Saltimbanques. — 2.500 fr.
4352 Paysage. — 1.000 fr.

VIGE — 1929 — né à Nantes. — 11, rue Larrey, 5ᵉ.

4353 Trois barques. — 1.800 fr.
4354 Dordogne. — 3.000 fr.

VILETTE (Charles-Jean) — 1921 — né à Argenteuil (S.-et-O.). — 44, rue de l'Egalité, Colombes (Seine).

4355 Rue Casimir-Vincent, Colombes (Seine). — 2.800 fr.
4356 Boulevard Valmy, Colombes (Seine). — 2.600 fr.

VILLAIN (Pierre) — 1925 — né à Blois (L.-et-C.). — 23, rue Saint-Hippolyte, 13ᵉ.

4357 Coin de marché à Blois. — 2.500 fr.
4358 Gosses à la maternelle. — 2.500 fr.

VILLARD (Louis-Henri) — 1905 — né à Arpajon (S.-et-O.). — 11, rue Massenet, 16e.

4359 Fleurs. — 800 fr.
4360 Port de Saint-Mandrier (Var). — 1.000 fr.

VILLARD (Robert-Paulo) — 1929 — né à Quimper. — Villa du Cosquer, route de Locronan, Quimper (Finistère).

4361 Quimper, le port. — 800 fr.
4362 Le village, le soir. — 800 fr.

VILLERS (Gaston de) — 1908 — né à Bruxelles. — 81, avenue de Malakoff, 16e.

4363 Un coin de jardin. — 2.000 fr.
4364 Vue de Florence. — 2.000 fr.

VILLOUTREIX (Mme Mathilde) — 1926 — née à Limoges. — 3, rue Jean-Jaurès, Limoges (Haute-Vienne).

4365 Henriette. — Appartient à l'auteur.
4366 Paysage en Limousin. — 1.500 fr.

VINCENT (André) — 1930 — né à Paris. — 2, rue Borgnis-Desbordes, Versailles (S.-et-O.).

4367 Poupée moderne. — 3.000 fr.
4368 Zinnias. — 2.500 fr.

VINCENT-PERROT (Jeanne) — 1911 — née à Paris. — 24, rue Denfert-Rochereau, 5e.

4369 Propos ingénus. — 2.500 fr.
4370 Portrait. — 1.800 fr.

VINTILESCO (Georgeta) — 1928 — née à Ploesti (Roumanie) — Roumaine. — 18, impasse du Maine, 15e.

4371 Paysage. — 2.000 fr.
4372 Marine. — 1.000 fr.

VIOLET (Ernest) — 1927 — né à Besançon (Doubs). — 29, rue Taine, 12e.

4373 Première neige (Jura). — 1.200 fr.
4374 La Lande. — 1.200 fr.

VIOLET (Georges) — 1926 — né à Versailles. — 68, rue d'Assas, 6e.

4375 Ours blanc.

VIOTTE (Jacques) — 1929 — né à Remiremont (Vosges). — 92, rue de Varenne, 7e.

4376 La jetée. — 1.500 fr.
4377 La veste rouge. — 3.500 fr.

VIRY (Charles) — 1926 — né à Saint-Omer. — 103, rue Carnot, Saint-Omer (Pas-de-Calais).

4378 Paysage. — 400 fr.
4379 Nature morte. — 400 fr.

VISSAGUET (Louis) — 1924 — né au Puy. — 18, boulevard Alexandre-Clair, Le Puy (Haute-Loire).

4380 L'épreuve, torrent en Velay. — 400 fr.
4381 Sérénité, horizon vellave. — 400 fr.

VITRAT (Charles) — 1927 — né à Paris. — Au Mondou, Couze et Saint-Front (Dordogne).

4382 Portrait, profil. — 1.000 fr.
4383 Paysage. — 1.000 fr.

VIVIEN (Fernand) — 1925 — né à Maizière-la Grande-Paroisse (Aube). — 3, rue des Arquebusiers, 3e.

4384 Mimi-Pinson, vieux Montmartre. — 2.000 fr.
4385 Vieille maison, Saint-Père-sous-Vézelay (Yonne). — 1.500 fr.

VLACHOPOULOS (Xénophon) — 1928 — né en Grèce — Grec. — Chez M. Lefebvre-Foinet, 19, rue Vavin, 6e.

4386 Peinture.
4387 Peinture.

VOGELWEITH (Adolphe) — 1913 — né à Guebwiller (Haut-Rhin). — 11, boulevard de Clichy, 9e.

4388 Paysage.
4389 Jardin.

VOGT (Lucien) — 1922 — né à New-York. — 117, rue de Vaugirard, 6ᵉ.

4390 Peinture.
4391 Peinture.

VOILAND (Léon) — 1920 — né à Bains (Vosges). — 36, rue Hallé, 14ᵉ.

4392 Fleurs. — 1.200 fr.
4393 Nature morte. — 800 fr.

VOISIN-VANBER — 1930 — né à Lestre (Manche). — 6, rue de Milan, 9ᵉ.

4394 La Maison Carsault. — 1.400 fr.
4395 La poissonnerie. — 1.400 fr.

VOROS (Béla) — 1929 — né à Budapest — Hongrois. — 106, avenue des Deux-Stations, La Varenne (Seine).

4396 Statuette. — 1.500 fr.
4397 Statuette. — 2.500 fr.

VRIES (Sam de) — 1928 — né à Rotterdam. — 26, rue Taine, 12ᵉ.

4398 Jeune fille. — 2.000 fr.
4399 Nu. — 2.000 fr.

VUITTON (Gaston-Louis) — 1908 — né à Asnières. — 15, rue de la Comète, Asnières-sur-Seine.

4400 Meuble à brosses en épi de blé, garnitures cristal.

VYTCHEGJANINE (Pierre) — 1930 — né en Russie — Russe. — 31, rue Greuze, 16ᵉ.

4401 Nature morte. — 3.000 fr.
4402 Bouquet. — 2.000 fr.

NOTES

W

Y

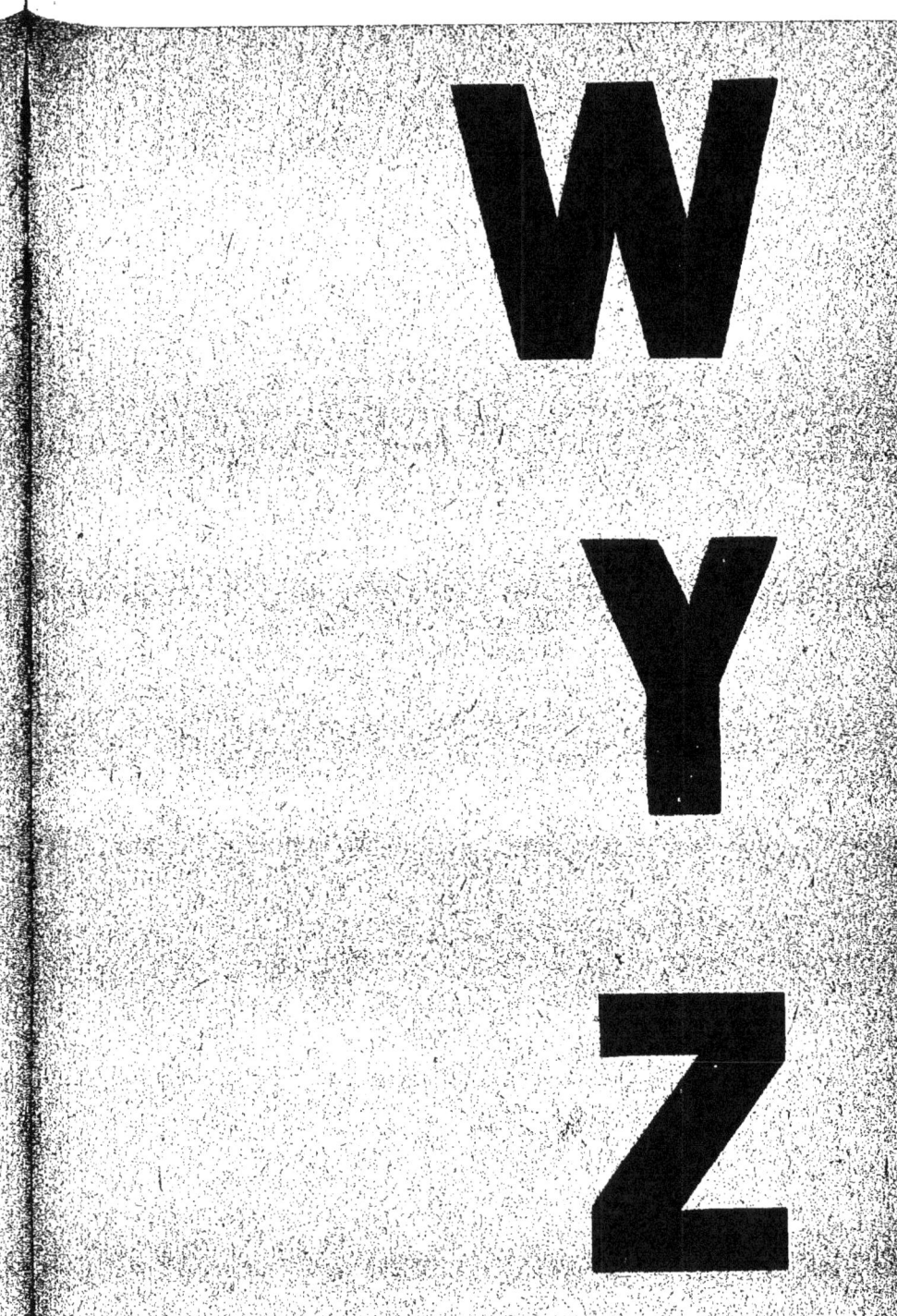

Z

1930 - CATALOGUE - 1930

SERVICE DES VENTES
A L'EXPOSITION

Tous les ouvrages mentionnés au présent catalogue sont offerts au public aux prix désignés par les artistes **sans interposition d'aucun intermédiaire.**

Ces prix ne subissent aucune majoration. Les acquisitions sont **exemptes de tous droits, taxes ou impôts.**

MM. les visiteurs trouveront au Secrétariat de l'Exposition tous renseignements concernant la vente des œuvres exposées.

L'Administration de la Société se charge d'aviser les artistes des ventes effectuées ainsi que de la transmission des offres qui pourraient être faites en vue de la réalisation des commandes ou de l'acquisition des ouvrages exposés.

Les bureaux du Secrétariat et du Service de Vente se trouvent près de la sortie de l'Exposition, aux deux extrémités de la galerie de l'Horloge.

WAELTER-OTTEN (René) — 1928 — né à Paris. — 36, rue Rébeval, 19e.

4403 Les lavandières « Crozant ». — 4.500 fr.
4404 De ma fenêtre, la rue Rébeval sous la neige. — 2.500 fr.

WAGNER (Henri-Konrad) — 1914 — né à Lieurey (Eure). — 220, avenue du Maine, 14e.

4405 Dessins d'ilustration, gravures. — 400 fr. chaque.

WAGNER (Pierre) — 1926 — né à Paris. — 75, boulevard Exelmans, 16e.

4406 Etude. — 3.000 fr.
4407 Jour de fête. — 5.000 fr.

WAGUET (Lewis) — 1907 — né à Guemps. — Rue Berthelot, Lens (P.-de-C.), et 148, avenue du Roule, Neuilly-sur-Seine.

4408 Paysage. — 600 fr.
4409 Paysage. — 600 fr.

WAHANIN (Edouard) — 1905 — né à Lille. — 6, rue d'Auteuil, 16e.

4410 Le vieil antiquaire. — 600 fr.
4411 Nature morte. — 300 fr.

WALTZ (Dina) — 1926 — née à Foix. — 52, rue du Docteur-Blanche, 16e.

4412 Etude.
4413 Rahna.

WALTZ (René) — 1930 — né à Paris. — 26, rue Coriolis, 12e.

4414 La Seine et vue sur le Trocadéro (aquarelle). — 600 fr.
4415 Les rochers (étude) (aquarelle). — 700 fr.

WARD (Clara-Wendeline-Orde) — 1930 — née à Southsea (Angleterre) — Anglaise. — 38, Connaught Square, London W. 2.

4416 Honfleur (aquarelle). — 400 fr.

WAUQUIEZ (Marie) — 1921 — née à Tourcoing. — 23, rue Asseline, 14°.

4417 Une fleur. — 6.000 fr.
4418 Les roses. — 6.000 fr.

WEGENER (Einar) — 1921 — né au Danemark — Danois. — 33, rue du Champ-de-Mars, 7°.

4419 Piazza di Spagna (Piazza). — 2.000 fr.
4420 Capri. — 2.500 fr.

WEGENER (Gerda) — 1921 — née au Danemark — Danoise. — 33, rue du Champ-de-Mars, 7°.

4421 Jour de fête. — 3.500 fr.
4422 Les Grâces. — 2.500 fr.

WEINGART (Joachim) — 1926 — né en Pologne — Polonais. — 2, rue Auguste-Bartholdi, 15°.

4423 Auto-portrait. — 3.000 fr.
4424 Jour de fête. — 6.000 fr.

WEISMANN (Jacques) — 1906 — né à Paris. — 11, boulevard Pereire, 17°.

4425 Nu à la psyché. — 3.000 fr.
4426 Le coffret de bijoux. — 3.000 fr.

WEISS (Marie-Joseph) — 1930 — né à Dijon (Côte-d'Or). — 24, avenue Carnot et 4, rue de Provigny, Cachan (Seine).

4427 Souvenirs d'antan. — 11.000 fr.
4428 Mon frère en Jésus-Christ.. — 11.000 fr.

WEISSENBACH (Henri) — 1923 — né à Fribourg (Suisse) — Suisse. — 16, rue Vineuse, 16°.

4429 Jour de fête. — 2.500 fr.
4430 Paysage. — 1.800 fr.

WENBAUM (Albert) — 1909 — né à Kamenietz-Podolsk — Français. — 115, rue Notre-Dame-des-Champs, 6°.

4431 La fête chez l'aïeule. — 10.000 fr.
4432 Fleurs. — 3.500 fr.

WIEDEMAN (Daniel) — 1927 — né à Bruxelles. — 77, rue de la Chapelle, 18e.

4433 Chevaux de halage. — 600 fr.
4434 Vieilles maisons à Chanay (Ain). — 500 fr.

WIELHORSKI (Jules) — 1904 — né à Nancy. — 74, avenue de Suffren, 15e.

4435 Peinture. — 3.000 fr.
4436 Peinture. — 3.000 fr.

WOLF (Jacques) — 1921 — né à Rouen. — 69, rue Lemercier, 17e.

4437 Nu. — 2.000 fr.
4438 Peinture. — 2.500 fr.

YAN (Robert) — 1929 — né à Arcachon. — 15, rue de l'Abbé-Grégoire, 6e.

4439 Pardon de Penhors (Finistère). — 1.500 fr.
4440 Au pays Bigouden. — 1.500 fr.

YOKOTE (Sadami) — 1929 — né à Tokio — Japonais. — 11, rue Daguerre, 14e.

4441 Paysage. — 1.500 fr.
4442 Paysage. — 1.500 fr.

YOREL (Adolphe) — 1924 — né à Paris. — 21, rue de la Tour, 16e.

4443 Matinée d'été à Bagatelle. — 850 fr.
4444 Bagatelle un soir d'été. — 850 fr.

YOREL (Léonie) — 1930 — née à Rouen. — 21, rue de la Tour, 16e.

4445 Repos dans la prairie. — 250 fr.
4446 Sous les vagues. — 250 fr.

YOUCHKINE (Léonid) — 1930 — né à Mohileff — Russe. — 11 *bis*, rue des Orchidées (place de Rungis), 13e.

4447 Un jour d'hiver. — 1.200 fr.
4448 Le motif d'Égypte. — 1.200 fr.

YSERN Y ALIE (Pierre) — 1904 — né à Barcelone — Espagnol. — 130 *ter*, boulevard de Clichy, 18°.

4449 Danseuses au soleil. — 8.000 fr.
4450 Paysage de Majorque. — 4.000 fr.

ZADIG (William) — 1928 — né à Malmœ — Suédois. — 7, rue Léon-Delhomme, 15°.

4451 Jeune femme pensive (sculpture) (plâtre). — Reproduction en bronze, 75.000 fr.
4452 Méditation (sculpture) (plâtre patiné). — Reproduction en bronze, 6.000 fr.

ZARFIN (Shraga) — 1925 — né à Minsk (Russie) — Palestinien. — 12, rue Jonquoy, 14°.

4453 Paysage. — 2.000 fr.
4454 Vue de ma fenêtre. — 2.500 fr.

ZARYCKA (Sophie) — 1929 — née à Przemysl (Galicie) — Ukrainienne. — 7, impasse du Rouet, atelier 13, 14°.

4455 Après le bain. — 2.000 fr.
4456 Les bohémiennes. — 1.500 fr.

ZBINDEN (Frédéric) — 1922 — né à Bâle — Suisse. — 93, rue des Bourguignons, Bois-Colombes (Seine).

4457 Portrait. — 1.600 fr.
4458 Chrysanthèmes. — 2.800 fr.

ZEGUERS (Wilh) — 1930 — née à Paris — Belge. — 150, rue Brogniez, Bruxelles (Belgique).

4459 Danseuse. — 4.000 fr.
4460 Heureux compte rendu. — 3.500 fr.

ZELIKSON (Serge) — 1921 — né en Russie. — 41, rue Monge, 5°.

4461 Buste de M. Raoul Péret, sénateur (sculpture) (bronze).
4462 Buste de M. Charles Debierre, sénateur (sculpture).

ZEVORT (Emile) — 1926 — né à Nice. — 18, rue Clairaut, 17e.

4463 Nature morte. — 350 fr.
4464 Fontainebleau. — 350 fr.

ZEVORT (Madeleine) — 1928 — née à Paris. — 15, place des Vosges, 4e.

4465 Ile Bréhat (dessin couleur).
4466 Loguivy (Bretagne) (dessin couleur).

ZEZZOS (Georges) — 1908 — né à Venise (Italie). — 40, rue Gassendi, 14e.

4467 Composition. — 3.000 fr.
4468 Toits rouges. — 2.000 fr.

ZIELENIEWSKI (Kazimierz) — 1920 — né à Tomsk (Sibérie) — Polonais. — 10 *bis*, rue de la Gaieté, 14e.

4469 Fleurs, bignones (aquarelle). — 900 fr.
4470 Fleurs, marronnier (aquarelle). — 900 fr.

ZIWÈS (Sam) — 1928 — né à Odessa (Russie). — 33, rue des Apennins, 17e.

4471 Martigues, le Miroir des Oiseaux. — 2.200 fr.
4472 Cascade du pont Ès-Retours (Normandie). — 1.200 francs.

ZOULOUMIAN (Carnik) — 1930 — né à Alep (Syrie) — Arménien. — 36, rue des Écoles, 5e.

4473 Peinture. — 2.000 fr.
4474 Peinture. — 2.000 fr.

ZURICHER (Mlle Berthe) — 1899 — née à Berne — Suisse. — 68, rue de la Poste, Berne (Suisse).

4475 Marcelle Capy (portrait. — 2.500 fr.
4476 Roses. — 2.500 fr.

NOTES

LISTE DES EXPOSANTS DE 1930

par ordre d'ancienneté

selon la date de leur première participation aux Expositions de la Société

1884

LANDRÉ (Mlle L.).
SIGNAC (P.).

1886

ALBERT (A.).

1887

DURAY (E.).
LUCE (M.).

1889

CAILLAUD (A.).

1890

SON (J.).

1891

GUILLOUX (Ch.).
PETITJEAN (H.) †.

1892

BESNUS (G.).
BRÉMOND (J.-L.).
LA ROCHEFOUCAULD (A. de).

1893

SAAF (E.).

1894

AMELIN (P.).

1896

BUTLER (Th.-E.).
KERINGER (A.-J.).
PHILLIPS (Miss).

1897

BEAU (H.).
PELLETIER (P.-J.).

1898

JOLY (H.).

1899

ZURICHER (Mlle B.).

1901

BÉNONI-AURAN.
BERNARD-LEMAIRE.
GUÉRIN (Ch.).
PRODHON (E.-A.).
ROUX-CHAMPION (J.).
SOULLARD (L.).

1902

BARON (M.).
BONNAMY (L.).
CARIOT (G.).
CARRÉ (R.).
CŒURET (A.).
COULON (H.).
COURCHÉ (F.).
DELTOMBE (P.).
DEVILLE (J.).
GAULET (H.).
HANRIOT (J.-A.).
IGOUNET DE VILLERS.
JOUBERT (H.-A.).
LEJEUNE (H.-P.).
RENÉ-JUSTE (J.-C.).
ROUSTAN (E.).
SARDIN (A.).
SÉAILLES (P.).

1903

BAUDON (L.).
BEUNKE (G.).
BURGUN (G.).
GATIER (P.).
LE LOUP DE SAINVILLE.
MARCHAL (A.).
ROBIN (M.).
SAMSON (G.) †.
URBAIN (A.).
VALLÉE (L.).

1904

ALEXANDROVITCH (A.).
BOURDIER (R.).
CHARLET (A.).
CIROU (P.).
DANNENBERG (A.).
DENIS-VALVÉRANE (L.).
HOSCHEDÉ-MONET.
JOLY (Mlle J.).
KLEIN-OR (V.).
LE PETIT (A.-M.).
LUDOVIC-RODO.
PAUL-MANCEAU.
RÉAL (D.).
REYMOND DE BROUTELLES.
TURIN (A.).
VARENNE (A.).
WIELHORSKI (J.).
YSERN Y ALLIÉ.

1905

ADOUR (P.).
ASTIÉ (H.).
BERTHE (L.-M.).
BOYD (Mlle E.).
CHAMPON (E.).
CHÉNARD-HUCHÉ (G.).
CORDONNIER (P.).
GARNOT (A.).
GIL-BAER.
GYANINY (G.).
JANSSAUD (M.).
JOSEPH (H.).
KOUSNETZOFF (C.).
LUDLOW (S.).
MARTOUGEN (S.).
MILLARD (E.).
PAULEMILE-PISSARRO.
RAMOND (P.).
REYMOND (C.).
RIBEAUCOURT (J.).
ROBERTY (A.).
SAINT-DELIS (R. de).
SCHŒN (D.).
VEILLET (A.).
VILLARD (L.-H.).
WAHANIN (E.).

1906

ALKAN-LEVY (F.).
ALY (G.).
CAVAILLON (E.).
COLLE (M.).
DENISSE (J.).
DEVERIN (R.).
DREYFUS (Cl.).
FAU (P.).
GOSSELIN-CIZALETTI.
GRANDJEAN (H.).
GRÉGORIAN (J.).
HEMEYER.
LAUVRAY (A.).
MAILLOS (A.).
MARCEL-BÉRONNEAU (P.).
MASURE (G.-P.).
MILLOT (E.).
MORIN (F.).
NIBOR (A.-Y.).
PAULTRE (G.).
QUESNEL (R.).
RIOUX (H.).
SCHREIBER (G.-E.).
SIMON (M.).
TIRMAN (H.).
WEISMANN (J.).

1907

BACH (M.).
BARRIÈRE (G.).
BECKER (G.).
BELLAN-GILBERT.
BERTRAND (P.).

BILLETTE (R.).
BOGERIANOFF (A.).
BRICARD (X.).
BRIGGS (N.).
BROWN (A.).
BULLIO (E.).
CHABAUD (A.).
CHAPUY (A.).
CORFU (G.).
DARAUX (L.).
DEFONTAINE (R.).
FLOURENS (R.).
GANUCHAUD (P.).
GIMENO (A.).
HANIN (Mlle H.).
HURARD (J.).
JANDRON (Mlle F.).
LEMPÉRIÈRE (E.).
MASSIN (L.).
MESSEMIN (E.).
MOHRIEN (A.).
MORTIMER-GRONOW.
NAILLOD (Ch.).
ROURE (A.).
SAIN DE HEERS (Mme).
SERREPUY (J.).
SOMVEILLE (L.).
VALENSI (H.).
WAGUET (L.).

1908

ALDER (E.).
ANTHONE (A.).
BARBA (Mme M.).
BELLE (M.).
CONINCK (R. de).
DESPREZ (S.).
DÉZERT (C.).
DUJARDIN-BEAUMETZ.
FESCHOTTE (H.).
GOW-STEUART (Mme).
GUILLAUMET (Y.).
JÉRÉBTSOFF (Mme A.).
JOUSSET (E.).
MIAULET (W.).
RUAZ (E. de).
SCHWANEBACH (Th. de).
VILLERS (G. de).
VUITTON (G.-L.).
ZEZZOS (G.).

1909

ALMECH-GAGELIN (I.).
BALLET (A.).
BLOCH (M.).
FRANC (P.).
FRANCK (H.).
HUGARD (S.).
LAMOUR (Ch.-J.).
LARIVIÈRE (P.).
PERRIN-MAXENCE (H.).
RENEFER (R.).
SELMERSHEIM-DESGRANGE.
VASTICAR (G.).
WENBAUM (A.).

1910

ACKEIN (Mme).
ARREGUI (R.).
BERNIÈRES-HENRAUX (Mme).
BOULANGER (Cam.).
BRON (A.).
CATHOIRE (P.).
DODEL-FAURE (E.).
FERNAND-TROCHAIN.
FÉRON (J.).
GALÉANI (J.).
GOUEY (H.).
HOUTEN (G. Van).
LEPREUX (A.).
LOUIS-MOREAU.
NOURRIGAT (E.).
REIMANS (R.).
ROY (F.).
SIVADE (A.).
SOSSON (H.).
THORNDIKE (Ch.).
TRIQUIGNEAUX (L.).
VERDILHAN (A.).

1911

ANDRÉ (G.).
ASSIRE (G.).
BARBEY (J.-M.).
BERNSTEIN (S.).

BIZET (A.).
BOULIER (L.).
BOURG (J.-E.).
BOURLY (H.).
BRUN (L.).
BUFFIN (L.).
BURNSIDE (C.).
BUSSET (M.).
BUTLER (J.).
CARPENTIER (M.).
CHÉREAU (Cl.).
DANIS (G.).
DÉCAMP (M.).
DUMOULIN (G.).
EWALD (A.).
GEORGES (H.).
GRASSET (A.).
GUELDRY (Ch.-A.).
GUERIN-LE GUAY.
GUINNESS (M.).
HASSELL (H.-C.).
LAPIERRE (E.).
LAVOUÉ (H.).
LEFEBVRE (M.-J.).
LESOURD (R.).
LÉVEILLÉ (A.).
MERLAUD (C.).
MOREAU (G.-A.).
PELLERIER (M.).
PINAL (F.).
PROST (G.).
ROBLIN (J.).
SEVEAU (G.).
SYROVY (J.).
VELLAY (M.).
VINCENT-PERROT.

1912

AILLET (E.).
BAILLET (Ch.).
BELOFF (A.).
BERNARD (L.-M.).
BING (Mlle O.).
COMMAUCHE (J.).
DAYNES (V.).
FABIAN (H.).
FRIPPIER (R.).
HOFER (A.).
HOUETTE (L.).
JAGOUX (J.).
LAFOURCADE (L.).
LA ROCHEFOUCAULD (A.-E. de).
MARCEL-GAILLARD.
MIRKA (Mme J.).
MORETTI (L.).
RAINGO-PELOUSE (G.).
RETIF (M.).
ROUQUAYROL (G.).
SERMAISE-PÉRILLARD.
SMÉTANA (L.).
VARENNE (G.).

1913

ALYANAK (H.).
ARMENGAUD (E.).
BERGON (F.).
BONANOMI (C.).
CASSALETTE (F.).
CATINAT (M.).
CHEMIN (E.).
CHRÉTIEN (P.-L.).
CLAUSADE (S. de).
CORNILLON-BARNAVE.
DEYDIER (R.).
DOLLERSCHELL (E.).
FORESTIER (E.).
FOY (A.).
GANGLOFF (Mme M.).
GRANCHET (A.).
HANAU (J.).
HOUEL (J.-B.).
LEMAITRE (A.).
L'ENFANT (M.).
LEVAVASSEUR (H.).
LLOYD (C.-M.).
MAC MULLAN (Mme).
MATHEY (J.).
MORTIER (R.).
POMMEY (J.-J.).
PORTAL (E.).
PRÉVILLE (A.).
TRIBALLAT (M.).
VAL (Mme).
VOGELWEITH (A.).

1919

ANDRE-MORISSET.
ANDRIEUX (A.).
BERTRAND (E.).
BREWSTER (E.-H.).
CASTELLI (C.).
CERNY (Ch.).
CHALEYE (J.).
CLAVET (J.).
DEDINA (V.).
FALTER (M.).
GERARD (H.).
IBELS (Mlle L.).
KNECHT (G.).
LEFEVRE (L.).
LEWINO (W.).
MONNOT (M.).
RICHE (L.).
SEVAISTRE (P.).
WAGNER (H.-C.).

1920

ABADIE-LANDEL (P.).
AGUET (W.).
ALBERT (M.).
ALDIGHIERI (D.).
ANTRAL (L.-R.).
ASTE (J.-L.).
BAILLOT-JOURDAN.
BALMIGERE (P.-M.).
BARBIER (E.).
BARJOU (H.).
BAROTTE (L.).
BENNETEAU (F.).
BERGEVIN (Y. de).
BERJONNEAU (J.).
BERTHELIN (R.).
BESSERVE (R.).
BOCHET (H.).
BOTTON (J. de).
BOULAGE (H.).
BRIARD (M.).
CATH (Mlle).
CAUDRELIER (G.).
CHAMERON (A.).
CHAPERON (E.).
CHARASSON (E.).
CHAUVEL (G.).
CHICHMANIAN (R.).
CHRISTEN (J.).
CLAIRET (F.).
COLIN (P.-E.).
CONVERSE (L.).
CORNILLEAU (R.).
CORPET (E.).
COUEZ (J.).
CYR (G.).
DACTY (J.).
DARCHE (T.).
DAVENTURE (H.).
DAYNES-GRASSOT-SOLIN.
DEGUÉRET (Y.).
DELATOUSCHE (G.).
DELEY (J.).
DELVIGNE (J.).
DESEVRE (M.).
DEVÈZE (F.).
DROUET-CORDIER.
DU MARBORÉ.
DUMONT (E.-H.).
FAVRE (L.).
FLAUBERT (L.).
FONTENEAU (J.).
FREMONT (P.).
GAUDEAUX (L.).
GILOT (Ch.).
GROGNET (A.).
GUILLAUME (G.).
GUINHALD (B. de).
HAARDT (M.).
HANRIOT (E.).
HERNANDEZ (M.).
JOUBIN (G.).
JOUCLARD (A.).
JUAN (M.).
JUILLERAT (H.).
KRONER (L.).
LACROIX-BRAVARD.
LALOUE (R.) †.
LA ROCHEFOUCAULD (Mme de).
LATTES (A.).
LECONTE (Y.).
LEFORT (J.-L.).
LEFORT DES YLOUSES.

1920 (suite)

LE GALLAIS-NICOT (Mme).
LEMAR (M.).
LÉO (L.).
LÉONARD (M.).
MAILLARD (H.).
MARAIS (G.-E.).
MAX (R.).
MERCKEL (E.).
MONMELIEN (E.).
MONTAL (L.-A.).
MONTEIL (L.-J.).
MORIN-JEAN.
MORSE-RUMMEL.
NEILLOT (L.).
NÉRÉE-GAUTIER (Mme).
OBERKAMPF DE DABRUN.
PASTRE (G.).
PÉCHAUBÈS (E.).
PENZINA (G.).
PÉRILLARD (J.).
PÉRONNE (H.-L.).
PERRET (J.).
PETIT (J.-A.).
PETITJEAN-FURET (A.).
PETRILLY (H.).
PLANAS (P.).
RAVOT (C.).
REGNIER (A.).
ROSSI (J.).
ROUBAUD (J.).
ROUBAUD (Mme).
SABBAGH (G.-H.).
SAINT-MARTIN (H. de).
SARDOU-KELLER (Mme).
SAUVAYRE (M.).
SICARD-CERRINA.
SIMONNET (G.).
SOHEK (L.).
SONDEREGGER (E.).
SOUGEZ (M.).
STILLER (V.).
SWANZY (Mlle M.).
TAVERNIER (J.-J.).
TEXCIER (J.).
THÉNARD (G.-E.).
THIOLLIÈRE (R.) †.
THOMAS (J.-F.).
TRIBEL (Ch.).
ULLMAN (E.-P.).
VASSEROT (P.-F.).
VASSEUR (R.).
VAUQUELIN (A.).
VERDOU (G.).
VERECQUE (A.).
VOILAND (L.).
ZIELENIEWSKI (K.).

1921

ALEXANDRE (E.).
BALANDE (G.).
BAUDE-COUILLAUD.
BIBAL (I.-F.).
BISHOP (M.).
BOUCHEZ (M.).
BOURIELLO (Mme B.).
BUSSIÈRE (L.).
CAGNET (M.).
CAREBUL (B.).
CASSIN-SAINT-LOUIS.
CAUCHET (M.).
CHAPIN (J.).
CLÉMENT-RENÉ.
COQUARD (L.).
COUBERTIN (Mlle de).
DANCRE (E.).
DEMARIA (P.).
DOLLIAC (H.).
DORÉ (G.).
DROPPE.
DUHAUPAS (M.).
ETÈVE (F.).
FETEL (P.).
FIALIN (G.).
FOULET (L.).
FROLICH (Ch.).
GAILLARD (P.-B.).
GALLOIS (E.).
GÉLINET (M.).
GENNARO (G. de).
GENTILS-GAMBY.
GILDAS (G.).
GIR (Ch.-F.).
GIRARD (P.).

GLASSER (L.).
GOSSELIN (M.-J.).
GRÉGOIRE (Mme).
GRELAT (R.) †.
GUILLON (P.).
GUYOT (G.-L.).
HÉRAULT (M.).
JELSTRUP (Mme E.).
JERMON (M. de).
JOHNSON (R.-W.).
JOYEUX (G.).
KALFAYAN (Z.-J.).
LACLAU (A.).
LANG (L.-M.).
LANSEL (M.).
LAVERGNE (A.).
LE CORNEC (J.-E.).
LEMARESQUIER (J.).
LEPRIN (M.).
LEROLLE (P.).
LESPAGNOL (Mme H.).
LESPAGNOL (Mlle M.).
LEW (B.).
L'HOEST (E.-L.).
LIÉBERT (Ch.).
LUCNEIL (Cl.).
LUGNIER (J.).
MAC CORD (Mme E.).
MAGGY-MONIER.
MANTELET-MARTEL (A.).
MANZ (C.).
MARCA (R.).
MAYNADIÉ (Ch.-E.).
MEDGYES (L.).
MEEUS (R.).
MÉLAN (A.).
MENON (P.-L.).
MÉZERETTE (E.).
MIGOT (G.).
MONDIN (Y.).
MONTMEROT (A.).
MORAS (P.-A.).
NÉRON (A.).
NIGAUD (P.-L.).
PAJOT (R.).
PÉAN (R.).
PORTEU (G.).
PRÉVAL (A.).
QUINQUARLET-QUIGNOLOT.
RAMEAU (M.).
RAYMOND (Ch.).
REITZ (Ch.).
RODEZ (N.).
ROMÉAU (M.).
SAUTIN (R.).
SERLET (F.).
SIMON (G.-A.).
THÉVENET (P.).
THOMSEN (R.).
TOZZI (M.).
TRANNOY (G.).
TRUC (A.).
VAREILLE (L.).
VENTRILLON-LE-JEUNE.
VILETTE (Ch-J.).
WAUQUIEZ (Mme M.).
WEGENER (E.).
WEGENER (G.).
WOLF (J.).
ZÉLIKSON (S.).

1922

AMBROSINI (V.).
ANDREY-PRÉVOST.
BALSSA (J.).
BARDON (M.).
BATAULT (H.).
BELLIET (B.).
BENOIT-BARNET.
BÉRONNEAU (A.).
BERTRAND (C.).
BÉZARDIN (L.).
BLANC (Ch.).
BLANCHE (E.).
BLANZAT (L.).
CAHOURS (H.).
CALVELLI (F.).
CARLONI (A.).
CHAMPENOIS-SCHARFF.
CHEPPY (H.).
CIEUTA (M.).
CLUZEAU (P.-A.).
COLLEU (A.).
CORTÈS (E.).

CUYER (L.).
DANNET (H.).
DEBOURG (E.).
DEVILLAIRE (A.).
DOMINGO (F.).
DONGEN (Mme Guus Van).
DUBAUT (J.).
DUC (M.).
FAUCHET (Mme T.).
FAURE (A.).
FEGDAL (S.).
FERNEL (F.).
FRANTZ (H.).
FROMENT (Mme J.).
GALLINA (E.).
GAUTHIER (A.).
GEN (R.).
GENTA (J.-H.).
GEO-LACHAUX.
GÉRIN (R.).
GILLY (M.-C.).
GIMEL (G.).
GIORDANO DI PALMA.
GIVRY (J.-R. de).
GONTCHAROVA (Mme).
GRENIER (H.).
GUIGNARD (G.).
GUYOT (G.-M.).
HOLY (A.).
JOLIVET (L.-P.).
JONES (Y.).
JOUBERT (R.).
KOHN (G.).
KOYANAGUI (S.).
KOZIEBRODZKI (J.).
LAFONT (R.-A.).
LARIONOW (M.).
LECLERCQ (P.).
LEFEUVRE (A.).
LEMPICKA (T. de).
MAGNE (R.).
MAILLIEZ (G.).
MAJA.
MARESCHAL (Mlle Y.).
MARIE (J.-F.).
MARSEILLE (P.).
MARTEL (J.-Cl.).
MARTEL (J.-R.).
MEINSEL (A.).
MÉRIOT (J.).
MESLAY (Ch.).
MOREAU (S.-H.).
MOUCHOT (G.).
NAGORSKI (A.).
NARDUS (A.-L.).
NIQUET (M.).
OURY (L.).
PANGALOS-PICARD.
PÉGURIER (A.).
PHILASTRE (N.).
PICARD (O.).
PIERRET (A.).
PIERROT.
PLAT (J.).
QUINTON (E.).
RENNESSON (A.).
ROBERT-LE-NOIR.
ROBINSON (A.).
ROMANET (E.).
SCHURMANN (M.).
SENCHET (V.).
TASTEMAIN (M.).
TASTEMAIN (Y.).
THÉVENOT (A.).
TONY-PICHON.
TROLONG (R.).
VENET (G.).
VOGT (L.).
ZBINDEN (F.).

1923

ALATERRE (L.).
ANGE (P.).
AOYAMA (Y.).
ARMAND (A.-M.).
AROZARENA (T. de).
BALDASSARI (O.).
BANDO (T.).
BARLOW-BREWSTER (Mme).
BEAUPUY (L.-J.).
BELAY (P. de).
BERJOLE (P.).
BESSE (R.).
BOUDUQUET (O.).

BOUTAREL (S.).
BOUVILLE (O. de).
BRUN-THURNEYSSEN.
BUREAU (C.).
BUTY (L. de).
CANTO DA MAYA.
CHANOT (A.).
CHANTERANNE (R.).
CHARLES (M.).
CHOTIAU (M.).
COMBALUZIER (M.).
CONDÉ (G.).
COZE (P.).
CUGUEN (V.).
DARRASSE (R.).
DEGLESNE-HEMMERLÉ.
DEL CARPIO (E.).
DELHOMME (A.).
DEMMER (G.).
DESNOYER (F.).
DREYFUS-STERN (J.).
DUBAUT (P.).
DUFAUT (G.).
ETTERAC (M.).
EUSTACHE (A.).
FARDEL (R.).
FÉDOROVITCH (S.).
FRANÇOIS (L.).
FREY-SURBEK (M.).
GAI (Mme Stano).
GARDNER (Mlle M.).
GELOT (Mlle R.).
GENASI (A.).
GERBAUD (A.).
GERMANAZ (M.).
GIOT (H.).
GREBEL (A.).
GUASTALLA (P.).
GUY-LOË (M.).
HAARDT (R.-R.).
HARBOË (R.).
HAREL (G.).
HONTA (R.).
HURTADO (E.).
JANIN (J.).
JAROSZ (R.).
JOETS (J.).
JOUBERT-LA-LOGE.
JUDICAEL-JOUBERT.
KINO-OUTI (Y.).
LACHÈVRE (A.-M.).
LACROIX (P.-M.).
LASNIER (E.).
LEEUW (F. Van der).
LEMOINE (Mlle Y.).
LE POITEVIN (M.).
LOCHAKOW (Ar.).
MADET-OSWALD (R.).
MALLEBAY (E.).
MARCEL-CRUPPI (Mme).
MARTINET (H.).
MASSON (Ed.).
MASSON (El.).
MÉLENDEZ (Mlle J.).
MONDAIN (J.).
MULINEN (Mlle E. de).
MUSSON (Mlle S.).
NIER (A.).
NORDAU (Mme M.).
NORMANDIN (Y.).
OMER (F.).
PERNOUD (L.).
PERS (G.).
PLANSON (A.).
PLAZA (M.).
POISSON (P.).
POPEA (E.).
POTTIER (R.).
PRINTEMPS (Y.).
PRUNIER (M.).
RABBIONE (C.).
RENOT (L.).
ROCHAT (Ch.).
ROGER (Mme G.).
RUA (M.).
SAINT-ANGE.
SAKATA (K.).
SANAHUJA (F.).
SARABEN (J.).
SEMENOFF (A.).
SOUZOUKI (R.).
STECK (L.).
TANAKA (Y.).
THIRIOT (P.).

TUSQUELLAS (M.).
UNGIDOS (R.).
UZELAC (M.).
VENTRILLON (G.-Ch.).
WEISSENBACH (H.).

1924

ARMAND-VIVET (J.).
BEAUMONT (J.).
BENATOV (L.-B.).
BERQUIER-MARINIER (M.).
BILHAUT (G.).
BODON (H.).
BONNET (J.).
BOUCHERY (R.).
BOULAD (M.).
BRANTONNE (R.).
BURDEAU (Mlle C.).
CAHEN (M.).
CAMARROQUE (L.).
CARIO (M.).
CARRIER-BELLEUSE.
CHABOD (J.).
CHAFFIOL-DEBILLEMONT.
CHANAS (J.).
CHAPPÉE (J.).
CHARLES (A.).
CHATZMAN (M.).
CHEVRET (J.).
CHOPIN (P.).
CIPRA (C.).
COLATO (A.).
COURPON (Mlle de).
CROULARD (J.).
DAGRON (M.).
DENEUVILLE (H.).
DERULLE (M.).
DESBUISSONS (L.).
DESPUJOLS (J.).
DOUCET (J.).
DUPLAIN (A.-F.).
DURIEZ-MAZUEL.
ENGELBACH (J.).
ETERNOD (M.).
EUBERLOT (D.).
FALCOU (P.-J.).
FAURE (L.-A.).
FAVRE (P.).
FERRIER (M.).
FLEURY (Ch.).
FLORIAS (T.).
FONTAINE (G.).
FONTÉNÉ (R.).
FOREST (F.).
FOURNIER (A.-M.).
GANTREL (M.).
GASSE (Ch.).
GÉRARDIN (E.).
GIRARD (L.).
GOTLIB (H.).
GRIOIS (G.).
GUSCHIN (N.).
HAAN (A. de).
HARDY (M.-P.).
HERPIN (R.).
HONNORÉ-ALATERRE.
HUET (A.).
JEREMITCH (N.-M.).
JOUBERT (A.).
LABOURÉ (Cl.-P.).
LALLEMAND (L.).
LARTIGUE (J.-H.).
LAVRUT (Mlle L.).
LESTRILLE (J.).
LOMBARD (E.).
MAC AULIFFE (G.).
MALÉ (M.).
MALLET (A.).
MARRAST (P.).
MASSON (E.-Cl.).
MASSON (J.-P.).
MATTHEY (O.).
MERCY (Mlle L. de).
MÉRIO (A.).
MUHLENEN (M. de).
NILOUSS (P.).
OKADA (M.).
PASCAL (L.).
PÉLISSON-MALLET.
PERCHAT (R.).
PERROT (N.).
PION (F.).
PLAZA-FERRAND (M.).
POLEZ (G.).

PONCELET (M.-G.).
POPELIN (M.).
PRYAS.
REGNIER (M.).
ROGER-CHRÉTIEN (P.).
ROUMY (E.).
SAGEAT (R.).
SALDO (R.).
SCHOMBERG-SZYMBERSKA.
SOURY (G.).
SPOLIANSKY (I.).
STREGLIO (Mlle J.).
TALLICHET (Mme S.).
TERNAND (M.).
TINCHANT (L.).
TOURNIER (Ch.-E.).
VALENS (R.-S. de).
VARNIER (A.).
VERRIER (L.).
VIARDOT (G.).
VIDAL-SALICHS.
VISSAGUET (L.).
YOREL (A.).

1925

ALBE (M.).
ANGER (J.).
APPIA (B.).
AUREGAN-COULOMBS.
AVISON (A.-P.).
BABELAY (L.).
BAUDOIN (J.-F.).
BEER (D.).
BERTALAN (A.).
BESSARD (E.).
BIGNON (R.).
BIOSCA-VILA (J.).
BISSON (Mlle L.).
BIZOT (R.).
BOGOMIR-DALMA.
BONAGUIDI (A.).
BOULET (Mlle G.).
BOURMALATZ (J.).
BRÉCHERET (V.).
BRISBOIS (Mlle A.).
BROUCHIER (M.-L.).
CAEN (P.).
CARIO (L.).
CAZELLES (L.).
CHARLEMAGNE (P.).
CHARLES (P.).
COLINUS (E.).
COMPARD (E.).
CRAS (M.).
CRETTÉ (A.).
CRISMANE (G.).
CROIX (J.).
DABIT (E.).
DAVIN (H.).
DELHIAS (A.).
DEPÉTASSE (H.).
DEVALUEZ (F.).
DEVAUX (R.).
DUFAUT (R.).
DUMOULIN (A.).
DUPRÉ (F.).
DUPUIS (L.).
EEKMAN (N.).
ENGLISH (H.).
EVARD (A.).
FATH (R.).
FAUCHIER (Ch.).
FEUGÈRE-MOUTON.
FRUH (O.).
GARINE (V.).
GAUTHIER (Mme Z.).
GILIS (J.).
GIRARDVILLE (S.).
GLOUTCHENKO (N.).
GLUCKMANN (G.).
GONTHIER (G.).
GRACH (P.).
GRASSOREILLE (Mlle).
GRAVES (J.).
GUILLOT (P.).
HAGUINOYA.
HALKILAHTI (M.).
HARA (K.).
HENNEQUIN (R.).
HENRY (Ch.).
JANNOT (R.).
JARY (F.).
JAVAL (A.-C.).
JEOFFRIN (J.).

JICINSKA (Mlle V.).
JIRASKOVA (Mlle M.).
JUVIN (J.).
KAHN (L.-J.).
KLEIN (G.-A.).
KONJOVITCH (M.).
KONOPATZKY (E.).
KRON (Mlle F.).
LABILLE (L.).
LAMBERT (F.).
LAPCHINE (G.).
LARDIN (P.).
LAROSIÈRE (A.).
LEBLANC (A.-G.).
LEBLANC (E.).
LE BRETON (C.).
LEBRUN (A.).
LE DORÉ (C.).
LIGNON (E.).
LINET (O.).
LINGE (J.-D.).
LOCAMUS (V.).
LUKA (M.).
LYQUES (G.-R. de).
MAILLET (P.-G.).
MANGE (J.).
MAREMBERT (J.).
MARGANTIN (L.).
MARGOTTET (L.).
MARICHAL (E.).
MARIN (E.).
MASSON (P.).
MÉDICI (O.).
MICHAUT (A.).
MILLET (Mme G.-R.).
MOISANT (G.).
MONGINOT (Ch.)
NANGEL (R.)
NAU-TOY (A.).
NIVERT (G.).
PERRIN (P.).
PIQUERA (Mlle J.).
PLATON-ARGYRIADES
POMPEY (F.).
PONGIN (M.).
RACHER (G.).
REBEILLARD (Mme C.).
REMSON (G.).
RENAULT (A.-L.).
REYNAUD (A.).
RICHARD (H.).
RONNÉ (G.).
RUPPRECHT (Ch.).
RYLSKY.
SABOURAUD (E.).
SAINT-SAENS (M.).
SALNELLE (J.-M.).
SALOMON (G.).
SAVIGNAT (L.).
SAYET (E.-D.).
SCHMID (G.).
SCOTT (L.).
SOICHOT (M.).
STANLEY.
STERKERS (R.).
SUDRE (A.).
TOHNO (Y.).
TOUZEAU (O.).
TROUSSELLE (G.).
VALIÈRE (Mme Cl.).
VERDALLE (J. de).
VESVAL (M.).
VILLAIN (P.).
VIVIEN (F.).
ZARFIN (S.).

1926

ABRANSKI (C.).
AIRAULT (F.).
ANCILLON (L.).
ANDLER (M.-L.).
AVETRANI (D.(.
BABIJ (I.).
BAKER (A.).
BAROWSKI (S.).
BERNARD-BOTTET.
BERNE-BELLECOUR
BERQUIER (E.).
BERTRAND (J.-P.).
BIENVENU (R.).
BIGER (D.).
BLATTNER (G.)
BOTREL (M.).
BOUCHERLE (P.).

BOUDET (G.).
BOURGADE (A. de).
BOURGAT (J.).
BRAGARD (H.).
BRUGNAUD (A.).
BUCHAILLE (M.).
BURLET (L.).
CAHN-DEBRÉ (Mlle).
CARLIER (J.).
CASSAGNE (Ch.).
CASTAING (H.).
CAVAGLIERI (M.).
CHANVALON (L.).
CHAPLAIN (P.).
CHARLON (L.).
CHARQUILLON (Ch.).
CHAUMAT (O.).
CLOCHARD (W.).
COBLENCE (V.).
COMPOINT (L.).
CORBELLINI (L.).
CORIA (B.).
CORNUEL (P.).
CRESSON (G.).
CRUCHET (R.).
DALS-LEFEVRE (A.).
DANSLER (R.).
DEBLAIZE (G.).
DEGLER (L.).
DECLINCOURT (A.).
DECŒUR (E.).
DECROIX (G.).
DELANDTSHEER (J.).
DELAUZIÈRES (A.).
DELEAU (E.).
DEPRUN (L.-A.).
DESTOUESSE (A.).
DIPPELT (H.).
DOSSE (A.).
DOUGLAS (E.).
DOUIS (G.).
DREYFUS-LEMAITRE.
DROUET (E.).
DRZKOVIC (V.).
DUMAS (E.).
ELEUTHERIADE (M.).
ELVA-MEROVITCH.
ERAN ([illegible]).
ERNAULT (S.).
EVERART (M.).
FARRAR (Ch.).
FAUCONNIER (E.).
FAUST (J.).
FAVE (P.-L.).
FAYET (S.).
FOIDART (R.).
FORCONI (J.).
FREDERIC.
FUNCK-HELLET (Mme).
FURBY (Ch.-J.).
GAIGNERON (J.-R. de).
GÉRARD (E.).
GÉRARD (J.-J.).
GONDOUIN (H.).
GOTTLOB (F.).
GOUBY (S.-H.).
GRIEUX (M.).
GUÉRARD (J.).
GUETON (A.).
HAMANOVICK (G.).
HANON (F.).
HANRIOT (P.).
HARBURGER (F.).
HARTMANN (W.).
HENRY-TRIBOUT.
HERBO (F.).
HERVIGO (G.).
HOHERMANN (A.).
HOUOT (L.).
IAKOVLEFF (M.).
ISAIAS.
ITHIER (J.-R.).
JACOB (G.).
JACQUELIN (P.-Ch.).
JACQUEMOT (P.-J.).
JACQUES (G.).
JALLOT (M.).
JESSEY (G. de).
JONG (G. de).
JOUCK (N.).
JOURAKOVSKY (M.).
JOURNOT (E.-R.).
JULIEN-BINAERTS.
KELLER (L.).

1926 (suite)

KONO (M.).
KOSLOFF (A.).
KOURITSINE (W.).
LABLE (E.-M.).
LA CORBIÈRE (R. de).
LANG (Cl.).
LARRIEU (Mme M.).
LASNE (R.).
LE BIENVENU-DUTOURP.
LE CHUITON (F.).
LE CORNEC (E.-Y.).
LEMARCHAND (M.).
LUTHRINGER (M.).
MAGNOIP (G.).
MAGITOT (Mme A.).
MANAGO (D.).
MANAGO (V.).
MARCEL-BÉRONNEAU (G.).
MARTIN (R.).
MASSON (R.).
MATHÉRON (A.).
MAURICE-PERROT (F.).
MELKA (J.).
MERCIER DE LA TOUCHE.
MERLIN (H.).
MEYTRAUD (R.).
MICHEL-JEAN (H.).
MIGETTE-PÉRARD.
MOGNIAT-DUCLOS (B.).
MORET (M.).
MYR (M.).
NÉMES (J. de).
NEVEU (Ed.).
NICK (G.).
NOISIER (L.).
NOITON (G.).
NOIZEUX (H.).
OFFNER (G.).
OKA (S.).
OKANOUYÉ (R.).
OLYVE (V.) †.
ORANT (M.).
PAGANINI (R.).
PARIZOT (Mme L.).
PASCAL (P.).
PASCALIS (Mme L.).
PATOUREAU (E.).
PAUL-PREYAT.
PÈPE (M.).
PÉRITCH (J.).
PETIT-BON (B.-L.).
PIETRI (A.).
PIP (P.).
PIPARD-ROGERIE (Ch.).
PIRONIN (Mme H.).
POLIAKOFF (N.).
POUYAUD (R.).
PROTEAU (E.).
QUERCY (J.).
ROBERT-REM (Mlle).
ROGER (Ch.).
ROUSSELLE-LEPAGE.
SABINO (M.).
SAINTE-LUCE (M.-A. de).
SALMON (F.).
SARROUY (M.).
SCHŒNGRUN (Mme).
SEIGNOBOS (M.).
SERRE (R.-A.).
SILIPRANDI (L.).
SINS (E.).
SOUGAWARA (S.).
SUMIDA (J.).
TARDIEU (R.).
TELLIER (E.).
TEN-EYCK (J.-A.).
TODA (K.).
TOIRMEN (A.).
TRABUCCO (Mme).
TROUBLÉ (P.).
TURBEAUX (A.).
UTKÈS (Z.).
VAUDOU (G.).
VAUFREYDAZ (H.).
VENTRILLON-HORBER.
VERNEROT (Mlle C.).
VERNEROT (Mlle L.).
VIALET (L.).
VILLOUTREIX (Mme).
VIOLET (G.).
VIRY (Ch.).
WAGNER (P.).

WALTZ (D.).
WEINGART (J.).
ZÉVORT (E.).

1927

ADÈS (J.-V.).
AMBROSIO (L. d').
AVIT (R.).
BABIN (E.).
BANÈS (Mme S.).
BARBEDIENNE (B.).
BARTHOLONI (B.).
BAUDE (L.).
BELLANGER (R.).
BENOIT (G.).
BERNAY (A.-M.).
BESSET (R.).
BIAUDET (F.).
BLACHE (A.).
BORDEAUX (P.).
BOUREILLE (P.).
BRAYER (Y.).
BRUNETEAU-VARNOUX.
CARDINAUX (D.).
CARVILLANI (R.).
CHARTRES (A.).
CHAUDÉ (P.).
CHIROUZE (Y.).
CHRÉTIEN (J.).
CHRISTIAN-ADAM.
CONTENCIN (Ch.).
CUÉNOT (Ch.).
DAMON (M.).
DELAUNAY (L.).
DELPY (J.).
DENARIÉ (P.).
DORVILLE (J.).
DOUCERET (J.).
DRAX (H.).
DRIESBACH (J.).
ERIC (W.).
ESPARBÈS (J. d').
FEUARDENT (G.).
FLORIAN (G.).
Fournaintraux-Winslow.
FRANCESCHI (M.).
FRÉDÉRIC-TOURTE (P.).
FRIMAT (J.).
GALLE (M.).
GARRY (Ch.).
GASSLER (J.).
GILLES (R.).
GIRARD (A.).
GIRARD (L.).
GOEDERT (J.).
GORECKA (M.).
GORIS (M.).
GRONSKY (N.).
GROS (M.).
GUICHARD (M.).
GUYOT (Ch.).
HADJI (E.).
HALFF (G.).
HARRISSART (J.).
HENRY (E.).
HILBERT (G.).
HONORÉ-PORTET.
HOROWITZ-EDWARDS.
JAN-MONTAGNE.
JARREAU (A.).
JAUDON (R.).
KASAK (M.).
KESSLER (M.).
KIEFFER (A.).
KŒCHLIN (H.).
KORTHALS (Mlle Cl.).
LALAGUE (J.).
LALLEMENT (P.).
LANDCHEVSKY (V. de).
LAUDATI (R.).
LAVAYSSE (L.).
LENNUYEUX (P.).
LESTAGE (J.-M.).
LISLE (L.).
LUZANOWSKY-MARINESCO.
LYNEN (R.).
MAHÉLIN (R.-P.).
MALFROY (H.).
MARNAC (S.).
MARTIN (M.).
MASSON (J.-H.).
MAYOR (J.).
MEISSER (L.).
MÉRINOFF (D.).

MILCENT (A.).
MILEVSKI (V.).
MOREAU (A.).
MORIANNY (E.).
MORIN (R.).
MOROSOF (C.).
MUGUET (G.).
MULLER (J.).
MURIQUE (A.).
NAI (M.).
NICOLAS (G.).
OKOLOW (M.).
ORTION (J.).
PACOUIL (G.).
PAJOR (P.).
PARRA (G.).
PASSA (G.).
PÉROT (M.).
PEYRET-LAVIALLE (Mme).
PHILIPPON (A.).
PICARD (R.).
PIETSZCH (Mlle M.-A.).
PINEL (Mlle M.-L.).
PLANTEY (M.).
POILLERAT (G.).
PONGE (J.).
RAGEADE (A.).
RALU (J.).
ROHMER (E.).
ROIMARMIER (Ch.).
ROSSI (P.).
ROUVIN (A.).
SABOURDIN (R.).
SAGLIO (E.).
SAILLANT (G.).
SAINRICE.
SAINT-REMY (Mme Cl. de).
SALMON (S.).
SCHAETZEL (Mme).
SEBILLOT (P.-Y.).
SIMON (J.).
SORDELL-MARIANI.
STRECKER (P.).
SUBRA (S.).
TAMIRIANTZ (V.).
TCHÉCO-POTOCKA.
THEULIER de ST-GERMAIN.
THILLET (H.).
TOLSTOI (Z. de).
TOURTEAU (E.).
TOUSSAINT (H.).
VACHON (A.).
VIOLET (E.).
VITRAT (Ch.).
WIEDMAN (D.).

1928

ACHILLE-FOULD (Mme).
ADAMSON-ERIC.
AGELASTO-BARBIER (Mme).
ALBERTINI (B.).
ALBERT-MATHIEU (J.).
AMATCHI (Mme C.).
ANDLER (P.).
AUDOUL (F.).
BARLE (M.).
BASCH (A.).
BEASLAY (O.).
BELLON (M.).
BERENY (E.-D.).
BERLY (R.).
BERNABEU (M.).
BERNARD (J.-A.).
BESNIÉE (M.).
BILLARD (J.).
BLANC-GATTI (Ch.).
BONDONNEAU (Mme).
BONHOTAL (H.).
BONNET (G.).
BOUGEROL (E.).
BOURGEOISET (M.).
BOUTIGNY (X.).
BRICHETEAU (A.).
BRIQUEMONT (J.).
BRISSIEUX (E.).
BUISSON (C.).
BUISSONNIÈRE (G.).
BURNAND (D.).
BUSY (M.).
CALDER (A.).
CALLENDER (B.).
CARMIS (G.).
CHAMPY (H.).
CHANTRIAU (G.).

ENZELLE (M.).
REDEL-WROBEL (Mme de).
HESNOY (V.).
LAISSE (V.).
OGNERAS (M.).
COLMANN (A.).
ONSTANTINOVSKY (J.).
AISY-DELPECH.
DAMBRUN (M.).
DAMOIS (E.).
DANARD-PUIG (M.).
DANTHON (G.).
DARNA (J.).
DASTOR (G.).
DAUDIGNAC (G.).
DELAMARE (G.).
DELAUNE (E.).
DESHAYES (J.).
DESPLANQUES (R.).
DETEIX (A.).
OEL-AIDE (Y.).
OYSIE (J.).
DUBOIS (A.).
DUHAMEL (G.).
DUMIEN (H.).
DUPONT-CRESPIN.
ESNOUL (P.).
ESTIVAL (G.).
LAGEL-CARRETTE (Mme).
EVE-SAINTE-MARIE (P.).
RALEZAC (J.).
FREUNDLICH (O.).
FRIED (Th.).
RUISCH (E.).
GAZAGNE (M.).
EE (Yun).
EO-GIRARD.
GEORGE (J.).
GERY-GALY (M.).
GIBSON (M.-S.).
GIGNON (M.).
GIRARD-MOND (H.).
LAIN-BRANCHE (Mme).
OL (J.-M.).
GOTTDAMMER (Mme).
RAIN (M.).
GRANIE (P.).

GUERZONI (Mme).
GUIOMAR (J.).
HACHE.
HARMITT (V.).
HENNES (C.).
HERBONT (A.).
HOUCK (R.).
HUBERT (E.).
IDZKOWSKI (Mme).
IHLEE (R.).
ISSAIEW (N.).
JARITZ (J.).
JOREL (A.).
JOUGOUNOUX (H.).
JULLIOT (M.).
KIFFER (Ch.).
KLEPPER (J.).
KLOEKER VAN VELDE.
KODKINE (M.).
KORDA (V.).
KOSLOFF (B.).
KOSNICK-KLOSS (H.).
LAAGE (G. de).
LACOMBE (M.).
LADEUIL (Mlle M.).
LAMAZIERE (Mlle de).
LAMBERT (G.).
LANDAIS (M.-R.).
LANNAY (A. de).
LAROCHE (R.).
LARZAC (H.).
LATTER (S.).
LAURENT-DUMARAIS.
LAVEDAN (A.).
LAVROFF (G.).
LEBEGUE (E.).
LE CHEVALLIER (J.).
LEFEVRE (M.).
LE GOUIX (J.).
LE MOUSSU (R.-M.).
LEONARD-DELIAS (Mme).
LEPETIT (L.).
LEROUX (Mlle M.-G.).
LE TARARE (J.-P.).
LEVIN (J.).
LEVY (Mlle J.).
LEVY-MURGIER.

[illegible] (suite)

LITTLEFIELD (W.).
LOMBARD (Mme L.).
MACHECOURT (Cl.).
MAINFROY (S.).
MANGIN (Mlle O.).
MARCHE (P.).
MARGAT (A.).
MARIANI (Mlle A.).
MARIE-PORTET (J.).
MARIN (D.-J.).
MARTEL (L.-V.).
MAUREAU (J.).
MAURICHEAU-BEAUPRÉ.
MAURY-NICOL.
MENARD (M.).
MEROU (P.).
MEROU (S.).
MILLER (E.).
MODESTI (D.-N.).
MOLOSTVOFF (B.).
MOREAU (H.).
MOREAU-MESSY (J.).
MOREIGNE-GEORGESON.
MOREL-BAKER (M.).
MOSSARD (H.).
NOEL (R.).
NONAT (R.).
NOWINA-SROCZINSKI.
NOYER (S.).
NUO (Mlle M.).
OGUI (M.).
PACETTI (J.).
PAPAGEORGE (A.).
PARDIAL.
PARIS (R.).
PEREZ-BOSCH (Mme L.).
PERRIN (S.).
PETIT-BON (S.).
PIKELNA (S.).
PIONNIER (L.).
POSCH (I.).
PRESTON (A.).
PREVOST (G.).
PREVOST (R.).
PRUNET (R.).
PUJOL (E.-J.).

RAGUIN (Mme G.).
REDKO (Cl.).
RETAUX (J.-F.).
REUCHLIN-LUCARDIE.
RODRIGUE (M.).
RONSIN (P.).
ROSENBERG-COUDERC (Mme).
ROUX-FABRE (E.).
ROZMAINSKY (V.).
SAGE (F.).
SAUVE (P.).
SCHAPOCHNIKOFF (L.).
SCHLEIFER (S.).
SCHUSTER (B.).
SCOTT (Mme L.).
SCOUFLAIRE (Mme).
SERGUEEFF (B.).
SICHES (S.).
SIOUX (M.).
SMITH (M.-A.).
SOLOGOUB (L.).
SOUDANT (Ch.).
STALHAND (Mme).
SUBINGAR (M.).
SZMUSKOWICZ (N.).
TAKASAKI (T.).
TALADOIRE (M.).
TESSIER (Mme M.-Cl.).
THEVENIN (R.).
THIERY (E.).
TIMAR (E.).
TOUZON (B.).
TRENQUALYE (S. de).
TSAPLINE (O.).
VARCOLLIER (L.).
VAUMOUSSE (M.).
VECHKE (M.).
VELDE (A. Van).
VELDE (G. Van).
VIALADIEU (J.-M.).
VIALE (J.).
VINTILESCO (G.).
VLACHOPOULOS (K.).
VRIES (S. de).
WAELTER-OTTEN.
ZADIG (W.).
ZEVORT (M.).
ZIWES (S.).

1929

ALÈGRE (J.-M.).
AMARGIER (L.).
ARGACHE (M.).
ARCHAMBAUD (J.).
AUBRUN (R.).
AUZAUNEAU (S.).
BACH (P.).
BAKER (S.).
BARAT (G.).
BARRAUD (F.).
BARTHALOT (Mlle).
BASKIND (S.).
BAYSER (H. de).
BEAU (P.).
BEAUMONT (P.-L.).
BELLINI (G.).
BERNOLIN (R.).
BESNARD-FORTIN (J.).
BESNIARD (P.).
BESTARD (J.).
BINENBAUM (Mlle).
BITCHKOVA-KOLTZOFF.
BJARNSON (L.).
BLONDEAU (Mme).
BŒUF (D.).
BOGDANOFF (P.).
BOUQUET-MIHIÈRE (R.).
BOURGET (J.).
BOURNET (J.).
BOURRIEU (J.-P.).
BRETON (Ch.).
BRULOIS (G. des).
BUTET (R.).
CAILLAUX (R.).
CARRER (Mlle).
CASTEL (M.).
CAVAILLÈS (J.).
CAVALIER (L.).
CERMAK (K.).
CHANEAC (P.).
CHAPCHAL (J.).
CHAPELAIN-MIDY.
CHARNOT-RENARD.
CHAUVISE (L.).
CLERGUES (J.).
COHEN (J.).
COLLIGNON (O.).
COLONNA (E.).
CONCHON (M.).
COQU (G.).
CORNET (M.).
COUY (J.).
CRESSEVEUR (J.-M.).
CUVILLIER (P.).
DAMBOISE (M.).
DAUCE (E.).
DAVID (M.).
DEFAUCAMBERGE.
DELAGE (M.).
DELVAL (R.).
DEMARTINECOURT (Cl.).
DENDEVILLE (R.).
DERCOURT (A.).
DERIEU (P.).
DESPRÈS (J.).
DEVAL (P.).
DEVAUX (G.).
DIMO (Z.).
DIRAN (S.).
DRAY (S.).
DREYFUS (R.).
DREVET (R.).
DROUARD (M.).
DUCHESNE (A.).
DURIEUX (R.).
DEVAL (P.).
EICKOFF (G.).
ESOR (R.).
ETIENNE (R.).
FALQUE (L.).
FALVARD (M.).
FAURE (P.-F.).
FAUX (M.).
FERRARI (M.-J.).
FEUILLATTE (R.).
FONSEQUE (M.).
FONTAYNE (R.).
FOUCAULT (A.).
FOUILLOUX (F.).
FOURQUET (E.).
GARCIN (Mlle J.-L.).
GARMILLA (M.).
GARSOIAN (L.).

1929 (suite)

GAUDIN (O.-P.).
GHERRI-MORO (B.).
GIL-FRANCO (V.).
GIRARD (J.).
GODEFROY (R.).
GRAND-CARTERET.
GRAVIER (G.).
GROSJEAN (M.-P.).
GUASTALLA (L.).
GUETTA (L.).
GUILHERMIER (R.).
GUILLAUME (A.).
GUILLEMIN (M.).
HAMANAKA (K.).
HANNOTIN (S.).
HARTIER (P.-C.).
HIRSZOWICZ (M.).
Hladikova-Bernkoplova.
HUBERT-ROBERT.
HUG.
HUOT (H.).
HUSNI (S.).
IKOWICZ (M.).
JACKSON (G.).
JACQUEMENT (Ed.).
JAFFEUX (Ch.).
JANINKO.
JANNEL (J.).
JOUBIN (D.).
JOUNY (M.).
KINGBLUTH (Mlle Ch.).
KINNOULL (Mme C. de).
KINOSHITA (Mlle R.).
KLEIN (K.).
KOLTZOFF (S.).
KOSAK (G.).
LAFAYE (E.).
LAGORIO (M.).
LARCHER (A.).
LECARON (Mlle S.).
LECORNU (M.).
LEDUC (M.).
LENOIR (G.).
LETAC (G.).
LINKA (T.).
LOFFREDO (M.).
LOMPRÉ (L.).
LORRETTE (P.).
LUBARDA (P.).
MABLORD (J.).
MAG-VAL.
MAHÉ (J.).
MALNATI (J.).
MARONI (M.).
MARTONNE (Mlle Souazic de).
MASSE (J.).
MAUPRIVEZ (Mlle G.).
MAYNTZ (R.).
MÉNAGE (R.).
MENCIONI (Mme M.).
MESNIANKINE (V.).
MÉZEROVA (J.-W.).
MICHEL (Ed.).
MIKÉNAS (J.).
MONNIEZ (Ch.).
MOSTYN (G.).
MOUGIN (E.-M.).
MOULLADE-CLAIR (M.).
MOUTIER (V.).
MYNGE (G.).
NANJO (K.).
NASSIVET (P.).
NAZE (Mlle S.).
NILSSON (G.).
OGI (S.).
OGUISS (T.).
OLIVÉDA (Ch.).
OMELCENKO (P.).
ORAOVATZ (G.).
OUSODA (K.).
PABOT (P.).
PATÉ (Mlle B.).
PERELMAN (M.).
PIAUX (L.).
PIERRE (A.).
PINEAU (A.).
PITOISET (L.).
PLANCIC (G.).
POLAC (A.).
PORACCIA (P.).
PREVOST-RAGAZ.
QUESNEVILLE (C.).
QUOY (L.-L.).

[illegible] (R.).
[illegible]ANDUING (L.).
[illegible]EHUER (L.).
[illegible]ENAUD (M.).
[illegible]EVEL (Mlle G.).
[illegible] (P.).
ROBILLOT (H.-M.).
[illegible]DDE (C.).
[illegible]SMANE MUSCULUS.
[illegible]OSSINSKY (M.).
[illegible]OUBAUDO (G.).
ROUSSEAU (F.).
[illegible]OUX (Ch.-L.).
[illegible]UFEIN (Mlle A.).
[illegible]UEL (M.).
[illegible]BACH (I.).
[illegible]ACHS (Mme [illegible]).
[illegible] (Y.).
[illegible]LEN (S.).
[illegible]HARDNER (R.).
[illegible]HNEIDER (F.).
[illegible]RODY (U.).
[illegible]SA BAGGI (M.).
[illegible]EYDOUX (E.).
[illegible]ESCO-AREPHY.
[illegible] (M.).
[illegible] (I.).
[illegible]YNDICA (Mme A.).
[illegible]AKANO (S.).
[illegible]ENI (J.-J.).
[illegible] (P.).
[illegible]INAT (V.).
[illegible]UCHET (V.).
[illegible]ASVARY (J.).
[illegible]LIMIROVITCH (Mme).
[illegible]NZO (N.).
[illegible]ERITE (M.).
[illegible]E.
[illegible]LLARD (R.-P.).
[illegible]OTTE (J.).
[illegible]OROS (B.).
[illegible] (R.).
[illegible]OTE (S.).
[illegible]YCKA (S.).

1930

[illegible] (A.).
[illegible]AMOVITCH (G.).

ABOHYA[illegible].
ALY (Mlle A.).
ARLANDIS (R.).
ARNAL (G.).
AUFORT (J.).
AUREILLAN (Mme M.).
AUZERAIS (F.).
AZENOR (Mlle H.).
BACON (Mlle M.).
BALLET (R.).
BALLOT-BEAUPRÉ.
BANDERAS (H.).
BARETTE (M.).
BARKER-HAVERFIELD.
BARRIER (J.).
BARTOT (H.-L.).
BAUDET (J.).
BAUDRU-BRAU (F.).
BECKER (Ch.).
BELLOC (R.).
BESARD (Mme P.).
BERGERE (G.).
BETHOUT (Mme).
BIDAINE (A.).
BLAESI (A.).
BLAYAC (A.-P.).
BLEYFUS (L.).
BLUZAT (C.).
BO (K.).
BOIZARD (Mme).
BONVALET (G.).
BORREMANS (F.).
BOSCHER (F.).
BOSSKE (L.).
BOUILLARD (A.).
BOURGUIGNON (H.).
BOURSIER-MOUGENOT.
BRAUDE (J.).
BREARD (A.).
BROS (R.).
BROUILLET (M.).
BRULFIS (P.-H. des).
BRUNET (M.).
BUCAS (Mlle A.).
BUNY (G.).
BURDIN DE SAINT-MARTIN.
BURNSIDE (E.).

1930 (suite)

BUSSIAN (G.).
CALVÈS (M.).
CAMPOURCY (J.).
CARIAT (H.).
CARP (E.).
CASEZ (R.).
CASTAGNA (G.).
CAUCHON (L.).
CENS (E.).
CHALOT (E.).
CHAPERON (P.).
CHAPUIS (E.).
CHARDENAL (C.).
CHAUVEAU (R.).
CHAVEZ (C. de).
CHENAUX (P.).
CHENÉ (J.).
CHRISTEN (A.).
CLAVEL (G.).
CLŒRGEAU (A.).
COCHET (M.-A.).
COLIN (H.).
COMBES (A.).
COMBES (H.).
CORBY.
COURTOIS (A.).
COUTURIER (A.).
COUTURIER (G.).
CRAMER (J.).
CRESPEL (E.).
CRESTIN (G.).
CROS (Cl.).
CZAYKOWSKY (L. de).
DA COSTA (W.).
DAUVILLIER (F.).
DAVID (E.).
DAVIDSON (H.).
DAVIS (G.).
DECOT (G.).
DEGLI-ALBERTINI.
DELACOSTE (A.).
DELATRE (Y.).
DELCLAUX (G.).
DELGOBE-DELIKER.
DESMAREST (Cl.).
DESMAREST (H.).
DETRÉ (C.).
DOCQUIER (R.).
DOMERGUES (S.).
DORBRITZ (M.).
DOUYÈRE (G.).
DUCHESNE (M.).
DUCUING (Y.).
DUNOYER (Ch.).
EICKOFF (G.).
ENGEL-ROZIER.
ESCHOLIER (C.).
EYMAR (L.).
FALK (R.).
FAVORY (Mlle F.).
FERNANDEZ (L.).
FEYGUINE (G.).
FIÉVET (E.).
FILLEUL (P.).
FLAMENT (A.).
FLEURIVAL (M.).
FLEURQUIN (O.).
FLORE (Mme J.).
FOCH-KO (J.).
FONTAINE (H.).
FONTI (W.).
FOURNIER (E.-F.).
FRANCHI (C.).
FRANÇOIS (G.).
FRANQUELIN (E.).
FREYMONT (F.).
FRIÈS (R.).
FUKUSHIMA (K.-I.).
FUMO (M.).
GALLOIS (J.).
GARROUSTE (H.).
GAUDO-PAQUET.
GENTA (A.).
GÉO-CIM (G.).
GEORGIEFF (P.).
GERDOLLE (G.).
GILARDI (A.).
GILLES (A.).
GILLET (G.).
GIMMIG (P.).
GIRARD (J.-V.).
GIRARDET (A.).
GIRAUD (G.).

1930 (suite)

GODART (G.).
GOSSYE (J.).
GRAS (P.).
GRIMPEL (Mlle).
GROOT (A. de).
GROSSIN (J.-M.).
GUIBERT-LASSALLE.
GUILLOT (M.).
GUINAND (R.).
GUIVARCH (R.).
GURGY (Mme R. de).
GYVRE (R.).
HAMEL (M.).
HARTUNG (K.).
HELD (A.).
HENNEQUIN (D.).
HENNETIER (A.).
HENRI-CRÉMIEUX.
HERVOCHON (Y.).
HILLIAR (E.).
HINRICHSEN (K.).
HOER (H.).
HUNTOON (M.).
IBELS (Mlle Ch.).
ISIDORE (G.).
ISZELÉNOV (N.).
JACQUEMOND (A.).
JANNET (Mlle M.).
JORUD (V.).
JOUSSAUME (P.-L.).
JOUSSET (H.).
KAEHRLING (Mlle B.).
KARIKAS (H.).
KINOSHITA (Mme M.).
KINOSHITA (Y.).
KINSLER (Mme A.).
KIRKOVITS (L.).
KLUKOWSKI (J.).
KOIKÉ (M.).
KOLODKINE (P.).
KONDO (S.).
KOZEL (H.-E.).
KRYLOFF (B.).
KRYTCHEWSKY (M.).
LABARTHE-LESCOT.
LABASQUE (Y.).
LABERAN (P.).
LACAZE (R.).
LAFITAU (A.).
LA HARPE (A. de).
LAMARE (O.).
LAMOUREUX (H.).
LANDAU (Mlle E.).
LANDEAU (R.).
LANFRANCHI (S.).
LAURENT (G.).
LECA (J.).
LECONTE (L.).
LEFEBVRE (G.).
LEGRAND (M.).
LEGRAND (M.).
LEHOUX (L.).
LEMAIRE (F.).
LE ROY (J.).
LESAFFRE (R.).
LETELLIER (M.).
LE VASSEUR-PORTAL.
LÉVÊQUE (L.).
LEVY-BLOCH (L.).
LHOEST (E.).
LINCK (W.).
LINDEGGER (A.).
LIOTARD (A.).
LIPCHITZ (I.).
LOKHORST (B.-W.).
LOTIS (Mlle M. de).
MAC CLEARY (N.).
MAERTENS-DEFIGIER.
MAILLARD (G.).
MALLIA (R.).
MANDELBAUM (E.).
MANDLER (E.).
MARCHAND (S.).
MARCYA-FROMENT.
MARGUINAUD (E.).
MARINETTI (J.).
MARIN-GILLES (B.).
MARINIER (L.).
MARMAIN (R.).
MARONI (J.).
MARTIGNY (F.).
MARTIN (A.).
MARTIN (E.).

1930 (suite).

MARTIN (J.-A.).
MATOS (Mlle A.).
MATRICON (M.).
MAURES (R.).
MEGRAS (G.).
MEGRET (S.).
MENARDEAU (M.).
MERCADIER (S.).
MERCEREAU (A.).
MERCIER (A.).
METGEN (R.).
MEUNIER (R.).
MEYER (L.).
MICHEL (H.).
MICHELB (L.).
MIKOUMO (S.).
MILLINGEN (Mlle C. Van).
MILOCH (E.).
MINHARD (G.).
MITRINOVITCH (D.).
MITSUI (Y.).
MOG-GEO.
MOLDOVAN (S.).
MONCEAUX (Mlle S.).
MONTJEAN (A.).
MORANTIN (L.-R.).
MOREL (A.).
MORERE (R.-J.).
MORI (G.).
MORLOT (J.).
MORSCIO (J.).
MOUCHET (H.).
MOUCHET-LOTTE (M.).
MUGNIER-SERAND.
MUHSAM (F.).
MUSSET (A.).
NAUD (C.).
NAULEAU (A.).
NESSI (M.-L. di).
NICOLAS (G.-M.).
NIKOLSKY (E.).
NOEL (A.).
NORGEU (L.).
OGI (G.).
OMORI (K.).
ONOFREI (M.).
ORGERET (E.).
ORLANDINI (G.).
ORLOWSKI (B.).
OTOMASI (Mme O.).
OUDART (E.).
PARENT (G.).
PARSONS (T.).
PATRIARCHE (G.).
PAXTON (J.).
PELLEN (P.).
PELLETIER-ROMAN.
PERCHERON (Mlle L.).
PEREBEINISSE (V.).
PERGIER (A.).
PERPREUIL.
PERRACHON (P.).
PERRON (J.).
PETRONILLE (J.).
PICHOT (M.-L.).
PIERRE-ŒHLER (M.).
PIERRO (A.).
PIQUET (M.).
PONCELET (A.).
PONS (M.).
PORTNOFF (M.).
PROUST (M.-L.).
PRUGENT (A.).
PYLIANE (G.).
QUENAY (A.).
RABINEL (A.).
RAHTJEN (B.).
RAMIREZ (A.).
RAYMOND (J.).
REGULON (J.).
REDIER (G.).
REDIER (Mme G.).
REDOLFI (R.).
REELFS (L.).
REINHARD (F.).
REMY (M.).
RENAUCOURT (H. de).
RHEIMS (Mlle L.).
RIBAULT (J.).
RICHARD (G.).
RISCHMANN (G.).
ROBERT (S.-P.).
ROBINET (E.).

1930 (suite)

ROCHEL (M.).
ROCLE (M.).
ROCLE (M.).
RODIONOFF (V.).
ROSOVA-MOSALEVSKY.
ROSSIGNOL (L.).
ROSSIGNOL (P.).
ROTH (F.).
ROUART (Ph.).
ROUART (S.-A.).
ROUBTZOFF (A.).
ROUCHI (N.).
ROUMAGNAC (R.).
ROUSSEAU (L.-J.).
ROUSSEAU (M.).
ROUSSELLE (G.).
ROZET (G.).
RUFF (Mlle E.).
SABINSKY (E.).
SABY (P.).
SAUTOUR (O.).
SAUVAGE-SCHULER (Mme).
SCHLIENGER (V.).
SCHMITT (H.).
SCHOTSMANS (E.-J.).
SCHWANEBACH (O. de).
SCHWARTZ (M.).
SCHWARTZ (F.).
SENEZ (Mlle S.).
SEZAKI (H.).
SGARD (J.).
SIMONNEAU (M.).
SIMONNET (Th.).
SIMONETTI (Th.).
SLOAN (F.).
SMOLIN (N.-C.).
SOTTAS (S.).
SOULAGES (L.).
SPINNEWYN (S.).
STRACQUADAINI (V.).
SYLVIAC (F.).
SYPIORSKI (A. de).
SZVATEK (A.).
TABACOFF (I.).
TALIBON (L.).
TARTE (Mlle).
TASSY (Ch.).
TAYAR (H.).
TAYLOR (B.-F.).
TCHIN-TCHIN (S.).
TEGNER (E.).
TEHO (J.).
THIBERGE (P.).
THIÉBAUT (L.).
THIRION (R.).
THOMANN (Cl.).
TONNELIER (S.).
TORCY (A. de).
TOURNIOL (Mlle R.).
TRAJAN-SAINT-INÈS.
Trochereau de la Berlière.
TROUBETZKAYA (N.).
TSOUROUTA (H.).
URTIN (P.).
VARESCOT (Mlle M.).
VAUDIN (Ch.).
VELTER (M.).
VIALARD (J.).
VIE (G.).
VINCENT (A.).
VOISIN-VANBER.
VYTCHEGJANINE.
WALTZ (R.).
WARD (Cl.-W.).
WEISS (M.-J.).
YOREL (L.).
YOUCHKINE (I.).
ZEGUERS (W.).
ZOULOUMIAN (C.).

NOTES

NOTES

1930 - CATALOGUE - 1930

SERVICE DES VENTES
A L'EXPOSITION

Tous les ouvrages mentionnés au présent catalogue sont offerts au public aux prix désignés par les artistes **sans interposition d'aucun intermédiaire.**

Ces prix ne subissent aucune majoration. Les acquisitions sont **exemptes de tous droits, taxes ou impôts.**

MM. les visiteurs trouveront au Secrétariat de l'Exposition tous renseignements concernant la vente des œuvres exposées.

L'Administration de la Société se charge d'aviser les artistes des ventes effectuées ainsi que de la transmission des offres qui pourraient être faites en vue de la réalisation des commandes ou de l'acquisition des ouvrages exposés.

Les bureaux du Secrétariat et du Service de Vente se trouvent près de la sortie de l'Exposition, aux deux extrémités de la galerie de l'Horloge.

A LA PLACE
CLICHY

COULEURS
FOURNITURES DE TOUTES SORTES POUR ARTISTES
The Paris American Art Co.
MAISON FONDÉE EN 1897
ADRESSES
DEUX MAGASINS À PARIS
Les Articles les plus intéressants des Fabricants Français et Étrangers
COULEURS DES MARQUES LES PLUS CÉLÈBRES ET LES PLUS AVANTAGEUSES
Nouveau chevalet d'atelier
Cadre en bois sculpté, doré
LES CÉLÈBRES PINCEAUX RUBENS

www.ingramcontent.com/pod-product-compliance
Lightning Source LLC
Chambersburg PA
CBHW060549230426
43670CB00011B/1751
9782329198125